TERCERA EDICIÓN

GUIÁNDOSE POR LA INTRINCADA SENDA DE LA EDUCACIÓN ESPECIAL

Una Guía para Padres y Maestros

Winifred Anderson
Stephen Chitwood
Deidre Hayden

Traducido al Español por Nellie L. Brawn
Con la coloboración de María V. Cruz Palomo

Auspiciado por
Padres Abriendo Puertas, Inc.
y la Coalición para la Educación Inclusiva de Connecticut

Fondos provistos por
"Connecticut Council on Developmental Disabilities"

WOODBINE HOUSE ▪ 1999

Título original: *Negotiating the Special Education Maze: A Guide for Parents and Teachers*

Tercera edicíon © 1997 por Winifred Anderson, Stephen Chitwood, Deidre Hayden

Traduccíon en español © 1999 por Connecticut Coalition for Inclusive Education (la Coalición para la Educación Inclusiva de Connecticut)

Traducido al Español por Nellie L. Brawn con la colaboracíon de María V. Cruz Palomo

Ilustración de la cubierta por Lisa Handler.

Library of Congress Cataloging-in-Publication Data

Anderson, Winifred.
        [Negotiating the special education maze. Spanish]
        Guiándose por la intrincada senda de la educación especial : una Guía para Padres y Maestros / Winifred Anderson, Stephen Chitwood, Deidre Hayden [Traducido al español por Nellie L. Brawn con la colaboracíon de María V. Cruz Palomo]. – 3. ed.
            p.   cm.
        Includes bibliographical references (p.) and index.
        ISBN 1-890627-07-0 (paper)
        1.Handicapped children—Education—United States. 2. Handicapped children—Civil rights—United States. 3. Home and school—United States. I. Chitwood, Stephen. II. Hayden, Deirdre. III. Title.
[LC4031.A6613 1999]
371.91'0973—dc21   98-45136
                                                                                         CIP

Impreso en los Estado Unidos de América

10 9 8 7 6 5 4 3 2 1

Dedicatoria

A Daniel Reed Chitwood
cuya vida ha sido una inspiración para todos

Nota para el lector...

En este libro aparece el signo [★] a continuación de algunos pasajes del texto. Este símbolo indica la información que fue modificada en 1997 cuando el Congreso reautorizó el Acta de Educación para Individuos con Impedimentos (IDEA 97). En la parte posterior del libro encontrará una lista con cada página que contiene texto marcado con [★], conjuntamente con una explicación de los cambios descritos en IDEA.

CONTENIDO

Capítulo 9

Capítulo 10

Capítulo 11

Capítulo 12

Capítulo 13

AGRADECIMIENTOS

Por la experiencia que tenemos como entrenadores de padres-defensores, defensores de los derechos educacionales y legales, educadores y padres, nos hemos propuesto escribir una guía práctica basada en métodos que garantizan ser efectivos para obtener los servicios apropiados para los niños de la educación especial. Este libro representa los resultados del trabajo en conjunto de mucha gente—el cerebro del grupo, como nos gusta llamarlo. En particular, expresamos nuestro agradecimiento a todo el personal del Centro de Entrenamiento en Defensa Educacional de Padres por su entusiasmo, apoyo, y experiencia como defensores educacionales: Cherie Takemoto, Barbara Anselmo, Carolyn Beckett, Silvia Borges, Jean Durgin, Kypee Evans-White, Nona Flynn, Elizabeth Karp, Jo-Ann Lambert, Linda McKelvy Chik y Theresa Rebhorn. También queremos agradecer a Melinda Goss, Virginia Houston, Nancy Hitz y Ning Douglas, cuya defensa de los derechos educacionales de los niños da realidad a los estudios de caso práctico incluidos en el libro. Una apreciación especial va a muchas personas cuya crítica de esta nueva edición proporcionó una perspectiva fresca, precisión y claridad: Emily Crandall, Alfretta Gibson, Carol Gonsalves, Bruce Hoover, Thomas Jefferson James, Kathe Klare, Pat McKeil, Catherine McQuilkin, Suzanne Ripley, Mary Ann Toombs, Sharon Walsh, Barbara Willard y Frances Wang. Y finalmente, gracias al personal de Woodbine House, en particular Irv Shapell y Susan Stokes, por su visión y perseverancia al crear y distribuir la *Colección de Necesidades Especiales* de la cual este libro es una parte.

Expresamos admiración y apreciación a aquellos padres y profesionales que trabajan como equipos para enseñar el proceso de defensa educacional a otros padres en comunidades a través de Virginia, West Virginia, Maryland, Illinois y otros estados. Los miembros de estos equipos usaron este libro para informar y guiar su trabajo con grupos de padres y nos han proporcionado valiosos comentarios. A los miles de padres que participaron en nuestros cursos de entrenamiento en defensa de los intereses educacionales, les damos las gracias por habernos enseñado tanto al compartir con nosotros sus experiencias comunes y únicas.

Winifred Anderson
Stephen Chitwood
Deidre Hayden

PREFACIO

Uno podría hacerse la pregunta que si todavía hay razón para escribir un libro como "Guiándose por la Intrincada Senda de la Educación Especial" *Negotiating the Special Education Maze*, ya que hace veintidós años que se pasó en el Congreso la ley federal llamada ahora "Acta de Educación para Individuos con Impedimentos" *(Individuals with Disabilities Education Act—IDEA)*. ¿No debería uno suponer que en veintidós años, tanto el personal escolar como las familias, ya han aprendido a negociar en este laberinto colaborando entre ellos, y por eso la información contenida en este libro, aunque "conveniente", no debiera ser "indispensable"?

Para contestar a esta pregunta, escuchen las voces de las familias y profesionales que atestiguan a la reautorización de la ley IDEA, a finales del otoño de 1994, en audiencias auspiciadas por el Consejo Nacional de Impedimentos:

> "Yo fui unos de esos padres que se alejaron de ... los IEPs [sintiéndose] como alguien que se salió de una película extranjera sin los subtítulos, que uno no entiende. Me sentí que no tenía parte y yo no tenía importancia en este procedimiento; y a veces hasta sentí que mi hija no estaba sacando realmente todo lo que le correspondía, en cuanto a los servicios y la ubicación. Esto no sucedió hasta que comencé a interconectarme con otros padres, que empecé a sentirme que podría obtener todos los servicios a que uno tiene derecho a recibir."
>
> (Diana Sullivan, Milwaukee, WI)

> Un administrador le dijo a un padre, "[Su hijo] puede ir a la escuela del vecindario, pero le harán burla y lo humillarán; en cambio puede continuar yendo a la escuela segregada, donde tendrá la oportunidad de ser presidente de su clase o capitán del equipo de baloncesto."
>
> (E.J. Jorgensen, Des Moines, IA)

"A través del debido proceso, nos daban notificaciones acerca de reuniones prácticamente en el último minuto. Nadie nos indicó o alentó a traer un defensor para ayudarnos. Había gente en las reuniones que no conocíamos y que nunca habían participado con nuestro hijo, especialmente a nivel escolar.... El administrador a cargo de los estudiantes con impedimentos, aquí en Charlotte, nos dijo que podríamos ser arrestados por estar ausente sin permiso de la escuela, porque nos rehusamos ubicar a nuestro hijo en una clase [si nosotros] no íbamos a ser parte en tomar la decisión en cualquier cambio de ubicación."

(Rachel Friedman, Charlotte, NC)

Estos comentarios no son la excepción. En las diez audiencias regionales conducidas por el Consejo Nacional de Impedimentos, el vasto testimonio de familias y profesionales indicó la necesidad de que los padres debieran estar informados y ser tan sagaces como se pueda en saber negociar este laberinto que con mucha frecuencia se caracteriza por el caos más bien que por la adopción razonable y sistemática de decisiones.

Es por esto que *Guiándose por la Intrincada Senda de la Educación Especial (Negotiating the Special Education Maze)* es críticamente importante para las familias así como para los profesionales. Win Anderson, Steve Chitwood y Deidre Hayden han hecho un trabajo de obra de arte en esta nueva tercera edición. Ofrecen una gran expansión y refinamiento más allá de la segunda edición, la que en sí misma fue una exitosa contribución.

La tercera edición añade dos nuevos capítulos: el Capítulo 8, La Intervención Temprana: Empezando la Jornada, y el Capítulo 11, Protección contra la Discriminación: Senderos Alternos del Laberinto. Estos capítulos ofrecen una sólida información para comenzar la jornada con una base firme y de usar todas las protecciones en obtener todas las oportunidades educacionales para estudiantes con impedimentos, incluyendo aquéllas de la Sección 504 del Acta federal de Rehabilitación de 1973 y del Acta de Americanos con Impedimentos de 1990. A través de este libro, el claro enfoque está en las familias como expertos en sus niños. Esta filosofía es consistente con los más modernos principios relacionados con los servicios centrados en la familia. Esto a su vez, puede resultar en ser un catalizador para formar asociaciones de colaboración, en que todos los participantes están autorizados para tomar acción y garantizar a aquellos estudiantes con impedimentos a recibir una educación de calidad.

Estoy planeando usar esta nueva edición como utilicé las dos anteriores—para aprender yo misma y para compartirla con las familias y profesionales que están involucrados en asegurar que la visión de una educación apropiada, pública y gratuita es una realidad en su distrito escolar local y en todo su estado.

Ann P. Turnbull, Co-directora
Centro Beach de Familias e Impedimentos
Universidad de Kansas, Lawrence, KS 66045

INTRODUCCIÓN

A través de toda la nación, los padres de niños con impedimentos encaran un confuso arreglo de servicios e información. Aquellos padres que recientemente se han enterado que su infante o niño(a) pequeño tiene necesidades especiales, quizás ya conocen de las nuevas leyes que proporcionan servicios importantes para lograr un mejor desarrollo y progreso de sus infantes. Sin embargo, se preguntan por donde empezar. ¿A quién deben recurrir o contactar? ¿Son estos servicios de verdad necesarios para un infante?

Quizás aquellos padres cuyos hijos o hijas están en el sistema escolar ya conocen de la ley "Acta de Educación para Individuos con Impedimentos" (*Individuals with Disabilities Education Act*—**IDEA**), una poderosa ley federal que asegura la educación especial para todos los niños con impedimentos. Y sin embargo, aun estos padres también tienen dudas y preguntas. Por ejemplo, cuando habla con los profesionales escolares, un padre se pregunta qué querrá decir en términos escolares "notas escaladas" o "puntaje graduado" (scaled scores), "ambiente menos restringido" o "pruebas proyectivas" (projective tests). ¿Qué deben hacer con su pequeño(a) que es tan vivaracho y adorable? Una madre hace el comentario: "Por años he oído a la gente de la escuela decir "Qué daríamos porque los padres participen...," sin embargo, cuando trato de hablar de las necesidades de mi hijo, ¿por qué siento que tan sólo están interesados en que yo acepte lo que ellos piensan que es mejor para él?"

Los padres de jóvenes que están por graduarse de la escuela y que reciben educación especial tienen otras preocupaciones. Ellos se preguntan: "¿Tendrá nuestra hija un trabajo cuando se gradúe?" "¿Habrá leyes que garanticen los servicios y beneficios para ella como adulto?"

De estas y otras preocupaciones de interés común para los padres de niños con impedimentos, trata el Acta de Educación para Individuos con Impedimentos **(IDEA)**. En los capítulos siguientes se discutirán las partes más pertinentes de la ley que usted debe conocer a medida que camina por la intrincada senda de las reglas y procedimientos de educación especial. Este libro trata principalmente de la Parte B de la ley, la cual cubre a los niños de edad escolar. Quizás usted ya está familiarizado(a) con la terminología de P.L. 94-142, o el Acta de Educación para Todos los Niños con Incapacidades (Education for All Handicapped Children Act). Su nombre cambió a IDEA en 1990, y se agregaron cambios importantes a la ley. La Ley Pública 94-142 estableció las bases para todas las siguientes legislaciones federales de educación especial y le dió legitimidad a la participación de los padres* en la educación de los niños con impedimentos. Específicamente, IDEA y su predecesora, P.L. 94-142, ha establecido el rol de los padres como socios, en igualdad de condiciones en lo que respecta a las decisiones educativas de sus hijos.

Una estipulación especial de IDEA dispone para la identificación y la provisión de servicios a los infantes y los niños pequeños con impedimentos. Una enmienda a la ley llamada Parte H del Acta de Educación para Individuos con Impedimentos (IDEA) extiende muchas de las protecciones legales que previamente estaban disponibles sólo para los niños de tres años o más, a los niños desde el nacimiento hasta los dos años de edad. Esta enmienda reconoce el valor que tiene la participación de la familia en el crecimiento y desarrollo del niño y da a los miembros de la familia un rol más importante. El Capítulo 8, que es nuevo en esta edición de *Guiándose por la Intrincada Senda de la Educación Especial*, fue escrito para aquellos padres que han descubierto que su familia y su niño(a) pequeño, van a necesitar algunos servicios especiales.

Además, esta edición incluye un nuevo capítulo sobre la Sección 504 del Acta de Rehabilitación de 1973 y del Acta de Americanos con Impedimentos—ADA (Americans with Disabilities Act). Ambas leyes prohiben la discriminación en contra de personas con impedimentos. ADA y la Sección 504 mandan a los distritos escolares que proporcionen servicios de apoyo necesarios para los estudiantes con impedimentos que no son elegibles para recibir servicios educativos/educacionales especiales bajo las estipulaciones del Acta de Educación para Individuos con Impedimentos (IDEA). El Capítulo 11 proporciona información detallada sobre cómo la Sección 504 y el Acta de Americanos con Impedimentos (ADA) aplican a los programas escolares en las escuelas públicas y las maneras en que los padres pueden hacer uso de estas leyes para beneficiar a sus hijos.

El mandato de la ley acerca de la participación de los padres es una meta de gran valor. Sin embargo, usted puede estar preguntándose cómo esta participación puede hacerse una realidad. La respuesta se encuentra en la *defensa por la educación* (educational advocacy). Un defensor es una persona que habla por otra persona o grupo de personas, para poder cambiar las cosas. Hay defensores del consumidor trabajando para influir en las regulaciones, a fin de cambiar la calidad de los productos que compramos. Los defensores políticos tratan de conseguir cambios

---

* El término "padres" en este libro, se refiere a la persona que está a cargo del cuidado y bienestar del niño(a). Incluye a uno o ambos padres, guardianes, abuelos, padres de crianza y padres sustitutos.

sociales y económicos a través de legislaturas estatales o nacionales. Los defensores legales usan el sistema de cortes para cambiar la interpretación de la leyes que afectan nuestras vidas.

■ SU PAPEL COMO UN DEFENSOR DE LOS ■ INTERESES EDUCACIONALES

El Acta de Educación para Individuos con Impedimentos le da a los padres el poder de decisión para transformarse en *defensores educacionales* para sus hijos. Un defensor educacional es una persona que habla con autoridad por las necesidades educacionales de otra persona. Ustedes, los padres, conocen a sus hijos mejor que nadie. Es usted el que puede hablar con más efectividad a favor de su hijo(a) para procurar los derechos educacionales que tiene éste bajo la ley. Este libro fue escrito para ayudarle en su papel de defensor educacional—para darle el conocimiento requerido para hacer un plan educativo eficaz, para ayudarle a presentar su hijo(a) de la mejor manera, para sugerirle maneras en cómo manejar sus emociones y guiarlo a través del complejo laberinto de educación especial.

Para ser un efectivo defensor de los derechos educacionales de su infante, niño(a) o jovencito(a) se le aconseja entender bien las provisiones más importantes del Acta IDEA. Esta ley requiere que todos los niños con impedimentos de edad escolar, se les provea igualdad total de oportunidades educativas. Bajo esta ley están protegidos los niños con los siguientes impedimentos: retardación mental, autismo, impedimentos auditivos, sordera, problemas visuales, ortopédicos y del habla, daños cerebrales traumáticos, trastornos emocionales severos, impedimentos del aprendizaje y otros impedimentos de salud. La educación especial es definida en IDEA como una instrucción especialmente diseñada para responder a las necesidades únicas de un niño con impedimentos. Esto contrasta con la educación general que se da en las escuelas, donde se enseña a los niños en grupos—con planes educacionales hechos para grupos. También, en contraste a la educación general, la instrucción se provee por educadores especiales, quiénes han sido entrenados en las técnicas educativas que mejor satisfacen las necesidades de aprendizaje de los niños con impedimentos. Estas técnicas, acompañadas con la instrucción individualizada, promete dar a cada niño la oportunidad de emprender con éxito su camino al desarrollo.

La siguiente breve explicación de las seis provisiones más importantes de IDEA le dará un trasfondo a medida que avanza en este libro y en el sistema educacional como el defensor de los derechos de su hija(o). Cada una de estas provisiones se discute en detalle en los capítulos más adelante.

1. Todos los niños serán atendidos. El Congreso quiso establecer que ningún niño(a) con necesidad de educación especial fuera excluido de recibir servicios— incluso esos niños con los impedimentos más severos. Antes de 1975, los administradores escolares decían a muchos padres: "Lo sentimos mucho, pero no tenemos un programa especial para él (o ella), porque tiene un impedimento muy severo." En ese entonces, los padres no tenían otro recurso. Pero hoy en día, todos los estados proveen servicios educativos a los niños con impedimentos, desde el nacimiento hasta los dieciocho años, y la mayoría de los estados proveen estos servicios desde el nacimento hasta los veintiún años de edad. La Parte H* de IDEA, en más detalle en el Capítulo 8, extiende el derecho de servicios a infantes y niños con impedimentos y a sus familias, a través de los Programas de Intervención Temprana.

2. Los niños serán examinados con imparcialidad para determinar si recibirán servicios de educación especial. Antes de que los niños sean clasificados como elegibles o ubicados en un programa de educación especial, deben ser evaluados por un equipo de profesionales. Las escuelas y otras agencias deben proporcionar un sistema de exámenes o pruebas en las cuales los niños puedan mostrar tanto sus fortalezas como sus dificultades. Todas estas pruebas (tests) deben proveerse a los niños en su propio idioma, y de tal manera que tanto sus capacidades como sus impedimentos sean reflejadas correctamente. Estos se llaman exámenes no-discriminatorios. Los niños serán ubicados en educación especial basado en varios exámenes o pruebas, y no en base a un solo examen o la puntuación de una prueba. Los exámenes no-discriminatorios aseguran que los niños que necesitan educación especial hagan uso de ésta y evita que aquéllos que no la necesitan sean ubicados erróneamente en ésta.

3. Las escuelas tienen el deber de proporcionar programas apropiados y diseñados individualmente para cada niño, sin costo para los padres. IDEA requiere que las escuelas públicas proporcionen una *educación pública, apropiada y gratuita* a todos los niños que han sido identificados con necesidad de educación especial. El estado y los sistemas escolares locales tienen la responsabilidad de pagar por la educación, aun cuando ésta sea proporcionada en una escuela privada o residencial, fuera del sistema local de escuelas públicas. Además, a cada niño se le garantiza una educación *apropiada*. Lo apropiado de la educación es determinado por un grupo de personas, incluyendo los padres y los educadores, que trabajan juntos para diseñar un programa que responda a los problemas individuales educacionales de cada niño. Este programa se llama Programa Educativo Individualizado (**IEP**—*Individualized Educational Program*). Su hijo(a) tiene el derecho a una amplia gama de servicios educacionales, incluyendo servicios relacionados tales como transportación especial, terapia del habla, consejería, terapia física u ocupacional y otros servicios que sean necesarios para beneficiarse de una educación especial. En los Capítulos 6 y 7 usted encontrará una descripción del proceso para determinar una educación especial apropiada escribiendo un IEP. Las escuelas también deben proporcionar servicios de transición individualizados a aquellos estudiantes inscritos en educación especial. El Capítulo 9 describe los componentes de la transición para los estudiantes que están terminando su educación secundaria (High School) y comenzando en el mundo del trabajo, de educación adicional y de la vida en la comunidad.

Si su hija(o) es menor de dos años, usted verá que el proceso para recibir estos servicios es diferente que para niños de edad escolar. Los servicios para niños pequeños se discuten en la **Parte H** de IDEA. Usted, como el padre o la madre, tendrá que trabajar con los profesionales, que quizás no serán precisamente empleados del sistema escolar, pero son especialistas en el desarrollo de infantes. En algunos estados estos profesionales serán los empleados escolares, en otros estados puede que sean empleados de agencias, tales como el Departamento de Salud, o el Departamento de Salud Mental e Impedimentos del Desarrollo. Usted se convertirá en la socia o socio de estos especialistas de infantes, y juntos escribirán el Plan Individualizado de Servicio Familiar (**IFSP**—*Individual Family Service Plan*) para su infante. El IFSP es un plan escrito para determinar los servicios de intervención temprana que requiere una familia para realzar el desarrollo de su hijo. Los servicios de evaluación y manejo del caso deben proporcionarse libre de costo para la familia. Otros servicios de intervención temprana, para los cuales puede que haya que pagar, son el adiestramiento y consejería familiar, así como los servicios directos al infante o niño pequeño. No importa la edad de su niño(a), las destrezas y conocimiento que usted obtendrá de este libro le serán muy valiosos cuando usted trabaje con la gente encargada de determinar el **IEP** o el **IFSP**. Lo importante en estos planes es la *individualización*, o sea el escribir un programa <u>único</u> para la educación de su hija(o) tan especial.

4. Los niños con impedimentos serán educados con niños que no tienen impedimentos. Antes de IDEA, las escuelas generalmente segregaron a niños con impedimentos de aquellos niños sin impedimentos. Hoy en día, nuestra nación tiene leyes que requieren que todos los estudiantes tengan el mismo acceso a la educación. Como resultado, una mayor cantidad de niños con impedimentos son integrados en las escuelas públicas de su vecindario. Bajo el Acta IDEA se garantizan servicios a todos los estudiantes con impedimentos en *el ambiente menos restrictivo*. Esto quiere decir que, cuando se escriba el IEP (Plan Educativo Individualizado), se determinará cuánto tiempo el estudiante con impedimentos va a pasar con otros niños sin impedimentos, en el salón de clases y en otras actividades escolares. Por lo tanto, los estudiantes con impedimentos sólo deben ser educados en un salón de clases o escuela distinta **solamente** cuando la naturaleza y severidad de sus impedimentos le hacen imposible satisfacer sus necesidades escolares en un ambiente *menos restrictivo*.

5. Los padres pueden desafiar las decisiones del sistema escolar. Antes de que se pasara la ley del Acta de Educación para Individuos con Impedimentos (IDEA) y las actas que le precedieron, los padres no tenían más remedio que aceptar las decisiones hechas por las autoridades escolares, aunque no concordaran con ellas. Bajo IDEA, los padres y los estudiantes tienen derecho al *debido proceso (due process)* de reclamación. Bajo estos derechos de debido proceso, hay estipulaciones para resolver las diferencias por una tercera parte que sea imparcial. Los padres tienen el derecho de reclamar o desafiar las decisiones sobre sus hijos en las áreas de: inclusión o exclusión de servicios especiales, exámenes de una manera no discriminatoria, educación apropiada como se determina en el Plan Educativo Individualizado, la ubicación de su hijo(a) en el ambiente educacional menos restrictivo y otras áreas relacionadas.

Además de garantizar el derecho de retar, la ley IDEA proporciona a los padres el derecho de notificación. Cuando se va a hacer un cambio en relación a exámenes o pruebas, quitar o agregar nuevos servicios, el IEP, o el tiempo que el niño pasará con niños sin impedimentos, los padres deberán ser notificados primero. En muchas situaciones, el consentimiento de los padres también se requiere antes que el personal de la escuela pueda hacer los cambios.

6. Los padres de niños con impedimentos participan en la planificación y en la toma de decisiones de la educación especial de su hijo(a). La premisa mayor de este libro es que los padres son los primeros y mejores defensores de su hijo(a). ¿Quién puede conocer mejor a su hijo(a) que usted? Su amor y cuidado fueron considerados por el Congreso de los Estados Unidos como una contribución vital a la planificación educacional de su hijo(a). Por lo tanto, IDEA ordena formar una sociedad, un consorcio, entre los padres y el personal de la escuela. Ustedes, como padres, estarán trabajando con la escuela y otros profesionales para ver que se le proporcione a su hijo(a) una educación pública, apropiada y gratis, en el ambiente menos restrictivo. Esta es un derecho de su hijo(a), y el sistema escolar tiene el deber de proporcionarla. Por eso, cada pasito que da esta sociedad entre usted y la escuela, asegura que sus esperanzas, su conocimiento y su visión se combinen con el cuidado y el entrenamiento especializado de los profesionales, para forjar juntos la mejor educación para su hijo(a).

La ley IDEA involucra a ustedes, los padres, en cada una de las seis premisas mayores. La importancia que usted se envuelva continuamente en el proceso de la educación especial de su niño(a) se refleja en las acciones del Congreso y en las decisiones de las cortes. Desde que se pasó la ley en 1975, el Congreso ha hecho varias enmiendas reenforzando los derechos de los padres y de sus hijos(as). Asimismo, las decisiones de las cortes han clarificado muchos términos legales (como educación apropiada, servicios de respaldo, el compromiso de los padres) para que los padres entiendan mejor y con más precisión lo vasto y las limitaciones de sus derechos. A pesar de todo esto, muchas veces los padres se sienten abrumados por la complejidad de estas leyes y la manera como las agencias locales y del estado las ponen en práctica.

Por esta razón y debido a la complejidad de la ley, varios de los sistemas escolares y grupos que se han formado, han escrito manuales; estos tratan de ayudar a los padres y a los profesores a entender y a actuar su rol bajo la ley de IDEA. La mayoría de estos libros o panfletos describen los requisitos legales para la educación especial, los procedimientos del sistema escolar, las características de los varios impedimentos y reglamentos prescritos ya sea por el estado o por los sistemas escolares locales. Pero estos libros son limitados en la medida que insisten en lo relacionado al sistema escolar—sus reglamentos y estatutos—y parecen olvidarse de los padres y de los hijos. *Guiándose por la Intrincada Senda de la Educación Especial (Negotiating the Special Education Maze)* es diferente. Empieza con lo que usted conoce mejor que nadie—*su propio hijo(a)*. Esta es una guía práctica, paso por paso, basada en la experiencia de miles de familias que han trabajado por conseguir los servicios de la educación especial para sus hijos(as). Estos padres han llegado a tener un amplio conocimiento de los procedimientos de los sistemas escolares, han aprendido destrezas para organizar y presentar las observaciones de sus hijos(as), y han llegado a sentirse más seguros y eficaces en su rol de defensores de los derechos educacionales de sus hijos. Esto es lo que se quiere compartir aquí con usted, la comprensión que estos padres han ganado por la participación activa en el planeamiento educacional de sus hijos(as) y su experiencia que es la base de este libro: *Guiándose por la Intrincada Senda de la Educación Especial.*

Con sólo leer este libro usted ganará suficiente información como para convertirse en un influyente defensor educacional. Si le interesa, y para agregar a este texto, tome un curso para esta causa, defensa para padres, en su comunidad, o empiece uno si es que no lo hay, al organizar un grupo de padres que tienen interés, y después encontrar alguien informado que sea el líder del grupo. Los padres que se organicen pueden empezar por trabajar en los pasos indicados en este libro con la ayuda de otras personas, lo que les permitirá no sólo a comunicarse mejor y más significativamente con el personal escolar, sino también ganar las valiosas experiencias que otros lograron al trabajar con los sistemas escolares. Este libro indica la manera de encontrar fuentes adicionales de asistencia, como libros, grupos de respaldo y cursos de entrenamiento.

Ya sea que usted lea este libro solo(a) o con un grupo, este libro se ha escrito con ustedes, los padres, en mente. Algunos de ustedes puede que ya hayan pasado varios años trabajando para recibir estos servicios educacionales para sus hijos(as). Otros, puede que están recién empezando su camino por esta senda intrincada de la educación especial. Cualquiera que sea la etapa de su viaje, los autores esperan que este mapa del trayecto le ayude a convertirlo en una aventura positiva, exitosa, donde sus propios recursos personales sean bien aprovechados y apreciados. Al final, usted verá que su hijo(a) ha progresado, porque usted y el personal de la escuela se han asociado para su bienestar.

I. Personas y Procedimientos

Planeando Su Viaje

A medida que se prepara para explorar el laberinto de la educación especial, usted va a tener que aprender cómo funciona el proceso de la educación especial. El conocer los procedimientos del sistema escolar, así como sus destrezas para comunicar información acerca de su hijo(a), son esenciales para convertirse en un eficaz defensor de los derechos educacionales. La introducción del libro le explica el diseño básico y estructura del sistema de la educación especial, incluyendo los requisitos para obtener servicios para infantes, niños de uno a tres años y preescolares. Este capítulo le ayudará a recorrer los corredores del laberinto de la educación especial. Le ayudará a aprender la terminología que se utiliza, a conocer a las personas importantes con quienes trabajará, a examinar temas en que usted tendrá que decidir y a saber de las reuniones que se requerirán, todo esto a medida que usted defiende a su hijo(a).

Al recordar aquellas veces en las que tuvo que compartir o trabajar con maestros u otros profesionales, puede ser que usted, al igual que muchos otros padres, se haya sentido de la siguiente manera:

- inadecuado(a)
- temerosa(o)
- vacilante
- ansioso(a)
- enojada(o)

- esperanzada(o)
- intimidado(a)
- desafiado(a)
- ahogada(o)
- frustrado(a)

- exhausto(a)
- confusa(o)
- preocupada(o)
- abrumado(a)

Aunque muchos padres experimentan estos sentimientos, son generalmente estas emociones las que hacen muy difícil poder comunicar a otros esperanzas, planes y expectativas para la vida de su hijo(a). ¿Por qué será que usted experimenta estos sentimientos?

Ustedes los padres, al asistir a las reuniones de la escuela, se encuentran en una situación donde la gente utiliza un lenguaje técnico y un sin número de conocimientos que le son desconocidos. Estas personas están familiarizadas con rutinas y reglamentos, que usted no conoce. Además, todos nosotros hemos tenido experiencias pasadas en la escuela, ya sean éstas buenas o malas. Sus percepciones acerca de los profesionales escolares, así como su experiencia escolar pasada, pueden interferir en su habilidad para expresarse correcta y adecuadamente, así como comunicar sus esperanzas, sus inquietudes y opiniones acerca de las necesidades y lo que más le conviene a su hijo(a).

¿Qué le va a ayudar a vencer sus sentimientos de ansiedad y confusión? Para empezar, usted puede aprender sobre el requerido proceso de planificación educacional, y conocer la gente que participan en este proceso. Esto le ayudará a sentirse más cómodo en su rol de defensor de su hija(o). Ya que un defensor habla por otra persona para producir un cambio, usted tendrá que adquirir tanta información como le sea posible acerca de su hija(o) y del sistema escolar, para ser más efectivo y obtener mejores resultados. A medida que usted gana experiencia en expresar a las autoridades escolares su punto de vista acerca de su hijo(a), sus sentimientos negativos disminuirán permitiéndole ser un socio más efectivo, activo y confiado, en el proceso de planificación educacional. Este libro le ayudará a obtener el conocimiento y destrezas que usted necesita.

■ EL CICLO DE PLANIFICACIÓN DE ■ EDUCACIÓN ESPECIAL

Es casi tan importante comprender *cuándo* las escuelas toman decisiones acerca de su hijo(a), como comprender *cómo* toman decisiones. A menudo, una de las primeras fuentes de conflictos entre los padres y las escuelas es el orden y el momento cuando se toman las decisiones más importantes, dentro del proceso de la educación especial. Como se muestra a continuación, en un estudio de caso, las diferencias en cómo y cuándo los padres toman sus decisiones para sus hijos pueden conllevar problemas y frustraciones para ambas partes.

CLARITA FERNÁNDEZ: UN ESTUDIO DE CASO

Cuando Clarita Fernández estaba en kindergarten, sus padres se preocuparon al observar que ésta no podía usar el lápiz y el papel tan bien como otros niños. Los dibujos que Clarita hacía con creyones eran puros garabatos, e incluso al final del año ella todavía no podía copiar las letras de su nombre. Clarita también era muy inquieta. Ella siempre saltaba y se movía por el salón de clases, jugando con las cosas en los escritorios de los otros niños o en los gabinetes, cuando estaba en grupo o era la hora de contar un cuento. Ella no escuchaba el cuento, y cuando la maestra le pedía que se sentara con el grupo, ella rodaba por el suelo, torciéndose el cabello, aparentemente ajena a todo y en su propio mundo.

En los primeros meses del año escolar, la maestra dijo que Clarita aprendería pronto las reglas del salón de clases y que sus destrezas y conducta mejorarían. El señor Fernández y su señora seguían preocupados, pero acataron las sugerencias de la maestra. Finalmente, bien avanzado el año escolar, la maestra sugirió que Clarita fuera a tomar unas pruebas con la sicóloga escolar. Estos exámenes determinarían si Clarita tenía un problema de aprendizaje. El señor Fernández y su señora gustosamente dieron su consentimiento para llevar a cabo las pruebas. Ellos se sentían aliviados al saber que finalmente se iba hacer algo para averiguar si Clarita tenía un problema para aprender.

Ya que muchos de los sicólogos escolares estaban afuera durante el verano, los exámenes de Clarita tuvieron que postergarse hasta septiembre. Exasperados, los Fernández esperaron. Cuando llegó septiembre, las pruebas empezaron. Pero mientras tanto, Clarita tenía muchos problemas en el primer grado. Ella notaba que los otros niños podían hacer cosas que ella no podía, su conducta en la casa y en la escuela empeoró y se convirtió inaceptable. Mientras tanto, los Fernández estaban molestos con el sistema escolar ya no le estaba dando a Clarita la educación especial que ellos estaban convencidos ella necesitaba. Los administradores de la escuela, por otro lado, se defendían diciendo que tenían que atenerse los reglamentos antes de declarar a un niño(a) calificable para la educación especial. En fin, todos estaban frustrados y molestos.

¿Qué puede aliviar una situación como ésta? Trabajar juntos. Tanto los padres como las escuelas tienen su propio ciclo de planificación para los niños con necesidades especiales. El entender los dos ciclos y como éstos trabajan juntos ayudará a resolver desacuerdos. El ciclo de los padres puede describirse como sigue:

El Ciclo de los Padres

EL CICLO DE LOS PADRES

Los Fernández *se dieron cuenta* desde el inicio de los problemas que Clarita tenía en kindergarten. Ellos empezaron a *colectar información* que los capacitaría para entender y ayudar a Clarita. Ellos conversaron con su pediatra, observaron a otros niños de la misma edad de Clarita, leyeron libros acerca del desarrollo de los niños y los problemas del aprendizaje, y conversaron a menudo con la maestra de kindergarten. En base a las observaciones que éstos hicieron de Clarita y gracias al conocimiento que recibieron de otras fuentes, los Fernández llegaron a la conclusión y a la *aceptación* de que Clarita tenía problemas y que necesitaba la educación especial. Por eso, éstos hablaron de nuevo con el director de la escuela y con la maestra de kindergarten, con la esperanza de que se iniciara el proceso de *planificación* para atender las necesidades especiales de Clarita. Ellos veían la necesidad de Clarita y estaban listos a comienzos del kindergarten para que ésta tuviera un *programa* de educación especial.

EL CICLO DEL SISTEMA ESCOLAR

Por otro lado, el sistema escolar se mostraba cauteloso en solicitar los servicios especiales para Clarita a tan temprana edad. La maestra de kindergarten al principio adoptó una actitud de "veamos qué pasa". Sin embargo, al fin del año escolar la maestra activó el ciclo de planificación del sistema escolar. Ella preparó una solicitud (*referral*) al director de la escuela, pidiendo que Clarita fuera sometida a unas pruebas o exámenes para detectar la necesidad de una educación especial.

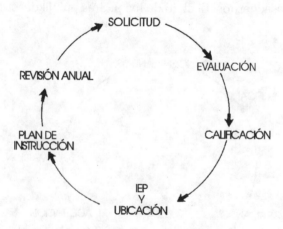

El Ciclo del Sistema Escolar

El director de la escuela llamó al comité local, que a veces se denomina el comité de estudio del niño, para discutir sobre los problemas de Clarita y considerar si sus dificultades merecían una evaluación completa. Esto echó a andar el proceso de *evaluación* de exámenes sicológicos, educacionales y otros exámenes. Una maestra, la sicóloga escolar, la enfermera escolar y una trabajadora social componían el equipo multidisciplinario que se reuniría para tratar a Clarita y sus problemas educacionales. Este proceso de evaluación, interrumpido por las vacaciones de verano, se terminó en el otoño. Los resultados de una serie de exámenes fueron presentados a un comité de profesionales que determinaron que Clarita necesitaba servicios especiales; como resultado recomendaron que Clarita era *calificable* para recibir educación especial. Los Fernández fueron invitados a participar en esta reunión, que resumió los resultados de la evaluación y se determinó que era calificable para recibir educación especial.

Después de determinar que ella calificaba, los Fernández y el personal de la escuela, incluyendo a un maestro de la educación especial, se reunieron para planificar un *Programa Educativo Individualizado* **(IEP)** para Clarita. El IEP incluía metas educacionales a largo plazo basadas en las necesidades de Clarita, así como los servicios especiales que ella necesitaría para alcanzar esas metas. Después de desarrollar el IEP, se tomó la decisión de *ubicación* identificando el programa escolar apropiado que proporcionará los servicios necesarios para que Clarita alcance sus metas educativas. Fue solamente en este punto, en el que los ciclos de planificación de los padres y de la escuela vinieron a unirse.

Finalmente, algo de la tensión y frustración que existía se alivió. Como se vió, los Fernández ya sabían que Clarita debía recibir la *instrucción* de educación especial muchos meses antes que el sistema escolar completara el ciclo de solicitud, evaluación, calificación, Programa Educativo Individualizado (IEP), y ubicación. Una vez que los dos ciclos de planificación se juntaron, la planificación de tipo cooperativo para el bienestar de Clarita se hizo una realidad. Y por lo mismo, Clarita empezó a tener éxito en la escuela.

El caso de Clarita Fernández ilustra sólo un tipo de conflictos que puede producirse cuando los ciclos de planificación de los padres y del sistema escolar difieren. No todos los padres, como los Fernández, se dan cuenta al comienzo que su hijo(a) necesita servicios especiales. A veces, es el personal de la escuela que recomienda una evaluación formal de un niño(a) mientras sus padres creen que no hay problemas. Generalmente, los padres creen que su niño va a superar las dificultades en la escuela a medida que crezca, por lo que no quieren dar su permiso para proceder con la evaluación. En esta situación, el sistema escolar está más adelantado en el ciclo. En cambio, los padres pueden estar apenas, si acaso, en la primera etapa de su ciclo—concientización—mientras la escuela está lista para el segundo paso en el ciclo, la evaluación. Esto significa que antes que la escuela y los padres puedan trabajar juntos como un equipo, el personal de la escuela tiene que convencer primero a los padres de las necesidades educacionales de su propio hijo(a).

Estos ciclos de planificación, tanto para los padres como para los sistemas escolares, se repiten. El IEP debe revisarse una vez al año en una reunión a la cual asisten los padres, la maestra(o) y un administrador de la escuela para discutir el progreso del niño o niña. Durante esta *revisión* y *verificación anual*, la necesidad de cambios es a veces obvia. Incluso, cada vez que hay un cambio mayor en las necesidades educacionales o de comportamiento del niño(a), o hay un cambio propuesto en el IEP por los padres o por el personal de la escuela, el equipo se reúne para determinar los pasos para hacer una revisión al programa. Además, cada tres años se hace una nueva evaluación para cada niño(a) en la educación especial y se decide si califica, llamada la *revisión trienal*. Durante esta revisión, un equipo multidisciplinario determina si la ubicación educacional del estudiante es todavía apropiada para él o para ella, y recomienda una nueva, si no lo es.

Para ustedes los padres de un niño con necesidades especiales es importante tener un mejor entendimiento del ciclo del sistema escolar, ya que puede ayudarles a clarificar su participación como defensores educacionales. El ciclo del sistema escolar está descrito en los reglamentos publicados por el sistema escolar de su comunidad. Estos reglamentos deben cumplir con los requisitos mínimos establecidos en la ley federal, el Acta de Educación para Individuos con Impedimentos **IDEA**, P.L. 101-476. Una descripción breve de las estipulaciones más importantes de IDEA se encuentra en la Introducción de este libro. Las dos siguientes actividades le ayudarán a entender mejor cómo funciona el proceso de la educación especial en su escuela. La comprensión que usted adquiera le va ayudar a cambiar la sensación de insuficiencia, inseguridad e incompetencia que experimenta a veces.

■ ACTIVIDAD #1: REGLAS DEL JUEGO ■

Cada escuela en el país tiene un sin número de reglamentos que gobiernan la educación especial. La complejidad de estos reglamentos varía de lugar en lugar. Algunos de los sistemas escolares más grandes tienen documentos de más de cien páginas delineando sus procedimientos. Otros sistemas escolares no tienen más que dos hojas a maquinilla de estos reglamentos. La primera parte de la Actividad #1 es contactar al superintendente, director de educación especial o comité asesor de educación especial y pedir una copia de los procedimientos y reglamentos de la educación especial de su sistema escolar. Éstos están disponibles para todos. Tener una copia de estos reglamentos le ayudará a adquirir más confianza para transformarse en el defensor de su hijo(a); ahora, ¡tanto usted como el personal de la escuela conocerán los procedimientos!

Cuando el personal escolar redacta las normas y procedimientos para su escuela sigue las regulaciones de la división de educación especial del estado. Por esto, la segunda parte de la Actividad #1 es escribir al director de educación especial del estado a la dirección indicada en el Anexo B de este libro, y pedir una copia de los reglamentos que rigen la educación especial estatal. Este paso es sumamente importante especialmente si los reglamentos de su sistema escolar no están bien estructurados y/o desarrollados. Su sistema escolar, al igual que muchos otros sistemas escolares locales, puede que simplemente copie lo que el estado ha escrito, sin más elaboración.

Al pedir una copia de los reglamentos estatales, pregunte si tienen a su disposición manuales o libros de instrucción describiendo el proceso de educación especial en su estado o ciudad. No olvide, los reglamentos de educación especial son documentos públicos que usted debiera conseguir sin problema alguno. Por lo menos, estos documentos debieran estar disponibles en su biblioteca pública o en la biblioteca de su escuela pública. Si tiene problemas en conseguir estos reglamentos, póngase en contacto con su senador estatal o representante en el congreso del estado para que le ayuden.

Una vez que tenga los reglamentos que ha desarrollado su sistema escolar local y el departamento de educación del estado, usted estará listo(a) para la Actividad #2.

■ *ACTIVIDAD #2: PERSONAS CLAVES* ■

Siempre hay personas importantes envueltas en cada fase del proceso de planificación educacional: entre otros, el director(a) o principal de la escuela, que dirige el comité que va a decidir si su hijo(a) debiera tener exámenes especiales, también la sicóloga de la escuela que lleva a cabo algunas de las pruebas, y el o la maestra que conoce bien a su hijo(a). Al hacer usted una lista o directorio del personal de la escuela, con nombres, direcciones y números de teléfono, podrá entender mejor los cargos que estas personas tienen en el proceso de planificación educativa, y así no perderá tiempo cuando necesite hablar con ellos. En la página siguiente encontrará un ejemplo de una Lista de Personas Claves.

A medida que usted lea el manual de reglamentos o normas locales, puede que la terminología y nombres de las posiciones importantes difieran con las que se proveen en el ejemplo. Pero en general, los nombres de las posiciones son siempre similares. Usando como guía el manual de los padres y los reglamentos estatales y de la ciudad, usted podrá ir cambiando su Lista de Personas Claves, cuyo ejemplo se encuentra en las páginas 8 y 9, para reflejar la correspondiente a su sistema escolar.

Varios padres dicen que también les ayuda el mantener un Historial de Llamadas Telefónicas para acordarse con quiénes hablaron y qué fue lo que acordaron. Un ejemplo de este Historial de Llamadas Telefónicas se encuentra en la página 10.

En este capítulo se ha presentado el ciclo de solicitud, evaluación, calificación, IEP y ubicación, el cual el sistema escolar debe completar antes de que su niño(a) empiece en la educación especial. Entre tanto, usted ha adquirido los reglamentos que describen y guían el proceso de la educación especial y ha identificado a las personas claves que le pueden ayudar a obtener servicios apropiados para su hijo(a). Ahora sí que está listo(a) para desarrollar una imagen y una idea clara de quién es su hijo(a) y así poder comunicarlas durante las reuniones escolares.

LISTA DE PERSONAS CLAVES

Jurisdicción
de la escuela _____

Director de
Educación Especial_____

Nombre	**Dirección**	**Teléfono**

I. Solicitud / Comité de Estudio del Niño

Director(a) de la escuela o
persona designada (Presidente)

Persona que refiere

Maestro(s)/Especialista(s)
(según las circunstancias)

II. Equipo de Evaluación / Equipo Multidisciplinario

Coordinador del Equipo de
Evaluación

Administrador del Caso

Maestros(as)/Especialista(s)
(con conocimiento del
impedimento que se sospecha)

Evaluador Independiente
(cuando sea apropiado)

Maestro (a) de la Clase

LISTA DE PERSONAS CLAVES (CONTINUACIÓN)

III. Comité de Calificación

_____ _____ _____

Administrador del Programa
de Educación Especial o
persona designada

_____ _____ _____

Miembro(s) del Comité de
Evaluación (presenta(n)
resultados de evaluación)

_____ _____ _____

Administradores de Educación
Especial Apropiados

_____ _____ _____

Otros profesionales del equipo

IV. Programa de Educación Individualizado / Reunión de Ubicación

_____ _____ _____

Representante de la división
escolar calificado para
proporcionar o supervisar los
servicios de educación especial

_____ _____ _____

Maestro(a)

Otras personas, que se han agregado a petición suya o de la escuela.

V. Revisión Anual del Programa Educativo Individualizado

El mismo equipo que el de la reunión del IEP.

HISTORIAL DE LLAMADAS TELEFÓNICAS

A quién: _____   Fecha: _____

_____   Teléfono: _____

_____

Anotación:

¿Llamarlo(a) de nuevo?   ____ No   A quién: _____

____ Sí   Cuándo: _____

A quién: _____   Fecha: _____

_____   Teléfono: _____

_____

Anotación:

¿Llamarlo(a) de nuevo?   ____ No A quién: _____

____ Sí   Cuándo: _____

A quién: _____   Fecha: _____

_____   Teléfono: _____

_____

Anotación:

¿Llamarlo(a) de nuevo?

____ No   A quién: _____

____ Sí   Cuándo: _____

2. Usted y su Niño(a)

Ejercicios para Fortalecerse en Preparación para la Jornada

Ustedes los padres tienen el mejor conocimiento de su hijo(a) cuando llega la hora de identificar la necesidad de una educación especial. Este capítulo los va a ayudar a identificar ese conocimiento y las maneras como su hijo(a) aprende mejor. Ustedes apreciarán la importancia que tiene este conocimiento para planificar su educación, como también aprenderán las formas de desarrollar y de proveer esta información crítica a los profesionales que trabajarán con su hijo(a).

■ Preparándose para la Jornada a ■ Través del Laberinto

¿Cómo se prepara uno para atravesar esta intrincada senda? Usted empieza identificando quién es la figura principal en el proceso total de la planificación—su hijo(a). Este libro sugiere una cantidad de actividades o "ejercicios para fortalecerse" los que le ayudarán a observar a su niño, clarificar y organizar lo que usted va aprendiendo. Estos ejercicios son bien útiles, ya que los puede usar en cualquier etapa del proceso, sea que se está preparándose para la primera evaluación de su infante, la primera evaluación oficial de su hijo(a) de edad escolar o para la reunión del IEP (Plan Educativo Individualizado). Usted tiene la opción de atravesar este laberinto sin completar los "ejercicios para fortalecerse," pero si los hace el viaje suyo será más productivo y de esta forma usted no irá a ciegas por los pasillos del laberinto. Los ejercicios han sido desarrollados de tal manera que cada uno de ellos le prepara para el ejercicio siguiente.

Para ayudarle a enfocarse en su hijo(a), hemos preparado el Ejercicio para Fortalecerse #1, Cuestionario del Estilo de Aprendizaje, el cual encontrará en la página 22. Dése un poco de tiempo para responder a las cinco preguntas. Un ejemplo ya completo de este ejercicio para "Carmen y Tito", lo puede encontrar en las páginas 23 y 24.

Guarde este cuestionario porque más adelante estas respuestas le van a ayudar a determinar información específica acerca de su niño y cómo aprende mejor.

■ OBSERVANDO DE UNA MANERA SISTEMÁTICA ■

A veces los padres tienen dificultad en responder a las preguntas del Ejercicio para Fortalecerse #1. Pero no olvide, usted sabe bastante acerca de su hijo(a), aunque su conocimiento sea "percibido" de forma general, y no en forma específica que le ayude a aclarar lo que realmente se pregunta. Recuerde que al estar absorto(a) en la rutina y los quehaceres diarios, no se da cuenta que va colectando automáticamente información acerca de su niño(a). Así que no se preocupe, ya verá como sabe usted más de su hijo(a) de lo que usted piensa.

Ya que para planear un programa adecuado para su niña(o) se requiere de hechos específicos y documentados, en vez de impresiones generalizadas, usted va a tener que colectar sus propios datos. Para ofrecer a la escuela esta información personal que usted tiene acerca de su niño(a), deberá presentar hechos concretos y apuntados, ya que ellos están siempre ocupados lidiando con puntajes de pruebas y tipos de conductas específicos y teniendo que cumplir con sus metas y objetivos. Si usted se empeña en hacer lo anterior, verá que obtiene mejores resultados y ejerce más influencia.

Una manera de colectar estos hechos es observar al niño de una manera formal. "Observar!" dice usted. "¿Cómo y cuándo?"—usted pensará que apenas tiene tiempo o energía para limpiarse los dientes. Pero no olvide que existe a diario muchas oportunidades para observar a su niña(o) de forma natural y espontánea. El apuntar esta información y organizar estos datos es parte vital para convertirse en el defensor efectivo de su hijo(a).

Por ejemplo, una tremenda algarabía se formaba en las mañanas en casa de Carmen, porque ella es tan lenta para vestirse. Su madre se preguntaba si la razón de esto es porque ella tenía dificultad con los botones y cierres, o estaba indecisa acerca de qué ponerse. Como resultado, la mamá de Carmen decidió observar una mañana cómo su hija se preparaba para ir a la escuela.

Otra familia estaba preocupada porque su hijo Tito se ensuciaba mucho cuando comía. Los padres decidieron observarlo con atención durante la comida. La familia deseaba que su comportamiento cambiara para que la hora de la comida fuera más agradable para todos. En la próxima sección se ofrecen sugerencias para ayudarle a desarrollar y mejorar sus destrezas de observación.

TRANSFORMÁNDOSE EN UN OBSERVADOR HABILIDOSO

Deténgase. Suspenda por unos cinco minutos su rol normal en la vida familiar. Aléjese un poco de su situación familiar para poner un poco de distancia entre su hijo y usted. Al no intervenir como normalmente haría, verá los problemas y capacidades de su hijo(a) bajo nueva luz. Por ejemplo, para comprender por qué Carmen se demoraba en arreglarse para ir a la escuela, su mamá decidió no apurarla ni molestarla, como siempre hacía. Esa mañana ella le pidió a su marido que hiciera el desayuno para poder observar a Carmen.

Un Nuevo Comienzo. Trate de abrirse a nuevos aspectos del comportamiento de su hijo(a) que quizás no se percató antes. Observe conductas que están ocurriendo en este momento. Aunque los recuerdos pasados son importantes para describir el desarrollo de su hijo, el personal de la escuela está interesado en información fresca y reciente, de lo que él o ella puede hacer ahora. Dése la oportunidad de ver a su a su hijo(a) de una nueva forma. Por ejemplo, en vez de enojarse cuando Tito comía con las manos, su papá se puso a observar atentamente como Tito trataba de usar la cuchara. Al hacer esto, él notó cosas nuevas, como por ejemplo la dificultad que Tito tenía en usar las manos con precisión.

Esté atento, pero relajado, observe solamente. Un observador que anda preocupado no puede concentrarse ni tomar buenas notas de lo que está pasando.

Enfóquese. Decida qué va a observar, si una destreza motora, o una conducta específica. Usted se preguntará, ¿Y cómo puedo decidir qué observar? La mejor manera es recordar cuáles son las áreas del comportamiento que más le molestan tanto a usted como a su pequeño(a); tal vez observar uno de los problemas que usted puso en la lista de Ejercicios para Fortalecerse #1, o pídale sugerencias a un doctor o profesional acerca de qué observar. Por ejemplo, un pediatra puede sugerir que usted observe a su infante cuando se voltea sobre su estómago para ponerse de espaldas. La mamá de Carmen se preguntaba si su hija se demoraba porque tenía problemas para ponerse la ropa, o porque no podía decidir qué ponerse o cómo coordinar la ropa para vestirse.

Al planear su observación usted puede incluir varios factores: *quién* va a estar con su niño, como también *dónde* y *cuándo* usted va a observarlo(a). Escoja y concéntrese en una sola destreza del niño(a), ignorando los demás aspectos del comportamiento que pueda haber.

Siga la corriente. A medida que usted observa las actividades de su niño(a), anote lo que va pasando y no ofrezca su propia interpretación de dichas acciones. Transfórmese en la "cámara indiscreta" del niño(a), pero deje para luego el reflexionar sobre lo que ha visto. Por ejemplo, el papá de Tito observó que el niño tomaba la cuchara al revés, y que éste no apuntaba correctamente la cuchara hacia la boca cuando la levantaba del plato. El papá anotó estas dos observaciones, y dejó para más tarde el pensar e interpretar cuál podría ser la causa de estos problemas.

Tome notas en detalle de los hechos concretos tal y como éstos ocurren. Usted verá que se le hace más fácil si observa por períodos cortos de tiempo, quizás cinco minutos o menos. Las observaciones cortas y frecuentes le permiten tomar notas exactas de los hechos tal y como éstos ocurren. Usted puede volver en otra ocasión y revisar su colección de observaciones, para después interpretar la información obtenida.

Cuando los padres observan a sus hijos(as) cuidadosa y sistemáticamente, éstos son capaces de ofrecer información específica a los maestros y otros profesionales, la cual puede ayudarles en la planificación educativa de su hijo(a). Una madre notó que las amiguitas de su hija, usaban oraciones completas cuando hablaban. Ella se preocupó porque el lenguaje de su hija era menos avanzado. Ella anotó exactamente las palabras y frases que su hija usaba al jugar con una amiga. En otra ocasión la madre usó una grabadora mientras las niñas jugaban. Estos ejemplos e información específica le fueron muy útiles cuando ella tuvo que hablar con la profesora de su hija.

A otra familia, el pediatra le sugirió a los padres que observaran a su infante para ver si sus ojos seguían un objeto al moverlo frente a su cara. En varias ocasiones durante la semana ellos observaron los movimientos de los ojos del infante. Al fin, cuando los padres se entrevistaron con el especialista de infantes, pudieron compartir con éste sus cuidadosas y repetidas observaciones y aprendieron maneras de ayudar al infante.

Más adelante se dan ejemplos de personas, lugares y actividades que quizás usted quiera usar cuando haga planes para observar a su niña(o).

▪ PAUTAS PARA PLANEAR UNA OBSERVACIÓN ▪

Antes de empezar a observar a su hija(o), a continuación se ofrecen unas pautas generales que pueden servirle de ayuda.

A. ¿QUÉ es lo que usted quiere observar en detalle? Aquí ofrecemos algunos ejemplos del tipo de información que puede buscar y obtener a través de la observación:

1. Cómo su niño resuelve desacuerdos y problemas.
2. Cómo mueve las piernas y brazos el niño(a) cuando gatea.
3. Qué distrae e interrumpe la atención del niño(a).
4. Cómo se viste y se alimenta el niño(a).
5. Qué juguetes o juegos prefiere el niño(a).

B. ¿QUIÉN, si alguno, va a interactuar con su niño(a)?

1. El padre o madre
2. Un pariente(a)
3. Un hermano(a)
4. Una persona extraña
5. El mejor amigo
6. Un tutor(a)
7. Varios amigos(as)
8. Maestro(s)
9. Niños extraños
10. Profesionales

C. ¿**DÓNDE** va a observar usted a su niña(o)—en qué actividad o lugar?

1. En casa
    a. el dormitorio de su niño
    b. el comedor
    c. donde hace sus asignaciones escolares
    d. sala donde se ve la televisión
    e. el patio

2. En el vecindario
    a. casa de un vecino
    b. patio de recreo
    c. casa de una amiga(o)
    d. parque

3. Reuniones de la familia
    a. paseo/picnic
    b. cumpleaños
    c. paseos en automóvil
    d. visitas a familiares

4. Grupos grandes y pequeños
    a. ir a comer afuera
    b. museos
    c. juegos de pelota
    d. zoológico
    e. ir de compras
    f. ir en el autobús
    g. fiestas

5. En la escuela
    a. en la sala de clases
    b. en viajes de escuela
    c. durante evaluaciones
    d. sesión de terapia
    e. patio de recreo
    f. sala de clases vocacionales

D. ¿**CUÁNDO** va a observar usted a su hijo(a)?

1. durante las comidas
2. a la hora de ir a dormir
3. mientras trabaja o hace sus asignaciones (tareas escolares)
4. mientras juega o se divierte
5. cuando está bajo tensión
6. cuando está enfermo(a)

¡Ahora sí! Empiece a observar su niño(a) teniendo en mente ya sea un comportamiento o una destreza específica. Los niños se comportan de distintas maneras dependiendo de las personas que están con ellos, de los lugares donde se encuentran y de las horas. Para entender mejor las capacidades y problemas de su hija(o), usted debiera tener varios ejemplos de comportamientos y destrezas que se han observado bajo diferentes circunstancias.

La información que usted colecte al observar a su niño(a), se va a agregar a la información específica que se necesita para planear el programa educativo y atender a las necesidades particulares de su niño(a). El Ejercicio para Fortalecerse #2, Observaciones de los Padres (página 25), le proporciona un formulario de ejemplo para ayudarlo a conservar un historial de sus observaciones. Unos ejemplos de estas observaciones se han completado para Carmen y Tito, los cuales se encuentran en las páginas 26 y 27.

■ ORGANIZANDO SUS OBSERVACIONES ■

Después que usted colecte varias observaciones, debe estudiarlas, compararlas y contrastarlas unas con otras, buscando las tendencias, consistencias o inconsis-tencias, así como cambios en el comportamiento de su hijo(a). El organizar sus observaciones es un paso vital para prepararse para la reunión con el personal de la escuela.

A continuación se proveen algunos ejemplos de comportamientos que algunos padres observaron y anotaron en los Ejercicios para Fortalecerse #1 y #2:

- Rodrigo hace mejor sus tareas escolares en un lugar tranquilo y despejado.
- Francisco puede recitar el alfabeto.
- María Cristina puede poner dos palabras juntas para hablar en frases.
- Virginia ha aprendido a afirmarse con los brazos cuando se cae.
- Bárbara puede rodar desde la posición del estómago a su espalda.
- Lina puede lanzar y capturar una pelota grande.
- Enrique puede escribir un párrafo corto con ideas en perfecta secuencia.
- Jaime puede ponerse los calcetines y zapatos por sí mismo.
- Héctor puede levantarse y pararse en su cuna por sí mismo.
- Tomás comparte sus juguetes con Sandra.
- Daniela come con la cuchara.
- Carlos hace su propio almuerzo para llevarlo a la escuela.
- Esteban escribe en letra cursiva las letras mayúsculas y minúsculas.
- Estela aprende mejor cuando está acompañada de una o dos buenas amigas.
- Delia puede copiar el diseño de cuentas de colores que están unidas por un hilo.
- Carolina muestra sus tareas escolares con orgullo y entusiasmo.
- Margarita entiende treinta y dos palabras en lenguaje de señas.
- Susana puede identificar correctamente el autobús para ir a su trabajo después de la escuela.
- Silvia hace las tareas escolares de cada clase en el mismo orden cada día.
- Alejandro puede hacer un rompecabezas de tres piezas.

Organice sus observaciones bajo áreas generales del desarrollo del niño(a), esto le va a ayudar a hablar en el mismo idioma que utilizan los educadores. Para usar y sacar el mayor provecho de las observaciones y anotaciones que usted hizo acerca de su niña(o), agrupe las anteriores en categorías del desarrollo, parecidas a las que utiliza el personal escolar.

Por ejemplo, en la lista anterior, las observaciones de los padres pueden ser organizadas en seis áreas generales del desarrollo:

1. Movimiento
2. Comunicación
3. Relaciones sociales
4. Concepto de sí mismo(a)/independencia
5. Percepción/Los cinco sentidos
6. Destrezas de razonamiento

DEFINICIONES DE LAS ÁREAS DEL DESARROLLO

Movimiento. La capacidad de usar los músculos para mover el cuerpo y para controlar movimientos motores finos y gruesos como caminar, saltar, escribir, sujetar objetos, rodar, masticar y equilibrarse.

Comunicación. La capacidad para comprender y responder en lenguaje hablado, gestos, o símbolos escritos y para expresarse claramente y con significado.

Relaciones Sociales. La capacidad de relacionarse con otros, por ejemplo, de jugar con otros niños(as) o desarrollar apego o lazos de afecto con familiares y amigos.

Concepto de sí mismo/Independencia. La capacidad de distinguirse a uno mismo de otros y de defender sus propias necesidades.

Sentidos/Percepción. La capacidad de usar los ojos, oídos, y los sentidos del tacto, olfato y gusto para aprender acerca de nuestro ambiente.

Destrezas de razonamiento. A menudo llamados destrezas cognoscitivas, éstas son las que nos permiten razonar, resolver problemas, clasificar, poder asociar unas cosas con otras, entender lo que es similar y lo que es diferente y comprender las relaciones de causa y efecto. También se incluyen en esta categoría aquellas destrezas como lectura, matemáticas y gramática.

Pero ahora usted piensa ¿Son estas las categorías que los especialistas del desarrollo del niño o los maestros de la escuela usan? De hecho, sí, hay otros términos que comúnmente se utilizan tales como cognición, destrezas de autoayuda, destrezas motoras finas o gruesas, lenguaje expresivo, lenguaje receptivo, percepción auditiva o visual, y muchos otros más. Hay muchos sistemas de clasificación, pero todos básicamente sirven al mismo propósito; todos los sistemas sirven para estructurar observaciones acerca del crecimiento y el desarrollo humano. Algunos profesionales sugieren que los padres aprendan los términos utilizados por los doctores, educadores, terapistas y otros especialistas. *La opinión de este libro es que la forma que usted utiliza para referirse a su propio hijo es el mejor lenguaje.* Así que, para los fines de defensa educacional en este libro, se sugieren categorías generales del desarrollo las cuales con un poco de análisis, traducción o interpretación pueden ser utilizadas junto con las categorías usadas por los maestros y especialistas que trabajan con su niño(a).

▪ EL ESTILO DE APRENDIZAJE DE SU HIJO(A) ▪

Además de tener diferentes habilidades en las varias áreas del desarrollo, cada niño(a) tiene su propio estilo de aprendizaje. *El estilo de aprendizaje es la combinación de las características únicas y personales que determinan la manera en que una persona aprende mejor.* Por ejemplo, hay personas que aprenden mejor a través de leer y escribir; otros, a través de hablar y escuchar. A menudo el talento en un área, como dibujo, música o deportes, puede influir en cómo una persona aprende. Por ejemplo, las características de ser ordenado, sensible al ruido o a la distracción, o de trabajar con exactitud pueden influir en el aprendizaje. Tómese un minuto y piense en cómo usted mismo aprende mejor, cuál es su estilo de aprendizaje. Por ejemplo, quizás a usted:

- Aprende mejor cuando lee la información.
- Se le hace más fácil comprender las cosas cuando participa en grupos de discusión.
- Le gusta estudiar en un ambiente ordenado y amplio; o quizás usted se siente más cómodo(a) en un escritorio desordenado.
- Le hace tener silencio absoluto para concentrarse, o prefiere tener música de fondo para pensar.
- Le es indispensable dibujar objetos, hacer una tabla o diagrama para analizar un problema.
- Le hace falta tomar frecuentemente recesos cortos mientras trabaja, o puede que se concentre hasta que termine la tarea.

El pensar en su propio estilo de aprendizaje quizás le pueda ayudar a darse cuenta del estilo de aprendizaje de su niño(a). Pero recuerde, no hay maneras correctas o incorrectas de aprender, sólo maneras diferentes de aprender. Además, muchas personas aprenden usando diferentes aspectos de su estilo de aprendizaje según sea la situación. Así que si usted comparte con las personas que enseñan a su hijo(a) las formas en que éste mejor aprende, usted va a ser de tremenda ayuda y va a crear el mejor ambiente para satisfacer las necesidades de su hija(o). Los buenos maestros hacen adaptaciones al salón de clases y a sus métodos de enseñanza, para poder acomodar a niños con diferentes estilos de aprendizaje.

▪ ANALICE SUS OBSERVACIONES ▪

La siguiente sección muestra cómo analizar las observaciones que usted anotó en los Ejercicios #1 y #2, para que así pueda comunicarse efectivamente con el personal de la escuela. Las observaciones y anotaciones que los padres han hecho de sus hijos, se encuentran en las páginas 28 a la 30 y éstas pueden colocarse dentro de las siguientes áreas de desarrollo y estilo de aprendizaje:

Movimiento

- Virginia ha aprendido a afirmarse con los brazos cuando se cae.
- Lina puede lanzar y coger/agarrar una pelota grande.
- Esteban escribe en letra cursiva las letras en mayúsculas o minúsculas.
- Bárbara puede rodar desde la posición del estómago a su espalda.
- Héctor puede levantarse y pararse en su cuna por sí mismo.

Comunicación

- María Cristina puede poner dos palabras juntas para hablar en frases.
- Margarita entiende treinta y dos palabras en lenguaje de señas.

Relaciones sociales

- Tomás comparte sus juguetes con Sandra.

Concepto de sí mismo/independencia

- Jaime puede ponerse los calcetines y zapatos por sí mismo.
- Daniela come con la cuchara.
- Carlos hace su propio almuerzo para llevar a la escuela.
- Carolina muestra sus tareas escolares con orgullo y entusiasmo.

Sentidos/percepción

- Delia puede copiar el diseño de cuentas de colores que están unidas por un hilo.
- Susana puede identificar correctamente el autobús para ir a su trabajo después de la escuela.

Capacidad para pensar

- Francisco puede recitar su alfabeto.
- Enrique puede escribir un párrafo corto con ideas en perfecta secuencia.
- Alejandro puede hacer un rompecabezas de tres piezas.

Estilo de aprendizaje

- Rodrigo hace mejor sus tareas escolares en un lugar tranquilo y despejado.
- Estela aprende mejor cuando está acompañada de una o dos buenas amigas.
- Silvia hace sus tareas escolares en el mismo orden cada día.

Quizás está sorprendido(a) de la manera en que estos comportamientos han sido clasificados en las categorías de desarrollo. Por ejemplo, usted clasificaría que la habilidad de Jaime de ponerse sus zapatos y medias por sí mismo pertenece tanto a la categoría de *movimiento* y *destrezas de razonamiento* coma a la de *independencia*. Es verdad que los comportamientos pueden pertenecer a más de una categoría. Pero es importante resaltar que en este caso las destrezas motoras de Jaime no son un problema. Jaime es físicamente capaz de ponerse los zapatos y calcetines, pero él necesita desarrollar su independencia. Por eso, sus padres ponen "ponerse los zapatos y calcetines" bajo Independencia/Concepto de Sí Mismo.

Piense en las áreas del desarrollo que usted cree que son particularmente importantes para el crecimiento de su hijo(a) en este momento, y anote las observaciones de su progreso en esa categoría. Recuerde, no siempre hay una sola categoría que es "correcta".

Para organizar sus observaciones acerca del desarrollo y estilo de aprendizaje de su niña(o), utilice el trabajo que usted realizó en los primeros dos Ejercicios para Fortalecerse en la Tabla de Progreso del Desarrollo que aparece en la página 28. Un ejemplo de esta tabla ha sido completado para Carmen y Tito y se encuentra en las páginas 29 y 30.

Tome nota de que la Pregunta #1 del Cuestionario sobre el Estilo de Aprendizaje proporciona información para la columna *Puede Hacer*. La Pregunta #3 en el mismo cuestionario coincide con la segunda columna, *Está Trabajando Ahora*. La Pregunta #5 corresponde con la columna *Para Hacer en los Próximos 6 Meses*. Las Preguntas #2 y #4 dan información acerca del *estilo de aprendizaje*. Estas observaciones acerca del estilo de aprendizaje pueden anotarse en la última línea de la tabla.

Si sus observaciones no le han dado un panorama completo del desarrollo de su hija(o), entonces repita el Ejercicio de Fortalecerse #2, esta vez dirigiendo su atención hacia aquellas áreas específicas del desarrollo de las cuales usted necesita más información. Por ejemplo, si usted está satisfecha(o) con lo que sabe de las destrezas de movimiento de su niño(a), pero quiere aprender más acerca de sus destrezas en relaciones sociales, usted puede volver a observar esa área de su desarrollo.

■ OTRAS FUENTES DE INFORMACIÓN ■

A menudo, gente fuera de nuestra familia pueden ofrecer otras percepciones del niño(a) que nosotros no tenemos, y otras maneras de apreciar su desarrollo y crecimiento. Acuérdese también que cuando su niño participa en actividades fuera del hogar, hay otras oportunidades de observar sus destrezas y comportamiento que puede que no demuestren en casa.

Los documentos y proyectos de la familia también proporcionan una cantidad de información mientras usted prepara un panorama completo de su niña(o). Una familia trajo fotos de su hijo para mostrarlas en la reunión con el personal de la escuela; otra mamá trajo las cintas grabadas del lenguaje de su hija mientras iban en el automóvil. Deje que su imaginación le indique las muchas maneras que usted puede observarlo(a) en su rutina diaria.

Hay muchas ocasiones, lugares y maneras en que usted puede recolectar esta información acerca del desarrollo y crecimiento de su hija(o). Hay aquí algunas fuentes que otros padres han encontrado útiles, y además usted puede agregar las suyas a las listas:

Gente

Abuelos	Compañeros de juego
Hermanos(as)	Choferes de autobuses
Líderes de Boy Scouts	Maestros
Entrenadores	Doctores
Vecinos	Supervisores

Lugares

Restaurantes	Iglesia
Campamento familiar	Bodega o supermercado
Oficina del doctor	Reuniones de Boy Scouts
Grupos en un automóvil	Piscina

Documentos y Proyectos de la Familia

Álbumes de fotos	Proyectos de arte
Ejemplos de tareas escolares	Grabaciones en cinta
Preparaciones para fiestas	Proyectos de jardinería
Películas de la familia	Expedientes de escuelas y hospitales

■ CONCLUSIÓN ■

A través del período de la infancia, niñez y vida escolar de su niña(o), usted tendrá que hacer todos los años nuevas observaciones de su desarrollo y crecimiento. Colectar nuevas observaciones, antes de ir a reuniones con los maestros u otros profesionales, le va a ayudar a proporcionar recomendaciones específicas para el programa educativo de su niña(o). Al completar los dos primeros Ejercicios para Fortalecerse, usted obtendrá una mayor comprensión de esas necesidades y fortalezas únicas de su hijo(a). El tener esta invaluable información al alcance de su mano, le hará sentir más confiada(o) para participar en el proceso de planificación del programa de educación especial de su hijo(a).

EJERCICIO PARA FORTALECERSE #1

Cuestionario del Estilo de Aprendizaje

1. Haga una lista de tres cosas que su hijo(a) ha aprendido o ha logrado hacer recientemente.

   1.

   2.

   3.

2. Escoja una de las tres cosas que aparecen en pregunta #1. ¿Qué fue lo que ayudó a su niño(a) para aprender esto?

3. Piense en tres cosas que su hija(o) está tratando de aprender hoy en día.

   1.

   2.

   3.

4. Escoja una de las tres cosas de la pregunta #3 que su hija(o) tiene problemas para aprender. ¿Qué le causa a él o ella estos problemas?

5. ¿Qué cosa en especial le gustaría a usted que su niña(o) aprendiera dentro de los próximos seis meses?

EJERCICIO PARA FORTALECERSE #1—EJEMPLO 1

Cuestionario del Estilo de Aprendizaje

1. Haga una lista de tres cosas que su hijo(a) ha aprendido o ha logrado hacer recientemente.

   1. *Carmen puede correr en bicicleta sin las ruedas de apoyo.*

   2. *Ella puede hacer su cama y llevar sus platos a la cocina.*

   3. *Ella contesta el teléfono correctamente.*

2. Escoja una de las tres cosas que aparecen en pregunta #1. ¿Qué fue que le ayudó al niño(a) para aprender esto?

   Carmen marcaba su lista de tareas hogareñas cada día, esta lista demostraba las diferentes actividades que ella estaba aprendiendo a hacer. Ella recibía un premio si cumplía con todas sus tareas, por lo menos cinco veces durante la semana. Carmen podía ver (y contar) cómo le iba con sus tareas. A Carmen también le gusta tener su cuarto ordenado.

3. Piense en tres cosas que su hija(o) está tratando de aprender hoy en día.

   1. *Carmen está aprendiendo a escribir su nombre y dirección.*

   2. *Ella está aprendiendo a poner la mesa.*

   3. *Ella está tratando de prepararse para la escuela, sin tener que recibir constantes recordatorios de su mamá.*

4. Escoja una de las tres cosas de la pregunta #3 que su hija(o) tiene problemas en aprender. ¿Qué le causa a él o ella estos problemas?

   Carmen tiene dificultad en elegir qué ropa ponerse y recordar todas las cosas que necesita llevar en su bolsa escolar. Carmen se viste muy lentamente.

5. ¿Qué cosa en especial le gustaría a usted que su niña(o) aprendiera dentro de los próximos seis meses?

   Me gustaría que Carmen estuviera lista para ir a la escuela; Esto quiere decir que ella esté bien vestida, su bolsa escolar lista, y que esté a tiempo para tomar el autobús escolar, sin la ayuda y recordatorios de su mamá.

EJERCICIO PARA FORTALECERSE #1—EJEMPLO 2

Cuestionario del Estilo de Aprendizaje

1. Haga una lista de tres cosas que su hijo(a) ha aprendido o ha logrado hacer recientemente.

   1. *Tito cuelga su abrigo en el gancho cerca de la puerta trasera.*

   2. *El puede sentarse por unos minutos y escuchar un cuento.*

   3. *El acaricia a Fiero, el perro, suavemente, en vez de pegarle.*

2. Escoja una de las tres cosas que aparecen en la pregunta #1. ¿Qué ayudó al niño(a) para aprender esto?

   La persona que ayuda en la clase se sentó cerca de Tito con su brazo alrededor de él cuando él se puso inquieto durante la hora del cuento, él responde bien a la gente.

3. Piense en tres cosas que su hija(o) está tratando de aprender hoy en día.

   1. *A limpiarse la cara con un pañuelo cuando se le cae la saliva.*

   2. *Está aprendiendo la seña para indicar 'Gracias'.*

   3. *Está aprendiendo a subir las escaleras sin ayuda.*

4. Escoja una de las tres cosas que aparecen en la pregunta #3 que su hija(o) tiene problemas en aprender. ¿Qué que le causa a él o ella estos problemas?

   Le falta control al hacer uso de los movimientos motores finos.

5. ¿Qué cosa en especial le gustaría a usted que su niña(o) aprendiera dentro de los próximos seis meses?

   Que pudiera comer su comida sin embarrarse toda la cara, su pelo o su ropa.

EJERCICIO PARA FORTALECERSE #2

Observaciones de los Padres

Observador _____ Fecha de Observación _____

Hora de comienzo de la observación _____ Término _____

¿Quién fue observado(a)? _____

¿Dónde? _____ ¿Cuándo? _____

¿Cuál fue el enfoque de la observación? _____

_____

_____

¿Por qué se eligió este enfoque? _____

_____

¿Qué ocurrió durante la observación?	Reflexiones sobre las observaciones

EJERCICIOS PARA FORTALECERSE #2–EJEMPLO 1

Observaciones de los Padres

Observador ___Verónica___ Fecha de Observación ___29 de octobre___

Hora de comienzo de la observación ___7:15 am___ Término ___7:20 am___

¿Quién fue observado(a)? ___Carmen___

¿Dónde? ___Dormitorio de Carmen___ ¿Cuándo? ___Vistiéndose para ir a la escuela___

¿Cuál fue el enfoque de la observación? ___Para observar y comprender la rutina que sigue Carmen en la mañana___

¿Por qué se eligió este enfoque? ___La frustración que los padres tienen acerca de la dificultad que Carmen tiene en vestirse para ir a la escuela, la cual causa un caos familiar.___

¿Qué ocurrió durante la observación?	Reflexiones sobre las observaciones
Abre el guardarropa y mira su ropa.	
Saca una falda y la pone en la cama.	
Saca una blusa y la pone junto a la falda.	
Observa la falda y blusa.	
Las pone de nuevo en el guardarropa y saca otro juego de blusa y falda.	
Repite lo mismo otra vez.	Carmen tiene dificultad cuando tiene varias alternativas.
Saca y examina varios pares de calcetines y medias.	Carmen tiene más interés en estar ordenada que llegar a tiempo.
Elige uno y pone los otros de nuevo en el cajón.	

EJERCICIOS PARA FORTALECERSE #2—EJEMPLO 2

Observaciones de los Padres

Observador _____Rafael_____ Fecha de Observación _7 de noviembre_

Hora de comienzo de la observación _5:00 p.m._ Término _5:05 p.m._

¿Quién fue observado(a)? _Tito_

¿Dónde? _En la mesa de la cocina_ ¿Cuándo? _Durante la comida_

¿Cuál fue el enfoque de la observación? _Las destrezas de comer de Tito._

¿Por qué se eligió este enfoque? _Para que pudiéramos disfrutar la hora de comida como una familia en casa y en restaurantes._

¿Qué ocurrió durante la observación?	Reflexiones sobre las observaciones
Toma la cuchara con la mano derecha y la introduce en los tallarines. Toma un bocado de tallarines. Toma la cuchara y la introduce en los tallarines, y sujeta la cuchara invertida. Deja caer la cuchara sobre la mesa. La recoge con la mano izquierda; toma otro bocado. Deja caer la cuchara en el suelo. Usa ambas manos para tomar los tallarines, ensuciándose la cara y el pelo.	Tito tiene dificultad al sujetar la cuchara, especialmente con su mano izquierda. Usa sus manos cuando la cuchara no está a su alcance.

TABLA DE PROGRESO DEL DESARROLLO

	Puede Hacer	Está Trabajando Ahora	Para Hacer en los Próximos 6 Meses
MOVIMIENTO			
COMUNICACIÓN			
RELACIONES SOCIALES			
CONCEPTO DE SÍ MISMO(A) / INDEPENDENCIA			
SENTIDOS / PERCEPCIÓN			
DESTREZAS DE RAZONAMIENTO			
ESTILO DE APRENDIZAJE			

TABLA DE PROGRESO DEL DESARROLLO— EJEMPLO 1

Carmen	Puede Hacer	Está Trabajando Ahora	Para Hacer en los Próximos 6 Meses
MOVIMIENTO	Corre bicicleta, se balancea en el caballete de equilibrio. Escribe en letra de imprenta (no en cursiva). Tira la pelota.	Pedalear más rápido en la bicicleta y esforzarse más al ir cuesta arriba. Hacer la letra de imprenta más pequeña y con cuidado. Coger al vuelo una pelota grande.	Aprender a seguir al grupo corriendo bicicleta. Escribir en letra de imprenta en bloque y con líneas. Lanzar y agarrar la pelota con más exactitud.
COMUNICACIÓN	Responde a instrucciones simples. Contesta el teléfono claramente; puede contestar adecuadamente a la persona que llama.	Seguir las instrucciones sin ponerse confusa.	Entender y seguir completamente instrucciones más complejas.
RELACIONES SOCIALES	Asiste a las reuniones de las "Girl Scouts". Se sienta con un pequeño grupo de niñas en el autobús. Juega con niños más chicos que ella en el vecindario.	Está aprendiendo a incorporarse en un grupo de niñas sin la ayuda de su mamá. Está estableciendo una fuerte amistad con una niña de su edad.	Participar en grupos pequeños de actividades sin la supervisión de un adulto. Pedir a una amiga que venga a jugar y a comer regularmente.
CONCEPTO DE SÍ MISMO(A) / INDEPENDENCIA	Se viste ella por sí misma en las mañanas si su mamá la ayuda y la ropa está encima de la cama. Camina sola desde la parada del autobús; anticipa que su mamá la espera en casa.	Vestirse y estar lista a tiempo para la escuela durante las mañanas sin contar con la ayuda de su mamá. Aprendiendo a encontrar algo que hacer si su mamá se retrasa en llegar a casa.	Vestirse por sí sola, sin necesidad de ayuda o recordatorias. Saber qué hacer si su mamá no está en casa.
SENTIDOS / PERCEPCIÓN	Ella selecciona ropa que haga juego y coordina los colores. Canta siguiendo las canciones que escucha en la radio.	Está aprendiendo los nombres de los colores. Aprendiendo la letra de las canciones en la clase de música, en la escuela.	Nombrar una o dos gradaciones de los colores primarios (por ejemplo: 'lila', 'turquesa'). Ser capaz de cantar dos canciones de memoria.
DESTREZAS DE RAZONAMIENTO	Sabe su nombre, dirección y número de teléfono. Cuenta hasta el 20 de uno en uno. Sabe las letras mayúsculas del alfabeto.	Está aprendiendo a contar hasta 100 de uno en uno. Aprendiendo a reconocer las letras minúsculas del alfabeto.	Saber cómo contar con exactitud hasta 100 de uno en uno. Reconocer por lo menos la mitad de las letras minúsculas del alfabeto.
ESTILO DE APRENDIZAJE	Muy correcta y ordenada. Necesita ayudas visuales para ver el progreso.	Trabaja por recompensas (premios, dulces, alabanzas de adultos). Se la pasa soñando despierta y se distrae fácilmente.	

TABLA DE PROGRESO DEL DESARROLLO— EJEMPLO 2

Tito	Puede Hacer	Está Trabajando Ahora	Para Hacer en los Próximos 6 Meses
MOVIMIENTO	Sujeta la cuchara en cualquiera de las dos manos. Sabe los peldaños cuando alguien le sujeta la mano.	En usar su mano derecha para sujetar la cuchara. En subir las escaleras sin ayuda.	Usar una cuchara para comer su comida. Subir por sí mismo la escalera de cuatro escalones del balcón del frente sujetándose del pasamanos.
COMUNICACIÓN	Entiende las señas de hambre, sed y gracias. Puede decir sí y no a su manera y la familia lo entiende.	Hacer las señas de "tengo hambre," "tengo sed," y "gracias," "para ser entendido. Dice más claro sí y no."	Ser capaz de señalar, tengo hambre, tengo sed y gracias claramente. Decir sí y no para que cualquiera lo entienda.
RELACIONES SOCIALES	Observa a un grupo de amigos jugando un juego. Dice no a un compañera de clases que lo empujó, y lo empuja de vuelta.	Está aprendiendo a jugar un juego con sus amigos. Ignorar a los compañeros que lo empujan sin empujar de vuelta.	Ser capaz de jugar un juego con un grupo de amigos. Decir no a eso que lo empujan; pedir a alguien que lo ayude.
CONCEPTO DE SÍ MISMO(A) / INDEPENDENCIA	Puede abrir y cerrar las llaves del agua en el baño. Cuelga su abrigo en el gancho, cerca de la puerta de atrás.	Identificar que es caliente y frío. Abrir el cierre de su chaqueta por sí mismo.	Lavarse las manos con poca ayuda o sin supervisión. Sacarse la chaqueta con algo de ayuda.
SENTIDOS / PERCEPCIÓN	Mira a las personas que lo llaman por su nombre.	Mirar a las personas cuando se le esté hablando.	Mirar siempre a la gente que le es conocida cuando le estén hablando.
DESTREZAS DE RAZONAMIENTO	Puede seguir instrucciones simples, de un paso, con ayuda. Por ejemplo: "recoge la cuchara."	Seguir instrucciones simples de dos pasos con ayuda.	Seguir sin ayuda instrucciones de un solo paso.
ESTILO DE APRENDIZAJE	Tito es muy precavido cuando trata algo nuevo. Él aprende mejor cuando observa una actividad antes de hacerla. Tito es persistente cuando se le permite tratar tareas por sí solo.		

3. Solicitud y Evaluación

¿Listos, Listas? ¡Vámonos!

U sted ha colectado bastante información describiendo el progreso educacional y el desarrollo de su hijo(a), así como también el estilo de aprendizaje. Al observarlo(a) sistemáticamente en una variedad de situaciones, usted ha desarrollado un cuadro de sus fortalezas y debilidades, y también ha empezado a ponerse metas para alcanzar en el futuro. Pero, usted se preguntará ¿dónde cabe todo esto dentro del proceso de planificación para la educación especial en el sistema escolar? ¿Cuándo y a qué punto va usted a poder presentar esta información al personal escolar y discutir las necesidades educacionales de su hijo(a)? ¿Cómo puede obtener usted del sistema escolar una evaluación cuidadosa y detallada? ¿Qué información contienen estas evaluaciones y otros archivos escolares que puedan usarse para obtener los programas y servicios educacionales que le sean apropiados?

El Capítulo 1 describió brevemente las fases del ciclo de planificación que usan los sistemas escolares para proveer programas educacionales para niños con impedimentos. Este capítulo examina en detalle dos de estas fases: *solicitud* (referral) y *evaluación*. Cada fase se describe en términos de sus propósitos, actividades y participantes. Más importante aún, se hacen sugerencias acerca de cómo ustedes, los padres, pueden participar activamente en estas fases.

■ Identificando a los Niños con Impedimentos: ■ La Fase de Solicitud

Bajo la ley IDEA, cada sistema escolar debe conducir campañas para informar al público acerca de los derechos del niño con impedimentos a recibir una educación pública gratuita que satisfaga sus necesidades individuales. A menudo estos programas se denominan *Child Find*. Los sistemas escolares también deben informar a los padres en la comunidad de los programas de educación especial. Además, cada división escolar, como parte del proceso del programa *Child Find* debe identificar, localizar y evaluar a cada persona, desde los infantes hasta los jóvenes de veintiún años de edad, que tenga necesidad de los servicios de educación especial.

En 1986, el Congreso modificó la ley IDEA para incluir programas para infantes, niños de uno a tres años y niños preescolares, por lo cual, los esfuerzos para identificar a estos niños y proporcionarles servicios aumentaron mucho más en 1986. Una parte en especial beneficia a los preescolares que tienen atrasos en el desarrollo. La ley extiende los derechos y protecciones de IDEA a todos los niños de tres a cinco años de edad que tengan impedimentos. En consecuencia, las escuelas fueron obligadas a proporcionar servicios educacionales a estos niños preescolares en el año escolar 1990-1991, bajo pena de no poder continuar recibiendo fondos federales para programas preescolares.

Una segunda parte, frecuentemente llamada Parte H*, beneficia tanto a las familias como a los infantes y niños con atrasos en el desarrollo, desde el nacimiento hasta los dos años de edad. Esta ley autoriza fondos federales a los estados para desarrollar y proporcionar servicios completos para estos niños muy jóvenes y sus familias. El Capítulo 8 trata en detalle de la Parte H y los servicios de intervención temprana.

Una vez que se identifique a un niño de edad escolar con posibles impedimentos deben aplicarse los reglamentos de la ley, tanto del sistema escolar local como los de la división estatal que especifican el procedimiento para solicitar los servicios de educación especial. Sin embargo, la primera acción es hacer una solicitud por escrito al director o principal de la escuela a que el niño(a) asiste o fuera a asistir si estuviera en la escuela pública. Si el niño o niña está empezando a ir a la escuela y sus padres u otros creen que necesita educación especial, pueden pedir que el niño(a) sea considerado para obtener esta ayuda inmediatamente. Si usted piensa que su niña(o) necesita estos servicios, usted puede pedir un formulario de solicitud (referral) al director o principal de la escuela, o escribir una carta al director pidiéndole que sea referido para educación especial. O, si los maestros o consejeros notan que su hija(o) tiene problemas en la escuela, ellos también pueden hacer la solicitud.

No importando quién haga la solicitud (*referral*) para la educación especial, el próximo paso es que el director o principal reúna a un comité para considerar esta solicitud. El comité está compuesto generalmente de: (1) el director o principal, o alguien que él o ella designe; (2) la persona que refirió al niño(a), si esa persona es del sistema escolar; y (3) maestros u otros especialistas que tengan un conocimiento especial de los problemas que el estudiante parece tener.

En varias jurisdicciones escolares este comité inicial es llamado "comité de selección local de la escuela." Otros términos para el mismo comité pueden ser "comité de estudio del niño(a)," "comité escolar," o el "equipo de administración educacional." El mayor propósito del comité es determinar si los problemas de desarrollo o aprendizaje del niño o niña son bastante graves como para requerir una evaluación formal por el sicólogo de la escuela u otros especialistas. Para alcanzar un acuerdo, el comité discute los problemas del estudiante, considera adaptaciones al programa escolar actual y sugiere estrategias a los maestros para ayudar al estudiante. Si los miembros del comité creen que se debe hacer una evaluación completa, ellos mandan la recomendación al administrador de educación especial escolar. La decisión del comité debe hacerse por escrito e incluye aquella información que llevó al comité a tomar dicha decisión. El plazo dentro del cual el comité debe proceder está determinado en los reglamentos y normas de la escuela.

En algunas ocasiones los padres no saben que su niño(a) ha sido referido al comité de selección de la escuela, a menos que ellos mismos hayan hecho la solicitud. Los sistemas escolares tratan las etapas iniciales del proceso de solicitud de varias maneras. Hay algunos que son muy cuidadosos en notificar a los padres de cualquiera reunión que se tenga para considerar o decidir sobre las necesidades de educación especial de su hijo(a). Otros son más informales acerca de su manera y notifican a los padres sólo si necesitan su consentimiento para una evaluación formal.

Cuando usted ha referido su niño(a) al proceso de selección (*screening*) inicial, o de otra manera se entera acerca del proceso de selección, usted debiera requerir que el director de este comité le notifique las fechas de las reuniones y que le permitan participar en la reunión. Los reglamentos de algunas escuelas públicas requieren que los padres participen en esta fase del proceso; otras no.[*] En general, están de acuerdo en que los padres participen cuando ellos lo piden. En preparación para esta reunión, usted debiera observar a su hijo(a) como se describe en el Capítulo 2 y preparar algo escrito con la información que pueda ayudar al comité local de selección a alcanzar un acuerdo y una decisión.

Como se dijo anteriormente, el propósito de la reunión del comité es revisar los archivos escolares u otros expedientes pertinentes del niño y para decidir si se debe recomendar otra evaluación. Si usted va a asistir a estas reuniones, debiera pedir estar presente en las discusiones que se lleven a cabo para tomar la decisión. Pero recuerde, los reglamentos no requieren que el comité le permita estar en la reunión donde se toma la decisión. Si usted lo pide, a menudo le dejan participar hasta el final. Así que, vaya y pida.

Si el comité de selección no recomienda que su niño(a) sea referido al director de educación especial para una evaluación formal, usted puede refutar esa decisión a través de un proceso formal llamado *audiencia de debido proceso (due process hearing)*. El Capítulo 10 describe los procedimientos del debido proceso que usted puede seguir para apelar esta y otras decisiones hechas por las autoridades escolares.

Si usted no ha tomado parte en las actividades del comité, puede que usted se entere que su niño(a) está siendo considerado(a) para recibir estos servicios, a través de una nota de la escuela pidiéndole permiso para evaluarlo(a). Bajo las leyes federales y estatales, el sistema escolar debe notificarle de la intención de evaluar a su hijo(a), para los fines de verificar la necesidad de servicios de educación especial. Deben explicarle a usted qué clase de pruebas (*tests*) le van a dar y las razones por las cuales él o ella esté siendo evaluado(a). Más adelante, en el proceso de la primera evaluación, su consentimiento debe ser recibido por la escuela antes de empezar las pruebas.* Si usted se rehúsa a dar su consentimiento, el sistema escolar no puede proceder con la evaluación, a menos que se inicie una acción en la corte o una audiencia formal de debido proceso, y que el juez o el oficial de audiencia tome una decisión en favor de la escuela. Para más detalles, sírvase ver el Capítulo 10, allí encontrará una explicación más detallada del debido proceso.

■ DANDO UNA MIRADA: EL PROCESO ■ DE EVALUACIÓN

Los formularios para solicitar el consentimiento de los padres para evaluación son bastante complicados. Su lenguaje técnico y el estilo burocrático pueden generar gran ansiedad para los padres. En general, los padres conocen poco de las evaluaciones educacionales, evaluaciones sicológicas, pruebas audiológicas, del habla o lenguaje. Por eso, a veces el personal escolar llama por teléfono por anticipado, o piden de reunirse con los padres y explicarles la necesidad de una evaluación completa del niño(a). Le explicarán de las pruebas y procedimientos que se usarán, para ayudarles a tener confianza en el proceso de evaluación. Pero por supuesto, si usted no se ha dado cuenta de los problemas de aprendizaje del niño(a), el recibir la carta y formulario requiriendo su consentimiento para dicha evaluación, le causará ansiedad de todas formas. Y aún si usted ha sospechado que su niño(a) tiene estas necesidades, el lenguaje formal de estos documentos y la "letra chica" le confundirá un poco. En las páginas 35-36 se encuentra un ejemplo de esta carta, requiriendo su consentimiento para la evaluación.

¿Qué podría hacer usted cuando la escuela le pida su consentimiento para hacer una evaluación de las necesidades de aprendizaje de su niño(a)? Quizás usted piensa, la escuela sabe lo que es mejor. Y entonces firma el formulario dando permiso, pero después le entra la duda si hizo lo correcto. O, puede sentirse aliviado(a) que la escuela va a hacer algo. O, rehúsa firmar el formulario pero se queda pensando si tomó la mejor decisión.

Ninguna de estas respuestas es la que va a ayudarle más a usted o su hijo(a). Lo que necesita hacer es conocer mejor el proceso, conocer los pasos que se toman y así saber cómo responder al pedido de evaluar a su niño(a). Debe estar informado(a) de los derechos y responsabilidades de las personas involucradas en esta evaluación. Sabiendo lo que está haciendo va a aliviar su ansiedad y le permitirá a usted y a su hija(o) "hacer" algo acerca de la evaluación, en vez de que solamente "se la hagan" no más.

■ EL PROCESO DE EVALUACIÓN: PROPÓSITOS, ■ ACTIVIDADES Y PROFESIONALES

Puede haber muchas razones por las cuales el desarrollo físico, social o intelectual de un niño es más lento que el de otros de su edad. Ciertos niños(as) simplemente

Señor González y Señora   RE: Evaluación
1519 S. West Street   ESCUELA: Westview Elementary
Alexandria, VA 22355   Número ID: 10094

Estimado Sr. González y Sra.:

Como hemos conversado anteriormente, las siguientes evaluaciones individuales son esenciales para comprender las necesidades especiales de su niño(a).

Audiológica	_____X_____
Educacional	_____X_____
Sicológica	_____X_____
Histórico-social	_____X_____
Habla y Lenguaje	_____
Visión	_____X_____
Médica	_____X_____

Las evaluaciones pueden incluir conferencias con su hijo(a), pruebas de destreza general y logros educacionales, y/o evaluación de sentimientos y emociones.

Si usted desea hacer cualquier pregunta de por qué estas evaluaciones son necesarias, por favor llame a la Srta. Pacheco al 624-5525. Cuando las evaluaciones se completen, tendrá la oportunidad de discutir los resultados. También usted puede examinar todos los archivos escolares que pertenezcan a su niño(a).

No podemos proceder a hacer estas evaluaciones sin su permiso. Por eso, sírvase devolverme el formulario, a la dirección indicada, dentro de diez días hábiles de la recepción de esta carta. Usted tiene el derecho de rehusar su permiso. Si usted decidiera de esta manera, debemos informarle que las Escuelas Públicas del Condado de _____ tienen el derecho de apelar su decisión.

Si un examen médico reciente fuera requerido, el examen puede hacerse a través de su médico familiar, pagado o costeado por usted, o a través del Departamento de Servicios de Salud del Condado de donde se lo hacen gratis. Si usted quisiera hacer una cita para el examen gratis para su niño(a), sírvase llamar al Depto. de Servicios de Salud del Condado al 524-6660.

Si desea informarse de la hora, fecha y lugar donde se harán las próximas reuniones para discutir las necesidades educacionales de su niña o niño, sírvase contactar a la Srta. Pacheco al 624-5525 quien le informará de las reuniones del comité de selección y calificación.

Atentamente,

Marcia Pacheco
Directora
/ct
anexo
cc: archivo acumulativo

FORMULARIO DE LOS PADRES DANDO PERMISO PARA LA EVALUACIÓN

DOY MI PERMISO a las Escuelas Públicas del Condado de _____ para proceder con las siguientes evaluaciones para mi hijo(a) Carmen González :
Nombre del niño(a)

Audiológica	___X___
Educacional	___X___
Sicológica	___X___
Histórico-social	___X___
Habla y Lenguaje	_____
Visión	___X___
Médica	___X___

Certifico que tengo conocimiento de mi derecho a examinar los expedientes escolares de mi hija(o), que se me informará de los resultados de estas evaluaciones. Estoy de acuerdo en que no se hará ningún cambio en el programa de educación de mi hijo(a) como resultado de estas evaluaciones, sin mi consentimiento. Entiendo que tengo el derecho a rehusarme a dar permiso a estas evaluaciones.

He hecho arreglos para obtener un examen médico para mi hijo(a), a través de:

(Sírvase marcar si requiere un examen médico) ❏ *médico privado*   ❏ *Depto. de Salud del Condado*

_____   _____
      Fecha   *Firma del Padre o Madre*

— —

YO NO DOY MI PERMISO a las Escuelas Públicas del Condado de _____ para proceder con las siguientes evaluaciones para mi hijo(a),_____.

Certifico que tengo derecho a examinar los expedientes escolares de mi hijo(a). Tengo conocimiento de que las Escuelas Públicas del Condado de _____ pueden utilizar procedimientos de rigor para obtener la autorización y proceder con la evaluación y que si las Escuelas Públicas del Condado de _____ apelan mi decisión, se me notificará de mis derechos de debido proceso.

_____   _____
      Fecha   *Firma del Padre o Madre*

cc: archivo acumulativo

maduran más lentamente que sus compañeros; con el tiempo ellos "alcanzan a los demás". En algunos casos, el ambiente del hogar, la familia o el trasfondo cultural puede causar un aprendizaje más lento que el promedio. Otros niños pueden tener impedimentos físicos que intervienen en su desarrollo, quizás pueden tener un problema auditivo o visual. Aún más, otros niños pueden tener retraso mental, impedimentos de aprendizaje o problemas emocionales. Cualquiera de estas condiciones pueden interferir en el progreso del desarrollo general y educacional de un niño.

El propósito del proceso de evaluación de la escuela es el de identificar las dificultades de aprendizaje del niño(a). Mientras se trata de determinar la causa de sus problemas de aprendizaje, también se quiere colectar información en cuanto a sus dificultades presentes y sus destrezas académicas actuales. Esta información es de gran ayuda para comprender la naturaleza de los problemas del niño(a) y planificar sus futuros programas educacionales.

Los sistemas escolares usan una variedad de pruebas y materiales para evaluar a los niños. De hecho, IDEA requiere que la evaluación sea conducida por un "equipo multidisciplinario," un grupo de profesionales con experiencia en diferentes áreas. En ciertos estados los tipos de pruebas usados en una evaluación, están descritos en las regulaciones del estado y varían de acuerdo al impedimento del niño. En general, todas estas pruebas y materiales, se pueden agrupar en cinco categorías, o como las escuelas le llaman a veces, *componentes de evaluación*. Pero no todos los estados requieren que se complete cada componente específico con cada niño, por lo que es importante que usted examine en su estado y/o ciudad para ver cuáles son los componentes requeridos. Las cinco categorías que usualmente se usan y los profesionales que recolectan la información para cada categoría son:

1. El Componente Educacional. Un análisis basado en pruebas seleccionadas que identifican el desempeño educacional actual del niño y las necesidades de instrucción específicas en áreas académicas como lectura, matemáticas, gramática y uso del lenguaje. Las pruebas específicas pueden ser dictadas por un maestro de escuela, si está calificado, y por un técnico educacional entrenado en el uso de estas pruebas.

2. El Componente Médico. La evaluación de un médico indicando la historia clínica general así como cualquier problema médico o de salud que pudiera impedir el aprendizaje del niño(a). Aunque muchos padres obtienen esta evaluación de su propio bolsillo, cada sistema escolar tiene una lista de médicos y clínicas donde estos exámenes médicos gratis están disponibles.

3. El Componente Histórico-social. Este es un informe desarrollado a través de entrevistas con padres, maestros y otros, describiendo el comportamiento y antecedentes del niño en casa y en la escuela. Este informe es preparado generalmente por un trabajador social escolar que entrevista a los padres en su casa, a menos que ellos pidan que se haga en otra parte, como por ejemplo, en la escuela.

4. El Componente Sicológico. Éste es un informe generalmente escrito por un sicólogo escolar como resultado de varias pruebas, observaciones e interpretaciones del sicólogo. Las pruebas sicológicas evalúan la inteligencia general del niño, sus destrezas sociales, desarrollo emocional, otras destrezas de razonamiento y la destreza para coordinar los movimientos de mano y ojo. Si los problemas de aprendizaje o de comportamiento de su niño son complejos, este componente puede incluir una evaluación por un sicólogo clínico o un siquiatra.

5. Otros.* Éstas son evaluaciones en otras áreas que puedan necesitarse para completar la imagen de su niño. Las áreas del desarrollo que necesiten ser evaluadas son por ejemplo, las destrezas de comunicación del niño, tales como la imitación de sonidos, arrullando, respondiendo al lenguaje o hablando; sus destrezas sociales, tales como separarse de sus padres y llevarse bien con otros; y sus destrezas motoras, tales como rodar, levantar su cabeza, caminar y usar sus manos. Además, el cerebro y el funcionamiento del sistema nervioso central del niño pueden ser evaluados a través de un examen neurológico; también sus sentidos y percepción, a través de pruebas del oído, visión y otras. Para los infantes y los niños de uno a tres años, el propósito de la evaluación es el mismo que para los niños de más edad: el identificar sus fortalezas y sus debilidades como base para planear los servicios que van a necesitar. Su pediatra puede guiarle en relación a qué pruebas específicas son necesarias para proveer una comprensión total de las fortalezas y necesidades de su niño(a).

■ REQUISITOS PARA UNA EVALUACIÓN FORMAL ■

Bajo la ley IDEA y otras leyes, a todos los sistemas escolares se les exige seguir ciertos procedimientos al evaluar a un niño.

Primero, el administrador de educación especial tiene que informarle en su propio idioma y a través de su medio principal de comunicación, sea éste verbal, lenguaje de señas o Braille, de lo siguiente:

1. La intención de la escuela de evaluar a su niño(a);
2. Sus derechos como padres en cuanto a educación especial para su niño(a);
3. Una lista de las pruebas que piensan utilizar, en el momento de la evaluación inicial; y
4. La necesidad de obtener su consentimiento previo a la evaluación inicial y su derecho a ser notificado(a) de evaluaciones que se hagan posteriormente.

Segundo, el sistema escolar tiene que garantizar que sus procedimientos de evaluación estipulan lo siguiente:

1. Su consentimiento escrito previo a la evaluación inicial*;
2. La asignación de representantes de los padres si usted no puede asistir, para proteger los intereses de su niño;
3. Privacidad en todos los resultados de la evaluación.
4. Una oportunidad para que usted obtenga una evaluación independiente, en caso que usted creyera que la evaluación escolar está prejuiciada o es inválida;

5. Una oportunidad para tener una audiencia para discutir los resultados de la evaluación con los cuales usted está en desacuerdo;

6. Una oportunidad para examinar los registros escolares oficiales del niño; y

7. Pruebas que no discriminan en contra de su niño, debido a prejuicios raciales o culturales, o a que las pruebas no son adecuadas para una persona con los impedimentos que tiene su niño(a).

Tercero, el sistema escolar debe asegurarse de que sus procedimientos para llevar a cabo pruebas reúnan estos requisitos:

1. Los materiales de pruebas y evaluación se le administran en la lengua materna del niño y por su medio principal de comunicación.

2. Las pruebas deben ser aprobadas por profesionales para los propósitos específicos para los cuales se utilizan.

3. Las pruebas deben darse por profesionales capacitados, de acuerdo a las instrucciones de los autores de las pruebas y materiales.

4. Los materiales de pruebas y evaluaciones que abarcan una diversidad de necesidades y destrezas educacionales y del desarrollo, deberían usarse además como pruebas diseñadas para proveer un coeficiente único de inteligencia general.

5. Las pruebas deberían seleccionarse y administrarse de tal manera que no reflejen los impedimentos del niño sino que evalúen con exactitud la aptitud del niño, su nivel de logro y otros factores de medición.

6. La evaluación debería estar bajo la supervisión de un equipo multidisciplinario, o sea un grupo de personas de diferentes profesiones, incluyendo por lo menos un maestro u otro especialista con conocimiento en el área del impedimento que se sospecha que el niño tiene. Su niño(a) debería ser evaluado(a) en todas las áreas relacionadas con el posible impedimento, incluyendo, siempre que sea apropiado, salud, visión, audición, condición social y emocional, inteligencia general, desempeño académico, destrezas de comunicación y destrezas motoras.

Estos son los requisitos mínimos que los oficiales escolares tienen que cumplir cuando evalúen la necesidad de servicios de educación especial del niño. Las regulaciones estatales y del distrito escolar puede tener procedimientos adicionales. Por ejemplo, su escuela puede requerir una conferencia entre usted y los miembros del equipo de evaluación para discutir los resultados de las pruebas de su niño(a). Antes de proceder con la evaluación, examine cuidadosamente las reglas y regulaciones escolares. Recuerde, si usted cree que su escuela no ha cumplido con los requisitos para la evaluación como se planteó anteriormente y en los procedimientos escolares, usted puede tomar diversos pasos para proteger los derechos del niño a una evaluación completa y precisa. El capítulo 10 esboza en detalle estos debidos procesos y procedimientos de queja.

■ LOS PASOS DE ACCIÓN DE LOS PADRES PARA ■ LA EVALUACIÓN

Ahora usted conoce de forma general, los propósitos, las actividades y los profesionales involucrados en la evaluación del niño, así como los requisitos generales que estos sistemas escolares tienen que satisfacer. Pero su interés no es general. Su interés está en la evaluación particular que se propone dar a su niño(a). Con esta preocupación específica en mente se desarrollaron los "Pasos de Acción de los Padres para la Evaluación", a fin de que usted los siga en cada una de las cuatro fases del proceso de evaluación:

1. Dar o rehusar permiso para evaluar;
2. Las actividades antes de la evaluación;
3. Las actividades durante la evaluación; y
4. Las actividades después de la evaluación.

Para cada fase del proceso, encontrará una serie de acciones y pasos que puede tomar para participar en la evaluación del niño(a). Esta lista de pasos de acción sugiere actividades que otros padres han encontrado de gran ayuda cuando han entrado en dichas fases. Parte de las acciones y los pasos se aplican más a las pruebas conducidas por agencias privadas o públicas, fuera del sistema escolar. Otros pasos son más apropiados para niños de uno a tres años que para niños de más edad. Por eso, escoja solamente aquellas acciones y pasos que:

1. Tengan sentido para usted;
2. Son apropiados a la edad y nivel de desarrollo de su niño(a);
3. Le ayudarán a tomar una decisión con más confianza; y
4. Le dará una sensación de estar en control del proceso, en vez de ser controlado(a) por el proceso de evaluación.

Usted no tiene, ni debe, tomar todas las acciones y pasos que se describen. Repase la lista a continuación y escoja las acciones y pasos, que le prestarán ayuda a usted y a su niño para asegurarse de que la evaluación sea justa y cabal. Al hacer su selección, considere sus necesidades familiares así como la edad, el impedimento y la experiencia de evaluaciones pasadas de su niño.

FASE I: OTORGANDO O REHUSANDO EL PERMISO PARA EVALUAR

Después de que el sistema escolar le haya notificado por escrito de su intención de evaluar a su niño(a), tiene que decidir si va a dar o rehusar el permiso para esta evaluación. Las regulaciones del sistema escolar prescriben el plazo dentro del cual usted tiene que responder, generalmente dentro de un plazo de diez días de la notificación. Para ayudarle a tomar una decisión, puede hacer lo siguiente:

Acción A: Examine lo que siente acerca de esta evaluación:
1. Hable con su cónyuge, un amigo, o un ayudante profesional tal como un maestro, consejero o defensor;
2. recuerde qué fue lo más difícil y qué fue de gran ayuda en evaluaciones anteriores, a menos que ésta sea la primera, por supuesto.

Acción B: Aprenda más acerca del proceso de evaluación de su escuela:
1. Pregunte al director de educación especial o al principal, que identifiquen la persona más responsable de la evaluación del niño;
2. Obtenga todos los reglamentos y procedimientos escritos pertinentes, de la persona responsable de la evaluación, el oficial escolar de información pública, o el departamento de educación especial;
3. Obtenga los manuales y panfletos para los padres acerca de la evaluación;
4. Hacer una lista de todas sus preguntas;
5. Reúnase con una persona con experiencia, como unos de los padres que ya haya pasado por esto, un representante escolar o un defensor para hablar sobre la evaluación.

Acción C: Entérese mejor de la evaluación que se planea para su niño(a):
1. Solicite por escrito de los oficiales escolares las razones para hacer esta evaluación;
2. Solicite un plan detallado para la evaluación, que contenga:
    a. Las áreas a ser evaluadas;
    b. Las pruebas o porciones de pruebas que se van a utilizar;
    c. Las razones para la selección de esas pruebas;
    d. Cuáles son las calificaciones de las personas que dan las pruebas;
    e. Un planteamiento respecto a cómo la evaluación será adaptada para compensar por el impedimento que se cree que tiene su niño(a);

Acción D: Evalúe si las pruebas son apropiadas:
1. Consulte con una persona con experiencia, tal como otro padre o madre, un profesional independiente, o un sicólogo escolar;
2. Revisar lo que se ha escrito en la literatura con respecto a la evaluación. (Sírvase ver la bibliografía anotada en el Apéndice D.)

ACCIÓN E: Considere la alternativa de la evaluación independiente:

1. Aprenda acerca de su derecho a obtener ésta, como se describe en el Capítulo 4;

2. Entérese acerca de los procedimientos escolares para proveer evaluaciones independientes;

3. Hable con padres cuyos niños hayan tenido evaluaciones independientes;

4. Consulte con un sicólogo, diagnosticador, u otro profesional en práctica privada.

ACCIÓN F: Considere las consecuencias al rehusar la evaluación:

1. Hable con los maestros y principales acerca de alternativas a educación especial en la escuela;

2. Exprese sus preocupaciones con la persona a cargo de la evaluación;

3. Entérese de los procedimientos escolares si los padres rehusan la evaluación;

4. Converse con profesionales expertos acerca de las necesidades de aprendizaje del niño y las razones de por qué usted considera rehusar la evaluación escolar.

FASE II: ANTES DE LA EVALUACIÓN

Si después de haber completado los pasos de acción descritos anteriormente, decide en dar permiso para que su niño sea evaluado, puede tomar otros pasos para prepararse para la evaluación. Sería bueno que:

ACCIÓN A: Anticipe las necesidades del niño(a) en esta evaluación:

1. Hable con su cónyuge, el terapista o el maestro del niño, o un evaluador anterior acerca de cómo su niño reacciona a estas evaluaciones, en especial su:

    a. Reacción a extraños

    b. Tolerancia para pruebas difíciles

    c. Capacidad para sentarse por largos períodos

    d. Reacción a doctores y otros profesionales

    e. Umbral de fatiga, el tiempo activo en que se desempeña mejor, antes de sentirse cansado(a)

    f. Necesidad de un intérprete si no habla inglés o usa lenguaje de señas

    g. Las horas durante el día en que el niño(a) actúa mejor y peor

2. Leer artículos o panfletos sobre niños y sus evaluaciones;

3. Hablar con su niño(a) de las experiencias que ha tenido en evaluaciones previas y como se siente acerca de la nueva evaluación.

Acción B: Prepárese usted mismo para esta evaluación:
1. Hable con otros padres acerca de sus experiencias;
2. Procure consejos, de una organización para padres de niños con impedimentos, acerca de como encarar y manejar situaciones difíciles
3. Hacer una lista de sus preocupaciones acerca de la evaluación, tales como:
   a. horarios
   b. costos
   c. cuidado de los niños
   d. transportación
   e. obtención de un intérprete
4. Tratar de saber qué se espera de usted en el lugar donde se realiza la evaluación, en especial que tipo de participación se espera de usted.
5. Elegir entre varios roles que puede tomar, tales como:
   a. Observador(a) de su niño.
   b. Aliada(o) de su niño.
   c. Fuente de información acerca de su niño.

Acción C: Planear para la evaluación de su niño con un representante del lugar donde se lleva a cabo la evaluación o de los servicios sicológicos de la escuela:
1. Concertar una reunión o una conferencia por teléfono;
2. Prepararse para esta reunión haciendo una lista de preguntas y preocupaciones en orden de prioridad;
3. Solicitar información o clarificación del proceso de evaluación;
4. Informa el representante de sus planes acerca de su participación;
5. Exponer sus preocupación acerca de hacer de esta evaluación una experiencia positiva para su niño(a).

Acción D: Prepare su niño para la evaluación:
1. Converse con él o ella acerca de las razones y el proceso para esta nueva evaluación;
2. Déle la oportunidad al niño(a) para expresar sus sentimientos y hacer preguntas;
3. Visite el lugar donde se hará la evaluación para que su niño(a) esté familiarizado(a) con la gente y los alrededores;
4. Planeen juntos(as) hacer una actividad especial cuando la evaluación haya sido terminada.

FASE III: DURANTE LA EVALUACIÓN

Durante el proceso de la evaluación, las acciones y pasos que usted seleccione serán determinados por la edad del niño y por sus experiencias pasadas con otras evaluaciones. En la mayoría de los casos el niño(a) tendrá las pruebas en la escuela, durante horas escolares, lo que le hace a usted difícil o impropio el estar presente durante esta evaluación. Cuando sea apropiado para que usted esté presente, especialmente con infantes o niños preescolares, considere algunos de los siguientes pasos y acciones. Considerando la edad del niño, su personalidad y el impedimento, usted puede hacer lo siguiente:

ACCIÓN A: Facilite a su niño(a) el proceso de entrar a esta situación:
1. Deje que se familiarice con las áreas en las cuales se le harán las pruebas;
2. Preséntele a la gente que estará dándole las pruebas;
3. Examine el plan de cada día con él o con ella;
4. Asegúrele que usted estará disponible en cualquier momento;
5. Anímele a hacer preguntas y compartir sus preocupaciones

ACCIÓN B: Controle el proceso de la evaluación:
1. Solicite que la evaluación empiece a tiempo;
2. Averigüe si ha habido cambios en el personal o en las pruebas que se van a utilizar;
3. Observe las pruebas del niño, siempre que sea apropiado;
4. Anote sus impresiones respecto al rendimiento de su niño(a);
5. Anote sus impresiones de la interacción de cada evaluador con su niño;

ACCIÓN C: Controle el desempeño de su niño(a):
1. Vigile los niveles de fatiga y tensión;
2. Permanezca con él o ella durante los procedimientos médicos, exámenes de sangre, inyecciones y otras pruebas;
3. Pida explicaciones acerca de procedimientos que no hayan sido programados.

FASE IV: DESPUÉS DE LA EVALUACIÓN

Tanto los padres como los niños tienen la necesidad de saber que la evaluación ha terminado. Hay varias maneras en que usted y su familia pueden dar por terminada la experiencia de la evaluación y comenzar a utilizar sus resultados para la planificación educacional. Usted puede:

Acción A: Ayudar a su niño(a) a sobrepasar la experiencia de la evaluación en una nota positiva a través de:

1. Alentarle a contar la experiencia a través de un cuento, haciendo dibujos, jugando al teatro;
2. Charlar con él o ella sobre la gente y las actividades, cuáles le gustaron y las que no le gustaron;
3. Compartir sus sentimientos y percepciones de la experiencia con él o ella;
4. Informarle de los resultados de la evaluación, como se descubrió acerca de sus destrezas, fortalezas y necesidades;
5. ¡Celebrar con una fiesta el fin de la evaluación!

Acción B: Ayudarse a sí misma o a sí mismo a completar la experiencia a través de:

1. Contarle la experiencia a un amigo(a) o a un grupo de apoyo para padres;
2. Contrastar la experiencia actual a la que usted había imaginado o anticipado;
3. Escribir una carta al lugar de la evaluación para darles su opinión acerca de las fortalezas y necesidades del proceso;
4. ¡Darse a sí mismo(a) un regalo como graduación de la evaluación!

Acción C: Prepararse para su conferencia de los padres con el equipo de evaluación a través de:

1. Leer los registros de evaluación anteriores de su niño(a), si es que fue evaluado anteriormente;
2. Revisar sus notas e información acerca de esta evaluación;
3. Pedir al jefe del equipo de evaluación los expedientes de ésta, incluyendo los informes individuales;
4. Analizar los registros utilizando el Decodificador de Registros de Cuatro Pasos descrito en Capítulo 4;
5. Anotar sus preocupaciones en forma de preguntas para hacerlas cuando tenga la conferencia de padres;
6. Pedir a alguien que vaya con usted a la conferencia de padres.

Para ayudarle a negociar mejor la fase de evaluación, en el laberinto de educación especial, sírvase ver la Tabla de Pasos de Acción de los Padres para le Evaluación, en las páginas 47 y 48. La tabla tiene espacio para escribir cada paso y acción que usted tomará en la fase de evaluación. Al final de la tabla hay una sección para nombres, números de teléfono, y fechas relacionadas con aquellas acciones y pasos. La tabla le permite planear los pasos que usted quisiera tomar en la evaluación, monitorear el progreso de la evaluación, y mantener un registro de cómo y cuándo se condujo y se completó, todo lo cual es información muy útil.

▪ LA CONFERENCIA DE LA EVALUACIÓN ▪

Una vez que la evaluación oficial se haya completado, varios de los procedimientos escolares requieren que se lleve a cabo una reunión o conferencia con usted, para explicarle los resultados de las pruebas. Si la persona a cargo de esta evaluación no la sugiere, usted debería pedir una reunión. Es importante porque, a menos que usted entienda bien los resultados y conclusiones que se sacaron de la evaluación, puede que no tenga idea si se atendieron las necesidades del niño o si resultó elegible para los servicios de la educación especial.

Su participación en todas las fases restantes del proceso de educación especial depende en gran parte en cuán bien usted entiende los problemas de aprendizaje de su niño. Para que usted pueda trabajar con confianza con los profesionales durante las próximas reuniones de planificación del programa de educación especial de su hijo(a), sería bueno que averiguara cuál es la perspectiva que tiene el equipo de evaluación de las destrezas y problemas actuales del niño(a). Por lo tanto, antes de asistir a cualquiera reunión después de terminada la evaluación, asegúrese que una persona capaz y conocedora del proceso le ha explicado satisfactoriamente, los resultados y conclusiones de este proceso y asegúrese también de haber solicitado y recibido una copia de los informes, por escrito.

▪ RE-EVALUACIÓN ▪

Cada niño en educación especial debe ser evaluado, por lo menos cada tres años, a través de un proceso conocido como la *evaluación trienal*. Bajo las regulaciones federales, los padres no tienen que dar permiso para la re-evaluación,[*] pero sí deben ser notificados de que ésta tomará lugar; sin embargo, ciertos estados requieren que los distritos escolares pidan el permiso de los padres cada vez que se haga una evaluación. Por otra parte, ya sea los padres como los maestros, pueden solicitar una re-evaluación en cualquier momento en que ellos crean es necesaria. Las evaluaciones se conducen si hay una solicitud o recomendación para hacer cualquier cambio significativo en la ubicación del niño(a), tal como un cambio en la cantidad de horas semanales que pasa el estudiante en clases de educación regular, comparado con las de educación especial; o un cambio en la categoría de calificación, por ejemplo, de impedimentos específicos de aprendizaje a retraso mental.

Tabla de Pasos de Acción de los Padres para la Evaluación (Hoja de Trabajo)

Fase I : Dar o Rehusar Permiso para Evaluar

Acción: _____

    Paso: _____

    Paso: _____

Acción: _____

    Paso: _____

    Paso: _____

Acción: _____

    Paso: _____

    Paso: _____

Fase II : Antes de la Evaluación

Acción: _____

    Paso: _____

    Paso: _____

Acción: _____

    Paso: _____

    Paso: _____

Acción: _____

    Paso: _____

    Paso: _____

(CONTINÚA EN LA PRÓXIMA PÁGINA)

Fase III : Durante la Evaluación

Acción: _____

    Paso: _____

    Paso: _____

Acción: _____

    Paso: _____

    Paso: _____

Acción: _____

    Paso: _____

    Paso: _____

Fase IV : Después de la Evaluación

Acción: _____

    Paso: _____

    Paso: _____

Acción: _____

    Paso: _____

    Paso: _____

Acción: _____

    Paso: _____

    Paso: _____

Números de Teléfonos Importantes   Fechas Importantes

_____   _____

_____   _____

_____   _____

_____   _____

_____   _____

4. REGISTROS E INFORMES ESCOLARES

LOS DIARIOS DE LA JORNADA

Hasta este punto, usted ha colectado bastante información acerca de las necesidades educacionales de su niño(a) a través de dos fuentes principales: sus propias observaciones y las de otras personas, y las observaciones hechas en el proceso formal de evaluación. El capítulo 2 le ayudó a organizar sus observaciones personales de una forma clara y fácil de entender, ¿pero cómo puede usted organizar la nueva información que resulta de la evaluación del niño(a)? Aunque los resultados de la evaluación hayan sido interpretados por el personal escolar u otros especialistas, usted se preocupa de cómo podrá recordar todo lo que se dijo. Afortunadamente, el sistema escolar no depende sólo de la memoria del personal escolar para recordar el progreso y las necesidades de cada niño. La memoria del sistema escolar la constituyen sus registros oficiales.

Como padre o madre de un niño(a) con impedimentos, usted debiera interesarse en saber el contenido de los registros escolares del niño. Esto se debe a la importante información que estos registros contienen, y también porque las escuelas dependen de estos registros para tomar las decisiones educacionales acerca del niño(a). Si en cualquier parte de los registros, la información es errónea, prejuiciada, incompleta, inconsistente, o equívoca, va a resultar en que se tomen malas decisiones, lo que le perjudicará en cuanto a su derecho a recibir servicios de educación especial. Por eso es tan importante que usted sepa obtener, interpretar y corregir estos registros y saber cómo usarlos en las reuniones escolares. Este capítulo le guiará a través del pasillo del laberinto de educación especial que concierne a los registros escolares.

■ OBTENCIÓN DE REGISTROS DEL NIÑO(A) ■ EN SU ESCUELA

Las leyes federales y estatales exigen que las escuelas mantengan ciertos registros escolares y que estos estén disponibles cuando usted los solicite. La ley federal llamada *Acta de Derechos Educacionales y Privacidad de la Familia*, también conocida como la Enmienda Buckley, y la ley IDEA establecen los requisitos mínimos que los sistemas escolares deben observar al mantener, proteger, y dar acceso a los registros escolares de los estudiantes. Estos requisitos se describen en las páginas siguientes de este capítulo. A veces, las leyes estatales van más allá de estos requisitos mínimos, y ofrecen a los padres derechos adicionales para revisar, modificar, o requerir cambios a estos registros. Por lo tanto, se recomienda que usted solicite una copia de las leyes estatales que rigen los registros escolares, contactando a su director local de educación especial.

El Acta de Derechos Educacionales y Privacidad de la Familia, así como la ley IDEA requieren que cada distrito escolar tenga un reglamento escrito sobre la administración y confidencialidad de los registros. Además, el reglamento debe incluir un procedimiento de como los padres pueden revisar estos registros confidenciales. El término "padre", como se usa en estas Actas, tiene una amplia definición. Incluye a los padres naturales, tutores, cualquiera persona actuando como padre en ausencia del natural, y padres de crianza (foster). Los padres divorciados o no custodios tiene los mismos derechos que los padres custodios respecto a los registros escolares del niño, a menos que una ley del estado, orden de corte o acuerdo de custodia obligatoria ordene lo contrario.

El obtener copias de estos documentos debería ser casi automático. A pesar de que la ley federal no requiere específicamente que se den copias a los padres, en la práctica, casi todos ofrecen estas copias cuando se solicitan. Comience por averiguar, con el director o principal de la escuela, la ubicación de los archivos del niño: o sea, el archivo acumulativo, el archivo privado o confidencial, y a veces, el archivo de cumplimiento legal. El principal tendrá en su poder el *archivo acumulativo* de su escuela, el cual usted debiera examinar y copiar. Aunque a veces no es más que una tarjeta con el perfil e identificación personal de su hijo(a), puede que contenga sus logros académicos, algunos reportes de maestros y tarjetas con los grados y notas (report card).

También se hace accesible a los padres el *archivo privado*, pero éste puede estar archivado en la escuela o en una oficina administrativa central, donde están ubicadas las oficinas del programa de educación especial. El archivo se llama privado o confidencial porque el acceso a su información se limita sólo a ciertas personas. El archivo contiene todos los informes escritos resultantes de las evaluaciones escolares; reportes de evaluadores independientes (si los hay); registros médicos que usted ha proporcionado; informes sumarios sobre las reuniones del equipo de evaluación y del comité de calificación; el Programa Educativo Individualizado (IEP); y quizás la correspondencia entre usted y los oficiales escolares.

Algunas escuelas mantienen archivos de las reuniones de calificación, correspondencia entre los padres y oficiales escolares, y otros documentos similares en un archivo separado llamado *archivo legal o de cumplimiento*. El contenido de este archivo certifica el cumplimiento con los plazos, notificaciones, consentimiento de los padres, etc., bajo la ley IDEA. Pueden mantener también un archivo separado respecto a los problemas de disciplina que resulten en suspensión a largo plazo, o expulsión. Prepárese, porque para poder entender el sistema de archivo de su escuela, una buena parte del trabajo es hacer la labor de detective.

Una vez que usted conoce la ubicación de los registros, ¿cómo debe proceder para obtener una copia de ellos? Si usted quiere obtener una copia de éstos por correo, lo más probable es que se le pida firmar una hoja autorizando a la escuela a darle esta información. Este formulario se puede obtener llamando o escribiendo al principal o director de educación especial de su escuela. Otros sistemas escolares le enviarán estos registros una vez que tengan su solicitud escrita pidiendo esta información. La escuela podrá cobrarle a usted solamente por el costo de reproducción y el envío de los registros por correo, pero no por el tiempo del personal u otros costos incurridos.

Otro modo de obtener una copia de los expedientes es por medio de una cita. Llame a la oficina apropiada solicitando un día y hora que sea conveniente para ambas partes, para que usted revise y haga copias de los registros; a veces hay alguien a mano que puede guiarle y responder a preguntas. Pero no olvide, lo único a pagar es el costo de las copias.

Usted se preguntará, "¿no sería mejor si yo me presentara en la oficina, sin haberme anunciado, para ver los registros?" Bueno, hay varias razones por las cuales esto no sería lo más indicado:

1. **Quizás usted piensa que si les avisa previamente, alguien en el sistema escolar podría retirar parte de los registros y ponerlos de vuelta después de su cita.** Sí, aunque hay algunos casos aislados en que se retiraron materiales de los archivos escolares (se hicieron los reclamos), se debe hacer un esfuerzo en proceder de buena fe, tanto los padres como las escuelas. Además que, si se presentaran problemas, hay varios procedimientos que le permiten reclamar y solicitar la remoción de registros cuyo valor es debatible para su niño. Estos procedimientos se describen más adelante en este capítulo.

2. **Aunque insista en visitar la oficina sin anunciarse, deberá saber que el personal escolar no está obligado por ley, a mostrar los registros del niño cuando los padres lo exijan.** Pero, por lo general, la escuela hará la excepción en caso de una emergencia. Bajo la Enmienda Buckley, se exige a los sistemas escolares que provean estos registros en un plazo de cuarenta y cinco días, aunque la mayoría de las escuelas lo hacen en un plazo de dos a cinco días.

3. **La oficina escolar, como cualquier otra oficina, presta mejor servicio si se tiene consideración con la gente que allí trabaja.** Si usted decide hacer una visita sin anunciarse, y requiere servicios que toman tiempo del personal técnico de la oficina, usted va a terminar interrumpiendo la rutina de trabajo, planes y/o

reuniones del personal que allí trabaja. En cambio, al hacer una cita, la relación de respeto mutuo y consideración necesaria para defender efectivamente sus derechos de educación especial, se fortalecen más.

■ REGISTROS DISPONIBLES A LOS PADRES ■

Una vez que tenga acceso a los registros ¿cuáles son los que puede ver? ¿Cuáles son los registros que el sistema escolar legalmente debe proporcionarle?

Bajo la Enmienda Buckley, las escuelas deben mostrar a los padres todos los archivos y materiales con información referente a sus niños que posea la escuela. O sea, todos aquellos que de una manera u otra identifican al niño, como los que contengan su nombre, número del Seguro Social, identificación estudiantil, u otra información en que se haga referencia al niño(a). Pero los siguientes están excluidos: (1) anotaciones hechas por los maestros, consejeros, u otro personal administrativo escolar, para su uso personal y que no se muestra a nadie (excepto a un maestro sustituto); y (2) los archivos del personal escolar.

Estas excepciones generalmente producen cierta preocupación a los padres, ya que por lo general, si sus niños han sido evaluados por sicólogos escolares, van a querer ver los papeles de la prueba que tomaron sus niños. Por otro lado, los sicólogos a veces se rehusan mostrar estos papeles a los padres, reclamando que están exentos de mostrarlos porque son notas personales o que no pueden mostrar pruebas que les pertenecen como derecho de autor, a gente no profesionales. De acuerdo con la Oficina del Abogado General, del Departamento de Educación de los EE.UU., los papeles de las pruebas (protocolos) de evaluaciones sicológicas y que hayan sido propiamente identificados, se consideran registros educacionales, bajo la Enmienda Buckley. Por lo tanto, presentando su solicitud, los sicólogos deberán mostrarle las pruebas y otros materiales hechos por su niño durante la evaluación. Pero, para proteger la validez futura de estas pruebas, los sicólogos no deben darle copias de estos materiales. De igual forma, muchos padres a veces sienten que deberían poder examinar los archivos que se encuentran en la oficina de personal, por ejemplo del maestro(a) de su niño(a), para constatar si tiene las calificaciones académicas y experiencia apropiadas. Pero estos registros están exentos de tal revisión bajo la Enmienda Buckley y por lo tanto no pueden ser examinados por los padres. (Nota: Si los resultados de las evaluaciones de su niño o las calificaciones del maestro se tornan materia de discusión durante una audiencia de debido proceso, usted puede obtener esta información de los expedientes o de la interrogación directa de testigos durante la audiencia. Más acerca de esto en el Capítulo 10.)

■ EXAMINANDO Y CORRIGIENDO LOS ■ REGISTROS DE SU NIÑO(A)

Ahora que usted tiene los registros en sus manos, pensará qué significan y qué fue lo que obtuvo. El lenguaje de los sicólogos, educadores, consejeros educacionales y otros profesionales escolares, es difícil de entender a veces o a veces no tiene sentido para la persona común. Si éste fuera el caso, pida a alguien que le ayude; la ley establece que el personal escolar debiera explicárselos cuando no los entienda. O, vea un amigo o un profesional que le ayude a revisar los registros y explicarle las partes confusas. Sin embargo, se le advierte que puede que le pidan firmar un documento autorizando a esta persona ver los registros de su niño.

Cuando revise los registros, encontrará partes en que la información contradice sus propias evaluaciones u opiniones acerca de su niño o su familia; por lo que no es aconsejable dejar así este material. Las escuelas se basan en esto para tomar las decisiones acerca del programa para su niño, por lo que resultaría en un programa inadecuado para él o ella. Para evitar que esto ocurra, puede tomar dos caminos. Primero, puede pedir informalmente al principal o director de educación especial que se elimine este material, dando las razones de su solicitud. Frecuentemente los oficiales escolares aceptarán su solicitud sin problemas. Si llegaran a producirse problemas y rehusaran retirar el material solicitado, el segundo camino para corregir los registros es la audiencia formal.

Cuando usted pida una audiencia formal deberá hacerlo por escrito, a través de una carta dirigida al principal o a la persona nombrada en los procedimientos escritos de la escuela. Siempre guárdese una copia de toda la correspondencia con la escuela y mantenga un archivo. La audiencia que solicite involucrará una reunión entre usted y los profesionales escolares, presidida por un oficial de audiencia; el oficial en este caso es generalmente un oficial del sistema escolar que no tiene intereses en el resultado de la audiencia. El propósito de la audiencia es permitirle a usted y a la escuela presentar evidencia acerca de los registros en cuestión, permitiéndole al oficial de audiencia juzgar y determinar quién tiene la razón.

Bajo la Enmienda Buckley, la escuela debe proveer una audiencia sobre cualquier registro que haya sido disputado, dentro de un tiempo razonable, y notificar a la persona de la hora y lugar de ésta, por adelantado. ¿Cuál es el tiempo razonable en su sistema escolar? Éste estará establecido en los reglamentos de la escuela o en las regulaciones de la junta educativa, las que también explicarán: (1) su derecho a tener alguien (hasta un abogado) para ayudarle o representarle en la audiencia; (2) el lapso en que el sistema escolar tiene que hacer su decisión después de la audiencia; y (3) el requisito que este oficial incluya en la decisión, la discusión de la evidencia y la justificación y exposición razonable que llevó a la decisión alcanzada.

Ya que el oficial en una audiencia de registros puede ser un oficial escolar, algunos padres pueden considerar los procedimientos un poco injustos. A pesar de que se han producido algunas decisiones que fueron injustas, la experiencia general ha sido que el oficial actúa imparcialmente al decidir el problema. Si surgiera el caso en que se negara la solicitud de los padres de eliminar un registro, se pueden tomar acciones posteriores para reducir el impacto negativo del informe disputado.

El modo más efectivo de manejar este problema es enmendar el registro agregando una explicación escrita de lo que son sus objeciones, detallando de por qué usted cree que el material es erróneo, prejuiciado, incompleto o impropio. Debido a que la escuela, por reglamento, tiene que mantener su declaración con el registro, cada persona que lo ve podrá ver la objeción al contenido que usted hizo.

Además, de enmendar el registro disputado, usted puede tomar otros pasos cuando crea que su solicitud para corregir los expedientes ha sido rehusada inapropiadamente. Primero, usted puede presentar una queja a su agencia de educación del estado siguiendo los procedimientos descritos en el reglamento estatal sobre registros escolares. Segundo, envíe después del incidente, lo antes posible, una carta de queja a:

Family Educational Rights and Privacy Act (FERPA) Office
Family Policy Compliance Office
U.S. Department of Education
600 Independence Avenue, SW,
Washington, DC 20202-4605
Teléfono: (202) 260-3887

Esta oficina es responsable de poner en vigor la Enmienda Buckley y examinará su queja.

En ciertos casos, una última acción a tomar es demandar en corte. Pero, ya que muchas decisiones recientes en corte han negado a las personas el derecho de demanda privada bajo la Enmienda Buckley, debería consultar con su abogado para ver si tal acción es posible donde usted vive. Como puede ver, las tres opciones discutidas toman bastante tiempo para que ocurra algo. Por lo tanto, si usted decide usarlas, debería también enmendar el expediente en anticipación a su posterior eliminación.

Finalmente, examine las leyes estatales para informarse acerca de sus derechos a revisar, controlar el acceso y corregir los registros escolares del niño. Las leyes estatales pueden darle a los padres más derechos que la Enmienda Buckley cuando se llega a estos aspectos. Para determinar esto, tendrá primero que obtener una copia de las leyes y reglamentos sobre registros escolares de su estado, las cuales deberán estar disponibles a través del superintendente de escuelas u otros oficiales designados.

▪ CONTROLANDO QUIÉN VE LOS REGISTROS ▪ DE SU NIÑO(A)

La Enmienda Buckley prohibe a las escuelas el mostrar los registros de su niño(a) a otras personas sin su consentimiento escrito. Las únicas excepciones son:

1. los oficiales escolares, incluyendo maestros, en el mismo distrito con un interés educacional legítimo definido en los procedimientos escolares;
2. oficiales escolares en el distrito escolar al cual su niño intenta transferirse (sin embargo, antes de que los registros sean enviados, usted debiera revisarlos y solicitar su corrección, si fuera necesario);
3. ciertas agencias de educación nacionales o estatales, si es necesario, para poner en vigor las leyes federales;
4. cualquiera persona a quién un estatuto del estado requiera que la escuela preste información;
5. organizaciones de acreditación y de investigación que estén ayudando a la escuela, siempre y cuando garanticen la confidencialidad;
6. los oficiales de ayuda financiera para los estudiantes;
7. personas que tengan órdenes de la corte, con tal que la escuela haga un esfuerzo razonable en notificar a los padres o al estudiante antes de mostrar los registros;
8. personas designadas en casos de emergencia, por razones de salud y/o seguridad, tales como doctores, enfermeras, y personal de incendios.

Excepto por las personas y situaciones antes mencionadas, las escuelas tienen que obtener su permiso para compartir los registros escolares de su niño(a) con cualquier otra persona que no sea usted mismo. Cuando la escuela recibe una solicitud para obtener los expedientes de su hijo(a), la escuela tiene que decirle que registros están involucrados, por qué han sido solicitados y quién los recibirá. Así mismo, si usted quisiera que alguien de afuera del sistema escolar viera los registros de su niño(a), se le pedirá su autorización por escrito y su firma. Estas precauciones se han instituido para proteger tanto su privacidad como la de su niño(a).

▪ CUANDO EL NIÑO O NIÑA CUMPLA ▪ DIESIOCHO AÑOS O ENTRE EN UNA ESCUELA POST-SECUNDARIA

Cuando su niño cumpla dieciocho años de edad o entre en una institución post-secundaria, tal como una escuela profesional-técnica, un colegio universitario o una escuela de artes, muchos de los derechos a los registros previamente a su disposición, se transfieren ahora a su niño(a). Las únicas partes que su niño no tendrá derecho a ver son los registros financieros de usted y cualquier reporte o recomendación confidencial, que su niño ha concedido el derecho de examinar. Esto significa que si usted desea ver los registros de un hijo o hija que tenga dieciocho años o que está asistiendo a una escuela post-secundaria, él o ella tendrá que autorizarle para verlos.

La ley IDEA permite a los padres de niños con impedimentos consideraciones especiales en cuanto a transferir sus derechos. La ley da autoridad a los estados para desarrollar políticas individuales, con respecto a la transferencia de derechos de padres a hijos, que tomen en cuenta el tipo y la severidad del impedimento y la edad del niño. Por lo tanto, si su niño(a) ha alcanzado los dieciocho años de edad o ya está cerca, y está en escuela secundaria, pregúntele al director de educación especial si el estado tiene un reglamento que le permite acceso continuado a los registros del niño. Si no, sería conveniente que usted y el personal escolar desarrollen un documento, que su niño puede firmar, otorgándole a usted los derechos continuados para revisar, controlar acceso y pedir cambios en esos registros.

■ CUANDO USTED SE TIENE QUE MUDAR ■

En la sociedad de hoy en día, la gente se muda de casa bien a menudo. Los registros escolares del niño, por supuesto, se mudarán con usted, pero para estar seguro que la nueva escuela reciba solamente los registros actuales y pertinentes, debería examinarlos e identificar específicamente el material que usted desea que sea enviado. La mayoría de las escuelas aceptarán su solicitud y enviarán solamente la información que usted desea. Si la escuela quisiera enviar materiales que usted prefiere que sean eliminados, entonces puede iniciar el procedimiento de audiencia descrito anteriormente para prohibir esta acción. En todo caso, siempre que usted se mude debiera revisar el archivo escolar de su niño, eliminando todo material irrelevante, incorrecto, u obsoleto, y por lo menos incluya sus comentarios acerca de esos registros escolares los cuales usted cree deberían haberse eliminado pero no lo fueron.

Debido a la importancia que tienen los registros del niño(a) a la hora de determinar su calificación para recibir educación especial, usted debería revisar y corregir estos anualmente, aunque usted no se esté mudando. También debería asegurarse que tiene un duplicado de todo el material que está en los archivos oficiales, ya que si éstos se perdieran, como fácilmente puede pasar en un sistema escolar grande, usted tendrá copias para reemplazarlos.

■ UNA NOTA FINAL: EL GROSOR DE ■ LOS REGISTROS

Se ha oído comentar a los maestros: "Cuando veo entrar a mi clase un niño nuevo que trae un expediente grueso, ya sé que se avecinan problemas." Por esta razón, es recomendable revisar todos los registros anualmente. Muchos de los informes que fueron escritos años atrás, contienen información de poca utilidad para las decisiones que se necesitan tomar hoy en día. Una cuidadosa revisión de los expedientes le permitirá eliminar aquellos que son obsoletos y así evitará el negativo síndrome del archivo grueso.

■ DECODIFICADOR DE REGISTROS EN CUATRO PASOS ■

Cuando usted tenga los registros escolares en sus manos, los cuales son usualmente de dos a tres pulgadas de grosor, ¿qué va a hacer con ellos? ¿Por dónde empezar a ordenar todo este material acerca de su niño? Si recuerda, usted ya tuvo que organizar las observaciones del niño(a) que hizo en su casa, ayudándose con la Tabla de Progreso del Desarrollo. Ahora le toca organizar las observaciones que la escuela hizo de su niño, ayudándose con el "Decodificador de Registros en Cuatro Pasos". El decodificador le ayudará a organizar, leer, analizar y evaluar los registros escolares.

ORGANICE

1. Cuando tenga el juego completo de los registros del sistema escolar, separe los documentos que describen al niño (informes del maestro, evaluaciones sicológicas, historia social, IEP, etc.) de los otros documentos y correspondencia de naturaleza administrativa (las minutas de reuniones del comité de calificación, formas de consentimiento, etc.). Los otros documentos y correspondencia le ayudan a tener una historia de todos sus contactos con el sistema escolar.
2. Haga una copia extra de todos los registros. De esta forma, puede disponer de un original y una copia, la que usted puede marcar, cortar, pegar, y usarla cuando sea conveniente.
3. Arregle cada conjunto—informes descriptivos y otros documentos— en orden cronológico.
4. Archive las páginas en un cartapacio con una presilla o póngalas en una carpeta de hojas sueltas, para evitar que se separen al caer.
5. Numere cada informe y haga una lista cronológica, a la cual añade a medida que recibe nuevos documentos. Un ejemplo se ve en la lista en la gráfica de la siguiente página.

REPORTES EDUCACIONALES DE CLARITA FERNÁNDEZ

INFORME	FECHA	PERSONA QUE LO PREPARO
1. Evaluación sico-educacional	3 de mayo de 1997	Katherine Connor
2. Informe de la maestra	mayo de 1997	Cathy Porterman
3. Informes histórico-social	12 de mayo de 1997	Patricia Roberts
4. Resumen de la evaluación siquiátrica	8 de junio de 1997	Dr. Gerald Brown
5. IEP	14 de junio de 1997	Katherine Connor
6. Resumen de la evaluación sicológica	23 de agosto de 1997	Dr. Ronald McPherson
7. Informe de la maestra	14 de septiembre de 1997	Dru Dunn
8. Memorándum del sicólogo	14 de septiembre de 1997	Barbara Hager

LEER

1. Lea el registro completo para tener una idea general acerca de su contenido, así como el tono utilizado por la escuela al expresar opiniones respecto a su niño(a).
2. En los márgenes de su copia para marcar, ponga signos de interrogación frente a las declaraciones o areas que no comprende o con las que no está de acuerdo.

ANALIZAR

1. Ahora, relea los informes y subraye las frases u oraciones que usted cree describen mejor las capacidades o talentos del niño y aquellas que describen sus debilidades. Ponga una "F" en el margen opuesto a la descripción de sus fortalezas o destrezas para aprender; y ponga un "D" opuesta a las debilidades. Cuando llegue a una frase u oración que reporta el estilo de aprendizaje del niño, ponga "EA" en el margen.
2. Usando una hoja de trabajo, similar a las que están en las páginas 63 y 64, coloque aquellas frases que describen las fortalezas y debilidades del niño dentro de las categorías del desarrollo de: movimiento, comunicación, relaciones sociales, concepto de sí mismo/indepen-dencia, percepción/sentidos, destrezas para pensar y estilo de aprendizaje.
3. Después de cada bloque de información, ponga la fecha y el origen. Poco a poco usted va a notar que algunas tendencias empiezan a

sobresalir. La misma observación, expresada en forma similar, se presenta en varios de los reportes durante un determinado período de tiempo.

4. Haga una lista de las recomendaciones hechas por cada evaluador o maestro en la última sección de la hoja de análisis. Las recomendaciones pueden aclarar o sugerir los servicios que necesita, el ambiente en el salón de clases, el tamaño de la clase, el tipo de escuela, la necesidad de hacer más pruebas, materiales de enseñanza o equipos específicos.

EVALUAR

Utilizando las anotaciones que hizo anteriormente, los signos de interrogación en los márgenes, la idea general que usted tiene ahora de los registros, así como el análisis que hizo de estos, haga una evaluación de los expedientes, utilizando como modelo los siguientes criterios:

Exacto. ¿Cree usted que los informes y partes de los registros concuerdan con sus propios sentimientos, percepciones, observaciones y evaluaciones de su niño?

Completo. ¿Están disponibles en el archivo todos los documentos requeridos por el sistema escolar para el proceso de calificación, Programa Educativo Individualizado (IEP) y las decisiones de ubicación? Por ejemplo, el informe médico, la historia social, el examen sicológico, el informe educacional y otros, según se requieran por los reglamentos locales o las normas estatales.

Sin prejuicio. ¿Son los informes imparciales, libres de prejuicios culturales o raciales? ¿Consideran que el impedimento del niño puede haber afectado el resultado final de las pruebas?

Sin juicios valorativos. ¿Reflejan los informes un respeto al niño y a su familia? ¿Evitan el uso de lenguaje que juzga más bien que describe? Por ejemplo, frases que juzgan son: "Ella es antojadiza," "Él es incorregible." En cambio, declaraciones descriptivas son: "Es inconsistente al plantear qué le gusta o no le gusta," "Él no responde cuando se le ordena detener su mal comportamiento."

Actualizado. ¿Tienen los registros fechas recientes como para dar un informe del comportamiento y desempeño actual del niño? Los registros generados en los últimos tres años son todavía útiles para tomar buenas decisiones. Si los expedientes tienen más años estos deberán usarse con cierto cuidado.

Comprensible. ¿Es el lenguaje utilizado significativo, claro y fácil de entenderse? Si se usan términos técnicos (lenguaje especializado), ¿han provisto definiciones en alguna parte o han utilizado un lenguaje de fácil comprensión para aquellos que no son especialistas? (Ejemplo de una frase incomprensible: "Parece tener un impedimento sicológico de aprendizaje, lo que requiere un tratamiento que envuelva una moderación de la atención especial en la sensibilidad interpersonal que ha recibido hasta el momento." ¿Qué significa esto?)

Consistente. ¿Hay consistencia entre las descripciones que los evaluadores y maestros han provisto de su niño? O, ¿encuentra usted contradicciones y diferencias de opinión? Considerando el registro como un todo, ¿tienen sentido todos estos informes y conducen a las recomendaciones que se han hecho?

En las páginas 65 y 66 encontrará un ejemplo de las hojas de análisis del Decodificador de Registros que los padres de Carmen prepararon.

Al ir completando sus propias hojas de análisis del Decodificador, usted irá familiarizándose con la imagen que los registros escolares presentan de su niño. La información de éstos es importante porque constituye la base sobre la cual se tomarán decisiones cruciales para la educación del niño(a), y de ahí, es sumamente importante organizar, leer, analizar, y evaluar estos registros escolares del niño. Por lo tanto, antes de continuar a la siguiente fase del laberinto, que asegúrese de que la información en el archivo del niño es fiel, está actualizada y describe una imagen exacta de él o ella.

■ *PROBANDO LA EVALUACIÓN* ■

Después de revisar los más recientes informes de evaluación en el archivo escolar y de haber examinado aquellos expedientes pasados, usando el Decodificador de Registros en Cuatro Pasos, usted concluirá una de dos cosas: Ya sea que concuerda que los resultados de la evaluación son exactos, completos, consistentes y actuales; o, cree que son deficientes en algunos respectos. Si usted cree que los materiales de evaluación son satisfactorios, puede pasar al siguiente pasillo del laberinto de educación especial: la determinación de calificación. Pero ¿qué sucede si usted piensa que los hallazgos de la evaluación son inadecuados? ¿Qué pasos se pueden tomar?

Hay dos caminos a tomar para intentar corregir los defectos que encontró en las evaluaciones. Uno es informal: puede preguntar informalmente a los oficiales escolares que retiren del registro la evaluación defectuosa y comenzar otras nuevas; añadir al archivo materiales que usted provee; o, simplemente clarificarle a usted las deficiencias que ve en los resultados de la evaluación. Si esto no resultara, puede resolver estas dificultades a través de un enfoque más formal.*

Si su problema involucra evaluaciones anteriores que ahora son parte del archivo escolar oficial del niño, puede tratar de enmendarlos a través del proceso formal que se describió anteriormente en este capítulo. Si su preocupación se debe más a la insuficiencia en la más reciente evaluación de la escuela, puede solicitar una evaluación independiente a cuenta del erario público (en otras palabras, usted no paga).

Tanto la ley federal como la estatal provee a los padres la oportunidad de obtener una evaluación independiente del niño, cuando creen que la hecha por la escuela es inadecuada. La evaluación independiente es hecha por profesionales no vinculados al sistema escolar. Ciertas escuelas tienen una lista de profesionales u organizaciones cuyo personal tienen las certificaciones requeridas para conducir

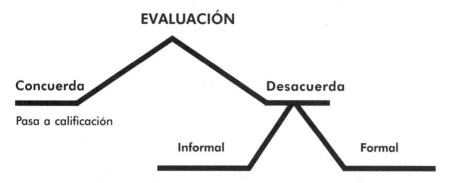

EVALUACIÓN

Concuerda

Pasa a calificación

Desacuerda

Informal

1. Pide remoción del registro.

2. Pide por otra evaluación.

3. Pide que se añada material.

4. Pide clarificación.

Formal

1. Audiencia para retirar.

2. Pide por una evaluación independiente, a cargo público.

3. Asegura una evaluación independiente a cargo personal.

estas evaluaciones independientes. Hay veces en que estas evaluaciones son conducidas por los departamentos de salud o salud mental, ya sea del condado o del estado. Los pasos a seguir para obtener una evaluación independiente se establecen en el reglamento de su estado. Es bueno hacer notar aquí que una evaluación independiente pagada por el estado será llevada a cabo por los evaluadores que éste designe, aunque sí tienen que reunir los requisitos para ser autorizados por el sistema escolar.

¿Estarán de acuerdo los oficiales escolares en pagar por una evaluación independiente? No siempre. Sin embargo, antes de que puedan negar su solicitud, tendrán que asistir a una audiencia de debido proceso legal, como se describe en el Capítulo 9 y probar al oficial de audiencia por qué son apropiadas sus evaluaciones. De otra manera, el sistema escolar no puede negarle una evaluación independiente. Recuerde, no tiene que probar que los resultados de la evaluación escolar son incorrectos para pedir una evaluación independiente; usted tiene derecho a ésta, con sólo tener una duda de que los resultados son inadecuados. Si los profesionales escolares no desean pagar por esto, tendrán que iniciar el procedimiento de audiencia para justificar la negación a esta solicitud.

Una alternativa a la evaluación independiente gratuita, o sea pagada por el erario público, es una evaluación independiente pagada por usted. Pero, si usted puede obtener una evaluación independiente de forma gratuita ¿por qué va a querer pagar de su propio bolsillo? En realidad, hay varias razones para esto. Primero, usted puede escoger personalmente los profesionales que harán la evaluación. Esto generalmente le da mayor confianza en los resultados o hallazgos y le permite a usted seleccionar al especialista más apropiado para trabajar con su niño. Segundo, cuando usted paga por su propia evaluación, usted puede controlar quién ve los resultados. Cuando la evaluación es pagada por el erario público, los resultados tienen que ser considerados por el sistema escolar al tomar decisiones educacionales respecto a su niño(a). También hay que considerar que una evaluación independiente, pero públicamente financiada, puede ser presentada como evidencia en una audiencia de debido proceso; y, si usted cree que la evaluación es incorrecta, usted no tiene forma de detener que se utilice por el sistema escolar o el oficial de audiencia. En cambio, si usted paga por ella, tiene el derecho a determinar quién usará los resultados y quién los puede examinar. Así, si opina que los resultados describen exactamente a su niño, puede presentarlos a la consideración del sistema escolar o un oficial de audiencia. Si no se siente satisfecho(a) con los resultados no tiene que presentarlos a la escuela o en una audiencia, a menos que sean requeridos por el oficial de audiencia.

Aunque hay muchos beneficios al pagar por la evaluación del niño(a), usted tendrá que sopesar si estos beneficios valen la pena especialmente cuando usted contempla otros costos potenciales que puedan presentarse. El costo mayor es desembolsar el dinero mismo, ya que una evaluación educacional completa puede costar $800 dólares o más. Por otra parte, puede que la evaluación simplemente confirme los resultados de la escuela, lo cual—aunque le brinda el beneficio de la seguridad que los evaluadores iniciales estaban correctos—es un procedimiento caro para asegurar tal confirmación. Aun así, usted podría incurrir en gastos adicionales, si se diera el caso de que usted introdujera los resultados de sus propios especialistas, a los cuales los oficiales escolares o el oficial de audiencia pueden dar poca importancia. La razón por la cual los datos de una evaluación no se les da la importancia debida queda mejor explicada por los comentarios hechos por un oficial escolar durante el proceso de audiencia. De acuerdo con ese administrador escolar, "Los padres pueden buscar y rebuscar hasta encontrar un sicólogo u otro profesional que dirá exactamente lo que ellos desean escuchar." Y, por supuesto, si el oficial escolar o el oficial de audiencia con quien usted esté trabajando tiene esta actitud, los beneficios de la evaluación pagada por usted no valdrían la pena.

Una última palabra acerca de obtener sus propias evaluaciones. Nunca envíe resultados de las evaluaciones a los oficiales escolares antes de que usted los haya examinado personalmente. En más de una ocasión, los padres lo han hecho para ahorrar tiempo, y han descubierto que los resultados fueron desventajosos para el niño. Por lo tanto, discuta los hallazgos o resultados de la evaluación con los profesionales que la hicieron primero, y entonces, y solamente entonces, decida si quiere enviarlos al sistema escolar o al oficial de audiencia.

DECODIFICADOR DE REGISTROS EN CUATRO PASOS

Información Contenida en los Expedientes	Fuente	Fecha
MOVIMIENTO Fortalezas: Debilidades:		
COMUNICACIÓN Fortalezas: Debilidades:		
RELACIONES SOCIALES Fortalezas: Debilidades:		
CONCEPTO DE SÍ MISMO(A) / INDEPENDENCIA Fortalezas: Debilidades:		

DECODIFICADOR DE REGISTROS EN CUATRO PASOS

Información Contenida en los Expedientes	Fuente	Fecha
SENTIDOS/PERCEPCIÓN Fortalezas: Debilidades:		
CAPACIDAD PARA PENSAR Fortalezas: Debilidades:		
ESTILO DE APRENDIZAJE Fortalezas: Debilidades:		
RECOMENDACIONES:		

DECODIFICADOR DE REGISTROS EN CUATRO PASOS

Información Contenida en los Expedientes	Fuente	Fecha
MOVIMIENTO **Fortalezas:** 1. Puede coger una pelota que rebota. 2. Puede patear una pelota que esté parada. 3. Camina sola en un caballete de cuatro pies.	1-3) Sr. Fernández, Especialista de Educación Física Adaptativa.	1/97
Debilidades: 1. Destrezas motoras finas - Tiene problemas al hacer dibujos detallados e integrar figuras complejas. 2. Destrezas motoras gruesas - grande para su edad: de la apariencia de no estar coordinada. 3. Dificultad para integrar las destrezas motoras y formar una acción motora planeada.	1-2) Sra. Álvarez, prueba sicológica 3) Sr. Fernández, Especialista de Educación Física Adaptativa	1/97 2/96
COMUNICACIÓN **Fortalezas:** 1. Carmen ha progresado bastante en su sintaxis. 2. Participa con entusiasmo en la clase usando el vocabulario adecuado.	1) Sra. Muñoz, Terapista del habla 2) Srta. Campos, informe de la maestra de educación especial	6/97 6/97
Debilidades: 1. El problema puede estar en el procesar o en el encontrar las palabras. 2. Hay una falta en el lenguaje expresivo - dificultad en expresar ideas. 3. Encontrar las palabras y ponerlas en secuencia. Su memoria auditiva y destrezas de asociación son muy pocas todavía.	1) Informe Depto. Salud del Condado 2) Srta. Ruiz, informe de la maestra de educación especial 3) Sra. Muñoz, Terapista del habla	8/95 5/96 1/96
RELACIONES SOCIALES **Fortalezas:** 1. Parece ser feliz, es generalmente aceptada por sus compañeros(as) de clase y ha mantenido amistades en la escuela. 2. A Carmen le encanta la gente, aunque no interactúa con éstos los observa detenidamente.	1) Srta. Campos, informe maestra de educación especial 2) Sra. Álvarez, prueba sicológica	6/97 1/97
Debilidades: 1. Siempre le dice a sus compañeros(as) lo que deben hacer. Habla de sí misma en forma negativa cuando comete errores.	1) Srta. Ruiz, informe de la maestra de educación especial	5/96
CONCEPTO DE SÍ MISMO(A) / INDEPENDENCIA **Fortalezas:** 1. Trabaja bien en un ambiente pequeño, estructurado y positivo. Necesita construir una imagen positiva de sí misma.	1) Srta. Campos, informe de la maestra de educación especial	6/97
Debilidades: 1. La mayor dificultad de Carmen es que se siente diferente, anormal y rechazada. 2. Tiene una necesidad extrema de afecto y de sentirse bien consigo misma.	1-2) Sra. Álvarez, prueba sicológica	1/97

DECODIFICADOR DE REGISTROS EN CUATRO PASOS

Información Contenida en los Expedientes	Fuente	Fecha
SENTIDOS/PERCEPCIÓN		
Fortalezas: 1. En la prueba Bender-Gestalt ella copió figuras e hizo estas reconocibles, a pesar de las dificultades que tuvo con integración y distorsión.	1) Dr. Robles, sicólogo privado.	3/97
Debilidades: 1. Ella no recuerda los detalles de los dibujos que ve o de los cuentos que leyó. 2. En la prueba Bender-Gestalt su planificación es casual y desorganizada. Su producción es inconsistente.	1) Srta. Campos, informe de la maestra de educación especial. 2) Sra. Alvarez, prueba sicológica.	6/97 1/97
CAPACIDAD PARA PENSAR		
Fortalezas: 1. Al leer, tiene un buen vocabulario y un capacidad para descifrar es excelente. 2. Ella ha aprendido los conceptos de suma y resta – ahora está aprendiendo las tablas de multiplicación del 2, 3, 5 y 10.	1-2) Srta. Campos, informe de la maestra de educación especial.	6/97
Debilidades: 1. Tiene dificultad en seguir varias instrucciones orales a la misma vez. 2. Su mala memoria le causa problemas para recordar los procesos matemáticos.	1-2) Srta. Campos, informe de la maestra de educación especial.	6/97
ESTILO DE APRENDIZAJE		
Fortalezas: 1. Ella necesita estar en un ambiente pequeño y estructurado. 2. Se muestra ansiosa por terminar su trabajo, pero frecuentemente persevera en aquellas tareas que son sus favoritas.	1-2) Srta. Campos, informe de la maestra de educación especial. 1) Sra. Alvarez, prueba sicológica.	6/97 1/97
Debilidades: 1. Su planificación es casual y desorganizada.		
RECOMENDACIONES:		
1. Ayudarla a romper por partes las instrucciones, ya sean orales o escritas; le han ayudado bastante las técnicas de repetición y el hacerla repetir las instrucciones. 2. En la lectura, necesita un método visual, datos acerca del contexto y usar cuentos para reforzar la experiencia y el uso del lenguaje.	1) Sra. Alvarez, prueba sicológica. 2) Srta. Ruiz, informe de la profesora de educación especial.	1/97 1/97

5. La Decisión de Calificación

El Pasaporte para Entrar al Laberinto

Usted ya ha pasado por las dos primeras fases—referido y evaluación —del ciclo del planificación educacional. También ha colectado información en su hogar y ha examinado los registros escolares de su niño(a) con el Decodificador de Registros en Cuatro Pasos. Ahora viene la fase tres—calificación. Esta es la parte del proceso educacional donde un grupo multidisciplinario determina si el impedimento del niño le afectará su aprendizaje a tal grado que debe recibir educación especial.

La decisión de calificación se hace por un comité. A este comité se le conoce por diferentes nombres según el estado; por ejemplo, Comité de Calificación, Equipo Multidisciplinario (Equipo-M), Comité de Consejo para la Ubicación (PAC en inglés), Comité de Admisión, Revisión y Salida (ARD). El nombre de este comité así como su composición y procedimientos se encuentran en los reglamentos de la ciudad o del estado. Ciertos estados requieren la participación de los padres en la reunión del comité de calificación. No importa cuáles sean las prácticas de su sistema escolar, trate de involucrarse en esta reunión tan importante.*

El procedimiento que sigue el comité para determinar si su niño es elegible es simple de describir en teoría, sin embargo muy difícil de describir en la práctica. En teoría he aquí como opera el comité. La mayoría de las regulaciones estatales utilizan una serie de definiciones para el término impedimentos, las cuales varían de estado a estado. Los niños que reciben servicios bajo los programas de educación especial son niños:

1. Que tienen retardación mental, impedimentos auditivos (incluye sordera), del habla y lenguaje, disturbios emocionales severos, impedimentos ortopédicos o visuales (incluye ceguera), autismo, lesión cerebral traumática, así como otros impedimentos específicos de aprendizaje o de salud y

2. Que debido a su impedimento requieren una educación especial para beneficiarse del programa educacional.

Los estados tienen la opción de utilizar el término "atrasos en el desarrollo," para los niños de 3 a 8 años, que tienen problemas en el desarrollo de sus destrezas físicas, cognoscitivas, sociales/emocionales, o destrezas de adaptación.

Ahora, las definiciones de impedimentos que se encuentran en las leyes federales y estatales, no son siempre fáciles de entender. Por ejemplo, retardación mental está definida en las regulaciones federales como: "funcionamiento intelectual general significativamente menor que el promedio, el cual, junto a deficiencias del comportamiento adaptativo y manifestando durante el período de desarrollo, afecta adversamente el desempeño educacional del niño." Si usted no entendiera esta definición o cualquiera de las otras, las cuales pueden resultar igualmente confusas, pídale a los profesionales escolares que se las expliquen. Una traducción de la definición anterior podría ser así: "un índice de IQ que permanece por debajo de una puntuación de 70, durante varios años. Además del bajo puntaje de IQ, el niño también exhibe problemas de lenguaje, destrezas sociales, y otros problemas, los cuales afectan adversamente su capacidad de aprender."

Recuerde, si usted no entiende la definición del impedimento que su niño tiene, pregunte, para que se le clarifique lo que esto significa. No se sorprenda si alguien del personal escolar no está seguro del significado exacto de las definiciones. Si esto sucediera, siga buscando hasta que encuentre a alguien que pueda explicarle la definición. De esta forma, se sentirá tranquilo(a) que los problemas de aprendizaje del niño(a) se han identificado con exactitud.

Cada miembro del comité de calificación recibe copias de las evaluaciones y cualquiera otra información contenida en el archivo escolar oficial del niño. Las evaluaciones van a sugerir la presencia de uno o más impedimentos o implicar que no existen condiciones suficientemente severas como para requerir los servicios de educación especial. El trabajo del comité es examinar los resultados y conclusiones de las evaluaciones y compararlos con las definiciones de impedimentos que le hacen elegible para recibir los servicios especiales. Si los resultados corresponden a una o más de las definiciones, su niño será elegido para recibir servicios de educación especial. Pero, si el comité concluye que los resultados de las evaluaciones no satisfacen el criterio para recibir estos servicios, su niño no será elegible. De cualquier manera, usted será notificado(a) por escrito de la decisión del comité. Si su niño no fuera elegible, usted todavía puede apelar la decisión del comité a través de los procedimientos de debido proceso, que se describe en el Capítulo 10.

Si su niño no resultó elegible para recibir estos servicios bajo los criterios de educación especial de IDEA, el niño(a) aún puede recibir algunos servicios bajo la Sección 504 del Acta de Rehabilitación o bajo el Acta de Americanos con Impedimentos (ADA). Para más información vea el Capítulo 11, donde se discuten los requisitos de la Sección 504 y ADA.

■ *LA CALIFICACIÓN EN ACCIÓN: EL ESTUDIO* ■ *DE UN CASO*

Roberto Cruz tiene siete años de edad. Cuando tenía dos, sus padres notaron que su desarrollo era lento. A Roberto le ha tomado siempre más tiempo y más esfuerzo aprender la mayoría de las cosas que sus hermanos y hermanas captaron con facilidad. El tiene problemas al expresarse y usa frases cortas y simples. Desde que entró a la escuela, ha recibido lecciones privadas de dicción. Debido a las continuos dificultades que Roberto experimenta en la escuela, su maestro sugirió que se le evaluara para recibir servicios especiales. El señor Cruz y su señora estuvieron de acuerdo con la recomendación y firmaron el permiso para que se hiciera la evaluación.

Las pruebas de inteligencia general mostraron que Roberto tiene un IQ de 105. Otras pruebas demostraron que tiene dificultad para coordinar sus ojos y manos cuando copia figuras geométricas; problemas en coordinar sus manos para coger una pelota, así como problemas para pararse en una pierna; en adición, él tiene dificultad en recordar cosas que ha oído o leído. Las pruebas de desempeño académico han encontrado que Roberto está como dos años más atrasado que sus compañeros en las áreas de lectura y aritmética.

En el estado donde vive Roberto, los reglamentos que rigen educación especial definen un impedimento específico de aprendizaje como:

> "un desorden en uno o más de los procesos sicológicos básicos encargados de comprender o usar el lenguaje, hablado o escrito, que puede manifestarse en una capacidad imperfecta para escuchar, pensar, hablar, leer, escribir, deletrear o hacer cálculos matemáticos y que afecta adversamente el desempeño educacional del niño. El término incluye condiciones tales como desórdenes visuales-motores, dislexia y afasia del desarrollo. El término no incluye aquellos niños que tengan problemas de aprendizaje como resultado de impedimentos visuales, auditivos o motores, retardación mental, disturbios emocionales, o de desventaja ambiental, cultural o económica."

Cuando el comité de calificación comparó la evaluación de Roberto con la definición anterior, encontraron que los resultados concordaban con la definición. El tenía problemas de lenguaje, lectura y aritmética. Los resultados de la evaluación indicaron que tenía dificultad para copiar diversas formas y fue incapaz de distinguir la derecha de la izquierda. Estos y otros resultados mostraron que tenía impedimentos de percepción, así como también problemas con sus movimientos o control motor. Ninguno de estos problemas pueden ser explicados debido a retardación mental. Su coeficiente de inteligencia (IQ) de 105 era en el rango normal. Los problemas emocionales, deficiencias visuales o auditivas, o desventajas ambientales, culturales, o económicas no resultaron ser la fuente de los problemas de Roberto. Todas las indicaciones de la evaluación apuntaban a problemas de lenguaje y dificultades perceptivas. Por lo tanto, Roberto fue declarado elegible para recibir los servicios de educación especial, debido a sus impedimentos específicos de aprendizaje.

Si el coeficiente de Roberto hubiera sido más bajo de 70, su impedimento se identificaría como retardación mental. Es decir que con un coeficiente en este rango, más las otras características encontradas en la evaluación, sus problemas de aprendizaje hubiesen estado a la misma altura que la de aquéllos provistos en la definición de retardación mental, descrita anteriormente. En este caso, podría haber sido elegible para servicios especiales, pero bajo retardación mental en vez de impedimentos específicos de aprendizaje.

En el caso anterior, se encontró que el niño tenía solamente un impedimento. Pero ¿qué pasa si los resultados de la evaluación indicaran que el niño tiene dos o más impedimentos, como por ejemplo, impedimentos específicos de aprendizaje y problemas emocionales? El comité de calificación intentará identificar cuál es el impedimento principal, responsable de impedir el crecimiento educacional del niño. Si ambas condiciones contribuyen de igual forma a los problemas de aprendizaje del niño, el comité puede declarar que el niño tiene impedimentos múltiples. La identificación del impedimento principal, así como los problemas secundarios determinarán el tipo de educación especial y los servicios relacionados que el niño va a requerir.

■ EL ROL DE LOS PADRES EN LA REUNIÓN ■ DE CALIFICACIÓN*

Los sistemas escolares difieren mucho en la medida en que permiten a los padres participar en las reuniones de calificación. Algunos invitan a los padres a asistir a la reunión, a presentar sus puntos de vista, a traer profesionales o expertos que presenten su opinión profesional, a hacer preguntas a los miembros del comité y a estar presente cuando el comité toma su voto final. Por otro lado, están los sistemas escolares que incluso fallan notificar a los padres acerca de cuando el comité de calificación va a considerar el caso de su niño.

Los reglamentos estatales y locales describen los procedimientos que la escuela debe seguir y los plazos que deben cumplir. Pero no importa cómo esté estipulado en las regulaciones, esté alerta y pida que le notifiquen, preferiblemente por escrito, de cuándo el comité planea reunirse. Lo más probable es que un especialista en cierta área de impedimentos, el coordinador de educación especial, o uno de los profesionales que evaluaron a su niño será designado el administrador del caso. Este administrador, frecuentemente el representante del equipo en la reunión de calificación, produce un cuadro de las necesidades educacionales del niño, como resultado de los hallazgos de miembros individuales del equipo. Esta es la persona a quién usted le debe pedir que le notifique del lugar y hora de la reunión del comité. Dígale que a usted le gustaría participar y discutir sus opiniones con el comité durante el tiempo en que éstos tomen su decisión.

El sistema escolar puede impedir que usted se reúna y discuta con el comité el caso de su niño, hasta que éstos no tomen una decisión final. Aunque uno desearía que las escuelas públicas no optaran por trabajar en una manera tan cerrada, todavía están autorizadas para hacerlo. Las leyes federales y estatales no requieren la participación de los padres en las decisiones finales de calificación. Sin embargo, el espíritu de estas leyes es uno de apertura y de fomentar una mayor participación de los padres. Por lo tanto, más y más sistemas escolares están haciendo estas reuniones accesibles a los padres y permitiéndoles presentar sus opiniones. De hecho, algunos reglamentos estatales combinan la reunión de determinación de calificación con la del Programa Educativo Individualizado (IEP) garantizando así la participación de los padres.

Cuando le toque asistir a la reunión de calificación de su niño, trate de tomar los siguientes pasos:

1. Consiga otra persona—su cónyuge, un amigo(a) o un profesional— para asistir con usted a la reunión. En la reunión de calificación participan de cuatro a diez oficiales escolares, por lo que puede sentirse un poco incómodo(a) o abrumado(a) si asiste por sí solo(a). Usted debe informar a la persona que le acompañe respecto a sus planes para esta reunión; esta persona deberá asegurar que usted haga lo que planeó hacer. Además deberá servir como un par adicional de oídos escu chando y mencionando puntos importantes que usted no captó. Pero debe avisar por anticipado al comité que esta persona asistirá a la reunión con usted.

2. Después que se hagan las presentaciones de los participantes en la reunión y antes de que ésta empiece oficialmente, pase una foto de su niño(a) para que cada uno le vea. O, si está con usted, presente brevemente al niño a los miembros del comité. El objetivo es ayudarles a sentir o a comprender mejor las necesidades del niño, y que no se trata sólo de un archivo lleno de papeles e informes. Lo que usted quiere es que se den cuenta que su hijo o hija es una persona real, de carne y hueso, cuyo destino educacional está en juego.

3. Cuando comience la reunión pregunte a la persona que está a cargo qué procedimientos serán utilizados, quiénes son los miembros que pueden votar, si usted puede permanecer allí todo el tiempo, incluso durante las deliberaciones y toma de decisiones, qué podría esperar como resultado de la reunión (por ejemplo, si una decisión de calificación se tomará ahora o posteriormente) y cuándo podrían informarle oficialmente de la decisión. Este paso es muy importante ya que garantiza que cada uno procederá con las mismas expectativas en la reunión, y así se eliminaría bastante la confusión.

4. Presente sus opiniones al comité en un documento que haya preparado antes de la reunión. La mayoría del material de su presentación puede ser extraído de los análisis que usted hizo utilizando la Tabla de Progreso del Desarrollo y del Decodificador de Registros en Cuatro Pasos.

a. Comience con un planteamiento de apertura cuidadosamente escrito, en el que usted establece sus conclusiones respecto a los impedimentos del niño y mencione todas las evaluaciones y registros pertinentes que puedan sostener su punto de vista.

b. Describa el estilo de aprendizaje de su niño, así también como los problemas de desarrollo relacionados con sus impedimentos.

c. Refute o explique, cuando sea necesario, toda aquella información en las evaluaciones y expedientes que usted encuentre contradictoria, prejuiciosa, etc.

d. Identifique el programa y los servicios de educación especial que usted cree se requieren para atender las necesidades de aprendizaje y robustecer las destrezas de aprendizaje de su niño. No olvide mencionar evaluaciones pertinentes e informes que sostengan estas recomendaciones.

5. En muchos casos, usted quizás quisiera traer a la reunión aquellos profesionales, maestros, así como otras personas, que han trabajado con su niño y le conocen mejor. Hable con esta gente previo a la reunión para averiguar en qué medida sus opiniones y puntos de vista añadirían a su caso, y pídales que vengan a la reunión si usted cree que le será de ayuda. Si esto es así, entonces desarrolle su presentación de tal manera que pueda incluirlos en la discusión y que ellos puedan discutir sus puntos de vista, cuando sea apropiado. Pero no se olvide de informar al profesional escolar a cargo de la reunión, que estos expertos le estarán acompañando.

6. Finalmente, si le permitieran permanecer durante las deliberaciones del comité, escuche cuidadosamente la discusión del comité.★ Si algunos de los miembros del comité parecieran usar material prejuicioso, inexacto, incompleto, u obsoleto, o estar haciendo declaraciones incorrectas, intervenga y explique sus preocupaciones. Pero siempre recuerde hacerlo con tacto y diplomacia, estas dos actitudes le servirán mucho en estas ocasiones.

■ PUNTOS DE CONFLICTO EN LA REUNIÓN ■ DE CALIFICACIÓN

Dos puntos mayores de conflicto pueden surgir entre los padres y la escuela como resultado de las reuniones de calificación. Uno de estos problemas ocurre si el comité no encuentra al niño elegible para recibir estos servicios y los padres creen que el niño sí lo es. El otro problema surge si el comité encuentra que el niño es elegible, pero que el impedimento del niño es diferente de lo que los padres creen. Por ejemplo, el comité puede concluir que el impedimento principal del niño es un disturbio emocional, pero los padres lo consideran como un impedimento de aprendizaje. O el comité puede concluir que el niño tiene retardación mental, mientras que los padres creen que una deficiencia auditiva es la causa mayor de sus problemas de aprendizaje.

Cualquiera de los problemas antes mencionados son bastante serios para los padres y los niños. Ambos pueden llevar al desarrollo de una programación educacional ineficaz que realmente no atiende las necesidades y fortalezas únicas de su niño(a). Por lo tanto, los padres deben participar activamente en la reunión de calificación y no esperar que tales dificultades ocurran antes de entrar al laberinto de educación especial. Al seguir las sugerencias hechas hasta este punto, usted podrá librarse de una serie de conflictos. Y, si usted ha logrado esto, ya está a mitad de camino a través de este laberinto. Si, a pesar de su participación activa, ocurre cualquiera de estos problemas, tendrá que apelar las conclusiones del comité de calificación a través de una conferencia o una revisión administrativa conciliatoria dentro del sistema escolar, o a través de una audiencia imparcial y legal de debido proceso. (Más acerca de estos procedimientos en el Capítulo 9.) Pero no olvide, si su niño no resulta elegible, o si cree que el programa ha clasificado a su niño incorrectamente, no tiene que aceptar estos resultados. Usted puede apelar estas decisiones.

■ Una Ultima Mirada a la Evaluación ■ y la Calificación

La evaluación y determinación de calificación son fases importantes en el ciclo de educación especial. Una evaluación exacta y perceptiva demostrará en detalle los problemas específicos de aprendizaje del niño y a veces hasta puede identificar sus causas. Una evaluación correcta, por lo tanto, es esencial para una determinación justa y de confianza a la hora de decidir si el niño(a) será o no elegible para recibir servicios de educación especial.

Los resultados de la evaluación, lamentablemente, no siempre proveen ideas claras y precisas acerca de las causas de los problemas de aprendizaje del niño. Pero cuando éste sea el caso, la reunión de calificación tiene incluso una mayor importancia en el futuro educacional de su niño(a). Durante esta reunión, los profesionales escolares examinarán los resultados de la evaluación, otros registros y testimonios verbales.* Después pasarán a interpretar qué significan todos estos medios de información, muchas veces confusos, con relación a la ubicación educacional futura de su niño. Es por eso que usted no puede permitir que esta reunión y estas decisiones se lleven a cabo sin su participación activa. Al seguir las sugerencias anteriores, que son el obtener e interpretar los registros escolares, anticipar los posibles problemas de la evaluación y participar en la reunión de calificación, usted podrá ejercer la máxima influencia personal en el proceso y en la toma de decisiones. Así usted tendrá una voz activa en la planificación educacional de su niño(a), y, aunque su opinión no prevalezca, su preparación sistemática para estas reuniones sentará las bases para encontrar soluciones o compromisos a través de los procedimientos de apelaciones descritos en el Capítulo 9.

6. El Programa Educativo Individualizado–IEP

Mapas de Carreteras, Señales del Camino, Calles de una Sola Dirección

Al fin, ¡consiguió su pasaporte para entrar al laberinto! Con la ayuda de la valiosa información que usted ha desarrollado al observar a su niño(a) y analizar los expedientes escolares, usted ha pasado con éxito a través de las fases de solicitud, evaluación y calificación. Ahora usted da la vuelta a la esquina, y se halla en otro pasillo del laberinto de educación especial. En este pasillo, usted comenzará a planificar específicamente la educación especial y los servicios relacionados que deberán incluirse en el programa educativo de su niño(a). Una vez más, utilizará sus materiales escritos para proveer información para el Programa Educativo Individualizado de su niño, o IEP.

■ ¿Qué es un IEP? ■

Un Programa Educativo Individualizado (IEP) describe los servicios de educación especial, así como los servicios relacionados, específicamente diseñados para atender las necesidades de un niño con impedimentos. El programa se prepara en una o más reuniones del IEP, y sus provisiones se escriben detalladamente por escrito en el documento de planificación del IEP. En este capítulo encontrará una descripción del *documento* llamado IEP, o sea el plan escrito acerca del programa de educación especial diseñado especialmente para su niño(a). Aquí encontrarán descritas las seis partes requeridas de un IEP, así como también ejemplos que ilustran los modos en que los padres pueden contribuir a cada una de estas partes. También se tratan los conceptos de ambiente menos restrictivo y educación apropiada. El capítulo 7 explora los diversos aspectos de la *reunión* del IEP, incluyendo cuándo y cómo se desarrolla, los procedimientos a seguir durante la reunión del IEP y alternativas para participar en la creación del Programa Educativo Individualizado de su niño(a).

▪ EL DOCUMENTO ESCRITO DEL IEP ▪

Como padre o madre, usted juega un papel vital en el desarrollo del documento de planificación del IEP, que es la descripción escrita del programa diseñado y ajustado a las necesidades educacionales únicas de su niño(a). El IEP debe prepararse *conjuntamente* por los padres, los educadores y, en lo posible, la persona para quién se hacen estos planes, su *niño(a)*. Las metas y objetivos para él o ella, basados en los niveles actuales de su funcionamiento, serán planteados por cada una de las personas involucradas en planear y ofrecer estos servicios. El IEP especifica la ubicación en un lugar educacional y los servicios relacionados necesarios para alcanzar estas metas y objetivos. El IEP también incluye la fecha en que comenzarán los servicios, cuánto durarán y la manera de medir el progreso del niño.

El IEP es más que un bosquejo, o una herramienta administrativa, para el programa de educación especial de su niño. El desarrollo del IEP le da la oportunidad para trabajar a la par con los educadores para identificar las necesidades del niño, qué sería lo que se puede proporcionar para atender esas necesidades, y cuáles podrían ser los resultados; en otras palabras, es un compromiso por escrito de los recursos que la escuela está de acuerdo en proveer. La revisión periódica del IEP es importante, porque sirve como una evaluación del progreso de su niño(a) en el cumplimiento de las metas y objetivos educacionales que decidieron conjuntamente usted y los maestros. Finalmente, el IEP sirve como el punto focal para resolver desacuerdos que usted pueda tener con el sistema escolar. Por todas estas razones, el Programa Educativo Individualizado—incluyendo tanto el documento como el proceso a través del cual se desarrolla—es una parte crucial de la educación especial; más aún, el IEP es el elemento principal de la educación especial. A continuación se da una descripción del documento mismo y su contenido.

▪ PARTE 1 DEL IEP: DESCRIPCIÓN DEL ▪ NIÑO O NIÑA

El primer componente del IEP responde a la pregunta, "¿Quién es este niño(a)?" Despues de todo, todas aquellas personas involucradas en la educación del niño(a) debieran llegar a conocer a la persona que se describe en este programa escrito. El documento contiene información básica de identificación del niño(a), como su nombre, edad y domicilio. Esta sección del IEP también contiene una descripción de su niño(a) tal y como éste es al momento. O sea, describe el nivel actual de su desempeño educacional y de comportamiento, y describe el efecto de que tiene su impedimento tanto en sus logros académicos como en otras áreas no académicas.[*] Esta información se escribe en un espacio del documento IEP llamado *Nivel Actual de Funcionamiento y Desempeño Académico* o simplemente *Nivel Actual*, o algo similar, dependiendo del formato del IEP del sistema escolar local.

A este punto, usted ya ha recopilado información necesaria para contribuir a una descripción del nivel de desempeño actual de su niño(a). Recuerde que en el Capítulo 2, en el Ejercicio para Fortalecerse #2, usted completó una columna en la Tabla de Progreso del Desarrollo llamada *Puede Hacer* para cada una de las áreas del desarrollo. En el Capítulo 4, en el Decodificador de Registros en Cuatro Pasos, usted anotó las *fortalezas* y alcances en cada área del desarrollo. Por lo que ahora, de las columnas *Puede Hacer y Fortalezas* sacará la información para describir el nivel de desempeño actual de su niño(a). La gráfica a continuación presenta algunos ejemplos que otros padres han anotado en cada columna.

TABLA DE PROGRESO DEL DESARROLLO

Puede Hacer

- Pone la mesa completa y correctamente
- Toma el autobús escolar, se transfiere al subterráneo y llega a la escuela a tiempo
- Sigue bien una receta para hornear un pastel
- Puede rodar desde su estómago a su espalda
- Salta la cuerda cuando otros la voltean

DECODIFICADOR DE REGISTROS EN CUATRO PASOS

Fortalezas

- Puede seguir dos órdenes
- Sabe las tablas de multiplicación hasta la del 5
- Usa el sonido de "m" consistentemente, para indicar la necesidad de "más"
- En la prueba llamada Alcance Individual de Peabody (PIAT):
  Reconocimiento de lectura a un nivel de grado 2.3
  Comprensión de lectura a un nivel de grado 1.6
  Matemáticas a un nivel de grado 2.0
- Usa un apuntador de cabeza para deletrear las palabras en la maquinilla de escribir

Además de ofrecer información acerca del desarrollo de su niño(a), en la parte 1 del IEP usted tiene la oportunidad de contribuir una información muy importante: acerca del estilo personal en que aprende su niño(a). A un maestro nuevo le va a tomar semanas o meses para descubrir la manera en que su niño(a) aprende mejor. Por eso, no olvide de incluir las descripciones, por escrito, de lo que hace, cómo se acerca a una situación de aprendizaje, etc. Usted puede ayudar a los maestros, y a su niño(a), a evitar frustraciones innecesarias al incluir en el "nivel de desempeño actual" descripciones tales como:

- Él necesita una lugar tranquilo y despejado para concentrarse en su trabajo
- Ella aprende rápidamente cuando trabaja en un grupo pequeño de niños(as).
- Él entiende y aprende mejor lo que oye más que lo que ve.
- Ella imita a otros niños(as) y aprende de ellos.

Estas descripciones de *Puede Hacer, Fortalezas, y Estilo de Aprendizaje* forman la substancia de la primera parte del IEP. Hacer sólo una lista de las puntuaciones de las pruebas, la numeración obtenida en el grado, el coeficiente de inteligencia, equivalencias de edad, o simplemente nombrar el impedimento de su niño, no es suficiente. Las observaciones descriptivas son requeridas y apreciadas, por todas aquellas personas que van a conocer y enseñar a su niño. La descripción de su nivel actual de desempeño tiene que ser lo más completa y exacta posible, ya que es la base para construir las metas y objetivos, en la segunda parte del IEP.

■ *PARTE 2 DEL IEP: METAS Y OBJETIVOS* ★ ■

En la segunda sección del IEP, usted y otros miembros del equipo del IEP establecen las metas y objetivos para ayudar al niño a adquirir las destrezas o comportamientos que debería lograr. Estas metas y objetivos del programa de educación especial son basados en su nivel actual de desempeño, descrito en la parte 1 del IEP.

Antes de ponerse a pensar acerca de las metas y objetivos para su niño, debe examinar primero el proceso que se sigue para establecer cualquier meta u objetivo. Por lo general, todos nosotros nos estamos poniendo a diario metas y objetivos, ya sea para nosotros u otros. ¿Qué significan las metas? Simplemente dicho, las metas son los resultados que queremos alcanzar: establecemos metas para lo que nos gustaría lograr. Puede que se proponga la meta de comprar un nuevo automóvil, perder unos cinco kilos de peso, tomar una vacación familiar o empezar un jardín de verduras. Ahora, para establecer estas metas específicas, habrá que responder muchas preguntas. Por ejemplo, para planear una vacación usted tendría que considerar:

- *¿Quién* irá con usted? ¿Toda la familia? ¿Deberíamos invitar a los abuelos?
- *¿Qué* podría hacer usted? ¿Ir a acampar? ¿Visitar familiares? ¿Nadar en el océano?
- *¿Cómo* puede llegar allí? ¿Por automóvil? ¿Por autobús?
- *¿Dónde* irá usted? ¿A las montañas? ¿A la playa?
- *¿Cuándo* iría usted y por cuánto tiempo? ¿Al comienzo del verano? ¿Al final del verano? ¿Quedarse allí para siempre?

Una vez que usted y su familia hayan hecho estas decisiones, entonces podrán escribir la siguiente meta para planear su vacación:

Meta: Mi familia conducirá a las montañas para acampar por una semana, comenzando el 4 de agosto.

Esta meta para una vacación familiar contiene cinco ingredientes o partes necesarias. Responde a *¿quién? ¿hará qué? ¿cómo? ¿dónde?* y *¿cuando?* Estas cinco partes básicas son necesarias para que cualquier meta sea claramente establecida.

A fin de alcanzar la meta de unas vacaciones familiares en un campamento, se tienen que tomar muchos pasos más pequeños. Tiene que decidir y escoger un parque nacional o estatal donde acampar, pedir vacaciones en su trabajo, pedir prestado una carpa o tienda, localizar una guardería de perros para Fido y tomar otros pasos intermedios para hacer posible ir a las montañas. Estos pasos más pequeños son los *objetivos*.

Las metas y objetivos del IEP se estructuran de una manera muy parecida a la que se ha descrito anteriormente. Las metas son una expresión de los resultados que se quieren lograr a largo plazo; los objetivos son los pasos intermedios que se necesitan para alcanzar esas metas a largo plazo. Las metas anuales que se escriben en un IEP, son los resultados que se esperan que su niño(a) alcance en un año. Cada meta debería escribirse en la forma de:

    1. una declaración positiva que...

    2. describa un hecho o suceso observable.

Una meta bien planteada no sólo establecerá la habilidad que su niño(a) logrará, sino también está escrita de tal manera que usted y otros pueden ir observando como él o ella lo va logrando. Muchos IEP contienen metas tan vagas que sus resultados no son observables o mensurables.

Metas mal escritas o planteadas:

- María Cristina mejorará su concepto de sí misma.
- Eduardo se comunicará mejor.
- Jaime crecerá más fuerte.
- Fernando aprenderá a escribir.
- Nina será más cooperadora.

Ninguna de estas metas, que fueron mal escritas, cumplen ambos criterios de ser: (1) una declaración positiva que... y (2) describe un suceso observable. Ninguna de estas metas contienen las cinco partes esenciales:

- ¿Quién... logrará?
- ¿Qué... habilidad o comportamiento?
- ¿Cómo... en qué manera o a qué nivel?
- ¿Dónde... en qué ambiente o bajo qué condiciones?
- ¿Cuándo... dentro de qué tiempo (una fecha de terminación)?

Una meta bien escrita contiene todas estas cinco partes.

Metas bien escritas o planteadas:

- Eduardo utilizará el lenguaje de señas para pedir ayuda en la sala de clases y durante su terapia del habla para el 30 de junio.
- Nina preparará y presentará un informe oral en Estudios Sociales con dos condiscípulos de educación regular, para el 7 de mayo.

Cada una de estas metas bien planteadas es una declaración positiva que describe una habilidad observable. Responden a las preguntas de ¿quién? ¿hará qué? ¿cómo? ¿dónde? y ¿cuando? Cuando las metas y los objetivos se han escrito cuidadosamente y específicamente, usted o cualquiera otro involucrado en enseñar a su niño(a) tendrá las mismas expectativas en cuanto a él o ella.

Como se mencionó anteriormente, los objetivos son los pasos intermedios que se toman para alcanzar las metas que son a largo plazo. Lo mismo que hay tareas intermedias que hacer para que sus vacaciones resulten bien, también hay pequeños pasos y logros que su niño(a) deberá tomar para alcanzar sus metas anuales, establecidas en su IEP. Por lo tanto, objetivos a corto plazo son los pasos que se deben tomar entre el "nivel de desempeño actual" y la "meta anual". Los objetivos a corto plazo contienen las mismas cinco partes que las metas anuales: el quién, qué, cómo, dónde, cuándo.

El ejemplo de una meta bien planteada se describe más abajo, considerando el nivel de desempeño actual y los objetivos apropiados a corto plazo. Esta meta, escrita por los padres y maestros de Jaime, está relacionada con la categoría del movimiento, una de las partes del desarrollo del niño.

Meta anual:

Jaime subirá las escaleras, usando un pié tras el otro, sin asistencia, en casa y en la escuela, para el 1o. de junio.

Nivel Actual de Desempeño:

Jaime camina tranquila y segura en una superficie plana pero sube las escaleras en sus manos y rodillas.

Objetivo:

Jaime subirá las escaleras usando los dos pies en cada peldaño, sosteniéndose del pasamano y de la mano de un adulto, para el 15 de octubre.

Objetivo:

Jaime subirá las escaleras usando los dos pies en cada peldaño, sosteniéndose solamente del pasamano, para el 2 de diciembre.

Objetivo:

Jaime subirá las escaleras usando un pié tras el otro, sosteniéndose del pasamano y de la mano de un adulto, para el 15 de marzo.

La meta y cada uno de los objetivos cumplen los requisitos de las metas bien planteadas. Describen los pasos clave que Jaime tiene que lograr y que pueden observarse dentro de un plazo específico, a medida que él trabaja para acercarse a la meta de subir las escaleras por sí solo y sin asistencia.

A este punto, usted tendrá muchas preguntas a medida que piensa en las metas y los objetivos para su niño(a). Por ejemplo:

1. ¿Cómo puedo saber si una meta es algo razonable? ¿Qué puedo esperar de mi hijo(a)? ¿Estoy pidiendo demasiado de él (o ella), o muy poco? La respuesta a esta pregunta se contesta en parte en la reunión del IEP. En esta reunión, un grupo de personas, incluyendo los padres, especialistas, y maestros pasados o presentes que conocen bien al niño(a) y saben de su desarrollo e impedimentos, vienen a la reunión para discutir y plantear expectativas que sean razonables. Se establecen metas en consideración del nivel actual de desempeño— o sea, lo que puede hacer ahora—del paso de su desarrollo hasta aquí, y de la secuencia y tiempo del crecimiento y desarrollo normal. Estas consideraciones son de gran ayuda a la hora de fijarse metas apropiadas y ponerse objetivos a corto plazo. Pero no olvide, no tiene que hacer esto usted solo(a), es el grupo que lo hace, al trabajar juntos.

2. ¿Cómo se relacionan las metas y objetivos del IEP con los planes de instrucción de los educadores? Debería haber una relación directa entre las metas y objetivos del IEP para un niño(a) específico, y la instrucción, o el curriculum, que el niño(a) está recibiendo en la sala de clase. El IEP, sin embargo, no está diseñado para ser tan detallado como un plan de instrucción, sólo proporciona una dirección general que se tomará y que sirva de base para los planes de instrucción de cada niño(a).

3. ¿Deben las metas y objetivos para su programa en el salón regular de clases escribirse en el IEP? Generalmente, las metas y objetivos se requieren solamente para los servicios de educación especial. Las metas y objetivos cubren aquellas áreas del desarrollo en que su niño(a) tenga problemas especiales. Sin embargo, si es necesario hacer cambios o modificaciones para que su niño(a) participe en un programa de educación regular, esas modificaciones tienen que estar descritas en el IEP. Este requisito se aplica a todas las clases regulares en que su niño(a) quisiera participar—educación profesional, estudios sociales, ciencia, arte, música y educación física. Por ejemplo, un niño(a) que tenga un problema visual puede que necesite una grabadora en una clase, o sentarse cerca del maestro. Esta condición es exactamente lo que debe estar descrito en su IEP.

Otra pregunta relacionada es que si el maestro regular debiera estar informado del contenido del IEP del estudiante.[*] El reglamento del Departamento de Educación de los Estados Unidos indica que el maestro regular debiera tener una copia del IEP, o por lo menos saber de su contenido.[*] En algunas ocasiones, las escuelas han ido

---

[*] "Department of Education Policy Interpretation: IEP Requirements," *Federal Register,* March 31, 1981.

más allá de los requisitos mínimos y han requerido que el maestro regular participe en el desarrollo de los IEP de aquellos estudiantes en su clase que reciben educación especial. Por lo menos, los padres deberían solicitar la participación activa de los maestros de educación regular. Además, el sistema escolar debería poner a la disposición de los maestros regulares, al educador especial u otros especialistas para consultar o dar asistencia al maestro del salón regular de clases.

En la práctica, los distritos escolares varían bastante en cuanto a la cantidad de información que fluye entre los maestros del programa regular y los de educación especial. Como padres, ustedes debieran hablar con cada uno de los maestros de su niño(a), para informarles de sus necesidades educacionales y hasta podría pedir una reunión conjunta con todos sus maestros y especialistas para coordinar los diversos aspectos del IEP.

4. ¿Es necesario que los padres aprendan a escribir metas y objetivos?
Algunos han encontrado que son capaces de adquirir esta habilidad, una vez que comprenden los requisitos esenciales para escribirlos y de ahí aplicarlos a su niño(a). Otros prefieren dejar esta tarea a los educadores que tienen el entrenamiento y experiencia para prepararlos; pero sin descuidar el saber de las áreas del desarrollo en que su niño(a) necesita atención especial. El estudiar cómo son estructuradas las metas y objetivos le capacitará para criticar o hacer sugerencias concernientes a las metas y objetivos que han sido escritas por los educadores. De cualquier manera, mientras mejor entienda la naturaleza de las metas y objetivos, así como las destrezas y problemas de su niño(a), mejor se sentirá como miembro del equipo que está planeando su futura educación. Con su ayuda, las metas y objetivos se escribirán de una manera más exacta para atender las necesidades específicas de su niño(a), y además le permitirá a usted y a sus maestros hacer una evaluación del crecimiento y progreso en el desarrollo del niño(a).

■ PARTE 3 DEL IEP: SERVICIOS RELACIONADOS ■

Además de las metas y objetivos para la educación especial del niño(a), el IEP indica los servicios relacionados, que se deben proporcionar de forma gratuita a los padres. Estos servicios complementan los servicios educacionales proporcionados en la sala de clase. Deben diseñarse para que el niño(a) con impedimentos se beneficie de la educación especial, en el ambiente menos restrictivo.★ El reglamento que implementa IDEA define lo que se llama servicios relacionados. Estos servicios correctivos, de desarrollo u otros servicios de apoyo pueden darse como sigue:

ASISTENCIA TECNOLÓGICA

IDEA define como un dispositivo de asistencia tecnológica a "cualquier artículo, pieza de equipo o sistema de productos, ya sea que se adquiere tal como está en la repisa comercial, modificado o adaptado a la persona, que se usa para aumentar, mantener o mejorar las destrezas funcionales de personas con impedimentos". Los servicios de asistencia tecnológica son "cualquier servicio que ayuda directamente a una persona con impedimentos en la selección, adquisición o uso de un dispositivo de asistencia tecnológica." Ejemplos de estos dispositivos son los tableros para lenguaje, una silla especial, una computadora que produce la voz y un apuntador para la cabeza. A medida que estos dispositivos están cada vez más y más disponibles a personas con impedimentos, las escuelas tendrán que decidir en: (a) identificar y adquirir los dispositivos tecnológicos apropiados para sus estudiantes con impedimentos; (b) entrenar a su personal en el uso de los dispositivos; (c) identificar el uso apropiado de computadoras, dispositivos de comunicación y otra tecnología en la sala de clases; y (d) financiar el costo de estos servicios relacionados.

AUDIOLOGÍA

Los servicios de audiología son generalmente suministrados por audiólogos, quienes deben seleccionar, asesorar e identificar a los niños(as) con problemas auditivos. Además ellos también:

1. determinan el alcance, la naturaleza y el grado de la pérdida del oído;
2. refieren a otros médicos u otra atención profesional para mejorar el oído;
3. proporcionan mejoras para el lenguaje, entrenamiento auditivo, dicción o lectura de labios, conservación del habla y otros programas;
4. determinan la necesidad del niño(a) para la amplificación de grupo o amplificación individual, selecciona y ajusta ayudas auditivas y evalúa la efectividad de la amplificación.

Basados en los resultados de la evaluación auditiva, los servicios audiológicos son proporcionados por el audiólogo de la escuela o por otros profesionales como patólogos del habla o educadores.

SERVICIOS DE CONSEJERÍA

Los consejeros escolares trabajan con los estudiantes para mejorar su comportamiento y el control de sí mismo, para hacerlos más concientes acerca de carreras posibles y para mejorar su comprensión de sí mismos. La meta es de hacer a los estudiantes con impedimentos sentirse capaces de participar en el programa educacional. El consejero escolar también puede:

1. identificar y referir a los estudiantes que necesiten de la educación especial;
2. conseguir el permiso de los padres para hacer solicitudes y evaluaciones.

SERVICIOS MÉDICOS

Médicos autorizados proveen estos servicios para determinar si la condición de un impedimento médico de un niño(a) resulta en la necesidad de educación especial y de servicios relacionados. Los servicios médicos bajo IDEA están limitados al diagnóstico y no incluyen servicios como visitas de rutina al pediatra, inmunizaciones y la corrección quirúrgica de problemas.

TERAPIA OCUPACIONAL*

Los terapistas ocupacionales evalúan y tratan los impedimentos del niño(a) que disminuyen su funcionamiento normal en la vida diaria. Se proporciona un tratamiento para fortalecer y desarrollar funciones motoras finas; para desarrollar el funcionamiento de los músculos tales como los de la cara, brazos, manos y el tronco superior; y para desempeñar tareas para funcionar independientemente, tales como comer, colocación de la lengua y boca para la formación de la palabra, coordinación de ojos y manos y destreza manual.

Los terapistas ocupacionales trabajan en áreas como:

1. actividades del diario vivir, tales como vestirse y comer;
2. destrezas escolares y de trabajo, tales como escribir, usar las tijeras, hojear libros y papeles, y sentarse y prestar atención en la sala de clases.
3. destrezas de juego y tiempo libre, tales como participar en arte y educación física o jugar con otros niños(as) en la hora del recreo.

CONSEJERÍA Y ENTRENAMIENTO PARA LOS PADRES

La consejería a los padres se hace para atender las necesidades de los padres de niños(as) con impedimentos, en que se reconoce el papel vital que tienen los padres en la educación y desarrollo de su niño(a). Los consejeros pueden ayudarles a comprender las necesidades especiales del niño(a), proporcionar información acerca del desarrollo del niño(a) y referir a los padres a grupos de apoyo, recursos de asistencia financiera y a profesionales fuera del sistema escolar.

TERAPIA FÍSICA

Los terapistas físicos calificados ayudan a los estudiantes en sus actividades y su desarrollo físico. La terapia física se concentra generalmente en el funcionamiento motor grueso y su relación con el control de la postura, así como las rutinas del diario vivir. Sentarse, pararse, moverse y el procesamiento sensorial son ejemplos de destrezas que pueden mejorarse con terapia física.

SERVICIOS SICOLÓGICOS

Los sicólogos escolares proporcionan sus servicios a los estudiantes al:

1. administrar pruebas sicológicas y educacionales, así como otros procedimientos de evaluación;
2. interpretar los resultados de una evaluación;
3. obtener, integrar e interpretar la información acerca del comportamiento del niño(a) y de las condiciones referentes al aprendizaje;

4. consultar con otro personal de los programas escolares de atender las necesidades especiales de los niños(as) como lo indican las pruebas sicológicas, entrevistas y evaluaciones del comportamiento y

5. planear y administrar programas de servicios sicológicos, incluyendo consejería sicológica para los padres y niño(a).

RECREACIÓN

Los servicios de recreación, suministrados por un terapista de recreación, un maestro de educación física o un maestro de educación regular, incluye:

1. la evaluación de destrezas para recrearse en tiempo libre o en el juego;

2. servicios de recreación terapéuticos;

3. programas de recreación en escuelas o en otras agencias de la comunidad y

4. la educación para gozar del tiempo libre.

SERVICIOS DE REHABILITACIÓN

Los servicios de rehabilitación son suministrados por un personal capacitado, ya sea en forma individual o sesiones en grupo, y se enfocan específicamente en el desarrollo de la carrera, preparación para empleo, lograr independencia e integración en el lugar de trabajo o en la comunidad de un estudiante con impedimentos. El término también incluye servicios de rehabilitación vocacional, los cuales son proporcionados por profesionales financiados por el Acta de Rehabilitación de 1973, según se ha enmendado.

SERVICIOS ESCOLARES DE SALUD

Los servicios de salud en la escuela son suministrados por una enfermera escolar calificada u otro profesional capacitado. Estos desempeñan tareas tales como dar medicamentos o abrir un pasaje respiratorio para un estudiante con fibrosis cística.

SERVICIOS ESCOLARES DE TRABAJO SOCIAL

Los trabajadores sociales escolares ayudan a los estudiantes y a las familias:

1. preparando una historia social o del desarrollo del niño(a) con impedimentos;

2. proporcionando consejería de grupo o individual, tanto para el niño(a) como para la familia;

3. trabajando con los problemas del niño(a) en su situación de vida (hogar, escolar y de comunidad) que afectan el ajuste del niño(a) en la escuela y

4. coordinando recursos en la comunidad y la escuela para permitir al niño(a) recibir el máximo beneficio de su programa educacional.

PATOLOGÍA DEL HABLA

Los terapistas del habla y lenguaje son responsables de:

1. identificar los niños(as) con impedimentos del habla y lenguaje;
2. diagnóstico y estimación del impedimento específico de lenguaje o habla;
3. referirlos a médicos u otra atención profesional necesaria para mejorar su lenguaje o habla;
4. ofrecer servicios del habla y lenguaje para su mejora o prevención de impedimentos de comunicación y
5. aconsejar y guíar a los padres, los niños(as) y los maestros con respecto a los impedimentos del habla y lenguaje.

TRANSPORTE

Las escuelas asumen responsabilidad por los estudiantes cuando:

1. van y vienen de la escuela y viajan entre escuelas;
2. se mueven entre edificios escolares y sus alrededores y
3. necesitan equipo especializado (tales como el autobús especial o adaptado, instrumentos elevadores y rampas), si se requiere para proporcionar transportación especial para un niño(a) con impedimentos.

De la misma forma que en el nivel actual de desempeño y las metas y objetivos son determinados individualmente en el IEP, también se determinan los servicios relacionados que va a necesitar el niño(a). En otras palabras, se requiere tener metas y objetivos para todos los servicios de educación especial, incluso servicios relacionados. Si su niño(a) resulta ser elegible para los servicios relacionados, como terapia del habla o un programa de educación física adaptativa especial, se tienen que escribir metas y objetivos para cada área de especialización. Pero no olvide, frases como: "Juanita recibirá terapia de lenguaje" o "Juanita estará en terapia adaptativa de Educación Física" no son formas aceptables de describir los servicios. Las metas deben reflejar lo que ella logrará en el lenguaje o en su desarrollo físico. Por ejemplo, si su nivel de desempeño actual describe el uso de frases de dos palabras, entonces la meta podría ser: "Juanita hablará formando frases de tres palabras usando la construcción de sustantivo, verbo y objeto en la sala de clases y en la terapia de lenguaje, para el 15 de mayo." Esta meta, la cual se estableció en su nivel actual de desempeño, alertará a los maestros, padres y familiares a trabajar consistentemente hacia el próximo paso, y así lograr un mayor crecimiento de sus destrezas de comunicación.

Una vez que usted y el personal escolar han determinado, a través del proceso de evaluación, que su niño(a) necesita ciertos servicios relacionados y que los han incluido en el IEP, el sistema escolar tiene el deber de proporcionar esos servicios en el ambiente menos restrictivo posible. Este deber existe aun cuando los servicios relacionados particulares no están, por cualquiera razón, disponibles actualmente dentro del sistema escolar. Por ejemplo, si los servicios de trabajo social, terapia física o terapia del habla no fueran suministrados por los empleados escolares, pero su niño(a) necesita estos servicios para beneficiarse de su programa, el sistema escolar tendría que contratar a profesionales fuera del sistema para proveer estos servicios.

A medida que usted piensa en qué servicios la escuela debe dar a su niño(a), van a ir surgiendo muchas preguntas. ¿Qué clase de servicios se necesitan? ¿Por cuánto tiempo y cuán a menudo, diariamente, semanalmente? ¿Quién proveerá los servicios? ¿Cómo puedo hacer para que mi niño(a) no tenga que salir frecuentemente del salón de clases para recibir estos servicios a fin de no interrumpir su programa escolar regular? ¿Cómo puedo hacer para que los terapistas y maestros hablen entre sí para asegurar coordinación y consistencia en el programa del niño(a)?

Para responder a estas preguntas, deberá discutir las necesidades del niño(a) con los maestros, terapistas, administradores y otro personal escolar. Puede que desee también consultar a especialistas fuera del sistema escolar y hablar de la necesidad de estos servicios con médicos y con otros padres, cuyos niños(as) requieren servicios similares. En el Apéndice C, usted encontrará ayuda para responder a estas preguntas, en la forma de información y materiales acerca de servicios relacionados que están disponibles a través de organizaciones profesionales y otras.

Después que usted haya acumulado toda esta información de una variedad de fuentes, podrá pesar y balancear las necesidades de su niño(a) en cuanto a los servicios relacionados, los diferentes modos y veces de integrarlos en el programa del niño(a) y los beneficios potenciales que él o ella recibirá de éstos. De esta manera, cuando a usted le toque preparar y participar en la reunión del IEP, podrá exponer sus prioridades en cuanto a estos servicios.

■ PARTE 4 DEL IEP: UBICACIÓN EN ■ EDUCACIÓN ESPECIAL

Es bueno tener metas y objetivos específicos para su niño(a)—pero, el tener metas y objetivos ¡no es suficiente! Ahora vienen las decisiones que conciernen a la ubicación. La parte 4 del IEP describe cuál ubicación de educación especial se debe proporcionar para su niño(a). La ubicación se refiere al ambiente educacional donde las metas y objetivos de una educación especial apropiada, así como los servicios relacionados, se llevarán a cabo. Si esta ubicación fuese en un salón de recursos, o en una clase separada, el IEP tendría que definir cuánto tiempo el niño(a) participará en el salón de clases de educación regular.

En años pasados, los niños(as) de educación especial eran ubicados en salones de clases basándose exclusivamente en el impedimento. Por ejemplo, todos los niños(as) que usaban silla de ruedas para moverse eran colocados en el mismo salón de clases. Igualmente, los estudiantes que tenían problemas de aprendizaje asociados con el síndrome de Down u otro retraso mental, eran automáticamente agrupados con estudiantes con los mismos impedimentos. Los requisitos de IEP bajo la ley IDEA establecen cambios en los modos en que se agrupan los niños(as). El IEP enfoca más bien la atención de los padres, maestros, administradores y terapistas en la *capacidad* más que en el impedimento. Las metas y objetivos se preparan para utilizar las destrezas de aprendizaje del estudiante que contrapesarán los impedimentos. Claramente, el intento de IDEA es determinar la ubicación del estudiante sola y exclusivamente cuando las metas y objetivos del IEP se acordaron mutuamente entre los padres, educadores y, cuando posible, el estudiante. La decisión de la ubicación se hace entonces en base a las fortalezas y necesidades del estudiante, eligiendo un ambiente educacional en que se pueden alcanzar las metas y objetivos apropiadamente. Pero, usted se preguntará, ¿En cuáles criterios se basa esta decisión? Dos factores igualmente importantes deberán pesarse y balancearse a medida que usted participa en esta decisión de la ubicación:

1. el programa educacional apropiado y
2. el ambiente menos restrictivo

El lenguaje audaz utilizado en la ley P.L. 94-142, que ahora se llama el Acta de Educación para Individuos con Impedimentos (IDEA), proclama estas dos provisiones que son el corazón de la ley, dando oportunidades a todos los niños(as) de la nación que tengan impedimentos.

> "El propósito de esta Acta es asegurar que todos los niños(as) con impedimentos tengan a su disposición... una educación pública apropiada y gratuita, la cual enfatice la educación especial y los servicios relacionados diseñados para atender sus necesidades únicas. De la manera más amplia posible, los niños(as) con impedimentos, incluyendo los niños(as) en instituciones públicas o privadas u otras facilidades, sean educados conjuntamente con niños(as) que no tengan impedimentos."

¿Qué Significa una Educación Apropiada?

¿Qué significa exactamente una "educación apropiada"? ¿Cómo puede saber usted si su niño(a) está realmente recibiendo una *educación apropiada*?

Por años, los padres, educadores y hasta los jueces, han estado en desacuerdo en lo que se requiere bajo la ley para alcanzar el estándar de una educación apropiada. En 1982, la Corte Suprema de los Estados Unidos proporcionó una clarificación cuando concluyó que una "educación apropiada" significa la provisión de instrucción personalizada con suficientes terapias o servicios especializados, razonablemente calculados como para permitir al niño(a) con impedimentos "beneficiarse de la educación especial." Mientras que aquellos programas y servicios que proveen solamente un *mínimo* de progreso académico, no reúnen el requisito de una educación apropiada, la Corte Suprema estableció que una "educación apropiada" no requería que los programas y servicios sean diseñados para *maximizar* el potencial del niño(a). Pero en algunos estados hay reglamentos legislativos que exceden los requisitos federales. Es importante que usted verifique sus propios requisitos estatales de lo que constituye una "educación apropiada."

La clarificación de la Corte Suprema es importante para usted porque refuerza la idea de que una educación apropiada debe ser personalizada en cuanto a las necesidades individuales de su niño(a). Los niños(as) en educación especial no debieran tener los mismos programas sólo porque tienen los mismos impedimentos. Un programa apropiado requiere que haya sido calculado razonablemente para que el niño(a) pueda beneficiarse de este. Esto significa que el programa y servicios propuestos tienen que estar diseñados en términos de contenido, procedimientos y duración y que guíen al continuo desarrollo del estudiante. Finalmente, un programa que sólo atiende un logro académico mínimo, no satisface el estándar de un programa apropiado.

Las actividades de planificación que usted ha completado para la evaluación, calificación y el desarrollo de metas y objetivos del IEP le ayudará a desarrollar el programa de educación personalizado al cual su niño(a) tiene derecho. Su continuo trabajo y contacto con maestros y otros profesionales escolares durante estas actividades, le permitirán ver si el programa y servicios para su niño(a) promete, dentro de lo razonable, lograr más allá de un progreso mínimo en el año que se avecina. A medida que el año avanza, verifique si el programa es apropiado, comparando el desarrollo de su niño(a) con las metas y objetivos anticipados. Si el progreso del niño(a) parece ser mínimo o no hay progreso después de unos meses, usted tiene todo el derecho a preguntarse si el programa es realmente apropiado. Esta situación puede resultar en citar a una reunión especial al comité del IEP, como se explica en el siguiente capítulo.

EL AMBIENTE MENOS RESTRICTIVO (AMR) E INCLUSIÓN

Una vez que usted haya logrado diseñar un programa apropiado para su niño(a), ahora tiene que determinar que se dé en un "ambiente menos restrictivo." El ambiente menos restrictivo para un niño(a) con impedimentos se define en términos de la medida en que su niño(a) será educado(a) con estudiantes sin impedimentos, y los edificios escolares más cercanos al hogar.[*]

En vez de estar en una sala de clases separada para la educación especial o una escuela separada con maestros especiales, más y más niños(as) con impedimentos ahora participan en salas de clases de educación regular, en las escuelas del vecindario. Los maestros de educación especial y otros especialistas trabajan a la par con los maestros de educación regular. En salas de clases integradas, todos los niños(as)—con o sin impedimentos—disfrutan de la amistad y la oportunidad para aprender uno del otro. Además, después de la graduación de la escuela, los jóvenes con impedimentos están más preparados para empezar a trabajar en la comunidad y llevar una vida más independiente que si no hubiesen tenido oportunidades de trabajar y aprender con sus compañeros sin impedimentos.

La ley IDEA y la Sección 504 del Acta de Rehabilitación requieren que se dé oportunidades a los estudiantes con impedimentos de participar en todas las actividades no académicas y extracurriculares de una manera no discriminatoria y en un ambiente lo menos restrictivo posible. Estas actividades incluyen comidas, recreos, deportes, reuniones y cualquier grupo o club. Por supuesto, tendrá que asegurar que su niño(a) puede participar en estas actividades junto con niños(as) que no tienen impedimentos. El capítulo 11 discute las provisiones de la Sección 504 y el Acta de Americanos con Impedimentos, en cuanto trata acerca de los niños(as) y las actividades extra curriculares.

Muchos sistemas escolares, grupos de defensa y representación, así como familiares, hacen énfasis en que *todos* los estudiantes con impedimentos pueden ser ubicados exitosamente en el ambiente regular de clases si se les proporcionan modificaciones y los servicios relacionados apropiados. Este movimiento de educar a todos los niños(as) en el ambiente del salón regular de clases se llama frecuentemente "inclusión" o a veces "educación inclusiva con apoyo." IDEA requiere, sin embargo, que los sistemas escolares provean una "serie de ubicaciones alternativas" para atender las necesidades de educación especial y servicios relacionados de cada niño(a), individualmente. Los distritos escolares deben ofrecer una variedad de lugares en que el niño(a) con impedimentos pueda situarse. Estos lugares van desde la clase regular, ayuda en el salón de recursos, salones de clases separados, escuelas privadas, facilidades residenciales, hospitales, instrucción en la casa, y facilidades correccionales o centros de detención.

Cuando se define la ubicación menos restrictiva de niños(as) elegibles para programas *preescolares*, las opciones son algo diferentes. Como en toda decisión de ubicación, la regla es determinar qué es lo más apropiado para cada niño(a) en especial. Si el distrito escolar tiene un programa para niños(as) de edad preescolar que no tienen impedimentos, el distrito tendrá que considerar la ubicación de los niños(as) con impedimentos en estas clases. Si el distrito no tiene educación regular preescolar, el equipo del IEP considera primero la ubicación en otros establecimientos preescolares públicos, tales como "Head Start" o guarderías infantiles públicas. A veces, la ubicación menos restrictiva para un niño(a) puede resultar en un establecimiento preescolar privado, pero cuyos servicios relacionados serán proporcionados por el sistema escolar público, cuando el niño(a) lo necesite. Cualquier clase de educación especial preescolar pública debería estar localizada en una escuela primaria regular, para dar a estos preescolares con atrasos en el desarrollo o con impedimentos la oportunidad de educarse con niños(as) que no los tienen.

El equipo de IEP, utilizando el concepto de una serie de ubicaciones alternativas, tiene que revisar todos los pasos necesarios para llegar a una ubicación recomendable. Después de formular las metas y objetivos del IEP, la primera pregunta a contestar será: "¿Cuáles son los servicios específicos que necesita el estudiante?" La pregunta de *cuáles* son los servicios necesarios, viene antes de la segunda pregunta, que es: "¿En qué lugar se pueden proporcionar mejor estos servicios?"

La discusión que sigue entonces se centrará en la pregunta: "¿Es el salón de clases regular, sin cambios o modificaciones, el lugar donde se pueden dar los servicios?" Si la respuesta es "sí," entonces ésa es la mejor ubicación. Si la respuesta es "no," entonces ¿Cómo podría modificarse el salón de clases regular con servicios suplementarios o ayudas para acomodar al estudiante y sus servicios? En cada nivel de la serie de ubicaciones, se debe preguntar: "¿Es este nivel, sin cambios ni modificaciones, el lugar donde se puede dar los servicios?" Si no, "¿Puede cambiarse o modificarse este nivel con servicios suplementarios o ayudas para acomodar a este estudiante y los servicios que él o ella necesita?"

El equipo del IEP debe esforzarse en tratar de mantener al estudiante en el nivel más alto posible, y por lo tanto, con las mejores oportunidades de una educación con otros estudiantes sin impedimentos. La *carga más fuerte* recae en el distrito escolar el cual tendrá que probar por qué su niño(a), con o sin ayudas y servicios, no puede recibir una educación apropiada e individualizada, en la sala regular de clases en la escuela de su vecindario. En la página 92 puede encontrar la hoja de trabajo del AMR.

Por ejemplo, en los tres primeros años de escuela, a Juanita la ubicaron en un salón separado, para niños(as) con retraso mental. Los padres y el personal escolar se dieron cuenta que esta ubicación era demasiado restrictiva, y ahora Juanita es parte del salón regular de clases con otros niños(as) de su misma edad. Ella tiene un maestro de recurso que viene al salón de clases a darle ayuda especial en lectura y matemáticas, pero en todas las demás clases ella participa con su clase. El ayudante de maestro está allí para ayudar tanto a Juanita como a todos los otros niños(as). El programa de Juanita se basó en los dos requisitos de IDEA:

1. **El Programa Educacional Apropiado.** Las metas y objetivos del IEP consisten en logros académicos, etapas del desarrollo físico, y crecimiento social/emocional. Juanita recibirá el servicio de ayuda del maestro de educación especial todos los días, por unos treinta minutos, para ayudarle en lectura y matemáticas.

2. **El Ambiente Menos Restrictivo.** Las metas y objetivos de Juanita pueden alcanzarse en el programa de educación regular, que provee a Juanita un máximo de tiempo en el salón de clases con niños(as) sin impedimentos. No se le separará de sus condiscípulos sin impedimentos en ninguna de sus actividades académicas, sociales o extracurriculares.

HOJA DE TRABAJO PARA EL AMBIENTE MENOS RESTRICTIVO (AMR) *

Parte 1—Ubicación Principal

❑ ¿Pueden atenderse las necesidades del niño(a) en la sala de clases de educación general sin ningún apoyo adicional?   ❑ Sí   ❑ No

❑ ¿Pueden atenderse las necesidades del niño(a) en el salón de clases de educación general con apoyos adicionales o modificaciones?   ❑ Sí   ❑ No

❑ ¿Pueden atenderse las necesidades del niño(a) en otro salón de clases más segregado con servicios ya en existencia?   ❑ Sí   ❑ No

❑ ¿Pueden atenderse las necesidades del niño(a) en otro salón de clases más segregado con servicios adicionales o modificaciones?   ❑ Sí   ❑ No

Considerando una serie de alternativas, desde el ambiente menos restrictivo al más restrictivo, el equipo del IEP deberá preguntarse y responder a las dos últimas preguntas sólo hasta que logre decir que "sí".

Ubicación principal _____

Parte 2—Oportunidades Adicionales de Inclusión

Después que la ubicación principal se haya determinado, todavía puede considerar otras oportunidades adicionales de integración, aunque sea a tiempo parcial. (Marque todas las posibilidades que apliquen.)

❑ Durante el día escolar (en la misma escuela)

❑ En una escuela diferente

❑ Después de la escuela

❑ Actividades en la comunidad

❑ Oportunidades de empleo o de entrenamiento

❑ Otros   _____

_____

* Adaptado de Champagne, J., Decisions in Sequence: How to Make Placements in the Least Restrictive Environment, Presentación de EDLAW, Vol. II, Números 9-10, marzo-abril 1993.

En cada ubicación de educación especial, se debe dar igual consideración tanto a la educación apropiada como al ambiente menos restrictivo. Mucha gente piensa que esto significa que todos los niños(as) con impedimentos se ponen en el mismo salón de clases y en todas las actividades de educación regular. El concepto del ambiente menos restrictivo, sin embargo, debe estar a la par con el concepto de una educación apropiada para cada niño(a).

Elena es una muchacha de catorce años de edad con un impedimento que le causa estar en constante movimiento y hablar en voz alta sin parar. El ambiente menos restrictivo para ella es una clase diurna especial. El equipo del IEP decidió que las metas relacionadas a su comportamiento deberían ser el foco de atención primario de su IEP. Debido a que ella se distrae fácilmente, el equipo creyó que ella lograría mejor sus metas en una clase estructurada y pequeña, sin las distracciones de un salón de clases corriente. La única participación con niños(as) sin impedimentos es asistiendo a programas de asamblea, tutores de educación regular, educación física regular y el almuerzo diario en la cafetería.

Hay situaciones, en que los sistemas escolares públicos simplemente no tienen los programas o servicios requeridos para proveer a un niño(a) una educación apropiada. Por ejemplo, a un sistema escolar rural pequeño le resultaría imposible de contratar o pagar a profesionales que puedan suministrar programas altamente especializados. Pero aún en situaciones como éstas, IDEA requiere que los sistemas escolares proporcionen al niño(a) una educación pública apropiada y gratis. Pero, ¿cómo podría el sistema escolar hacer esto?

Cuando no hay ningún programa público dentro del estado para atender a las necesidades educacionales del niño(a), los sistemas escolares tendrán que ubicarle en escuelas privadas o residenciales. Estas ubicaciones privadas son legalmente más restrictivas que las de las escuelas especiales en el sistema escolar público, porque separan al niño(a) tanto de sus compañeros de clase sin impedimentos como sus condiscípulos escolares de la escuela pública. De acuerdo con IDEA, la ubicación escolar privada es considerada como la última alternativa que se debe tomar al colocar a un niño(a) para recibir educación especial. La ley requiere que antes de elegir esta opción, los oficiales escolares y los padres deban explorar todas las posibilidades de ofrecer una educación apropiada, gratis dentro del sistema escolar público.* Si esto no es posible dentro de las escuelas públicas o a través de otras instituciones públicas dentro del estado, entonces el sistema escolar tiene el deber de proveer al niño(a) una educación apropiada en una escuela privada, sin costo alguno para los padres. Ahora, si el sistema escolar local no tiene los recursos para proveer esta educación de acuerdo al IEP del niño(a), se deberá entonces contactar la Agencia de Educación del Estado para proveer estos servicios, ya sea directamente o a través de un contrato con una agencia de afuera. De este modo el sistema escolar local no tendrá que ofrecer un IEP *inapropiado* a un niño(a) en su situación individual.

A continuación se ofrecen tres ejemplos de ubicación en educación especial que se planearon en las reuniones del IEP.

Ejemplo 1. Roberto asistirá al salón de clases de educación regular durante todo el día escolar. El maestro para niños(as) con impedimentos visuales, proveerá libros grabados o parlantes, consultará con el maestro acerca de posibles adaptaciones del salón y de la instrucción individualizada cara a cara, para Roberto.

Ejemplo 2. El salón hogar (homeroom) de Marta es el salón de tercer grado. Ella participará con sus compañeros en las clases en estudios sociales, ciencia, música y arte. Las metas de lectura, aritmética, deletrear y de escritura, se llevarán a cabo en el salón de clases especial para impedimentos del aprendizaje. La educación física especial será suministrada por un maestro entrenado en trabajar con gente con impedimentos físicos.

Ejemplo 3. Claudia asistirá a una escuela especial para niños(as) sordos. Participará en un programa de recreación de la comunidad donde ella será parte del equipo de natación y será miembro de una tropa de "niñas scouts."

Aunque estas tres ubicaciones de educación especial parecen muy diferentes, todos cumplen con los dos requisitos mayores de IDEA: fueron diseñados específicamente para dar a cada niño(a) en particular, un ambiente menos restrictivo y una educación apropiada.

■ PARTE 5 DEL IEP: COMIENZO Y DURACIÓN ■ DE LOS SERVICIOS*

Usted ha hecho cuatro paradas a lo largo del pasillo del IEP en el laberinto de la educación especial. La quinta parada le prepara para no quedarse estancado(a). En esta sección del IEP, se determinará el comienzo y la duración del programa de su niño(a). Una vez que las metas y objetivos se han escrito y los servicios se han definido, el sistema escolar debe ponerlos en práctica sin demora. La mayoría de los estados especifican el plazo dentro del cual el programa debe comenzar, contando desde el día en que los padres han firmado el permiso para el programa. Un niño(a) nunca debiera esperar en casa para empezar a usar los servicios de educación especial, a menos que se haya logrado un acuerdo entre usted y el sistema escolar para recibir servicios educacionales de forma temporal en la casa. Ocasionalmente, se requiere una ubicación temporal o interina, a la cual tienen que estar de acuerdo los padres y el sistema escolar.

Por lo regular, en la reunión del IEP se determina una fecha para el comienzo de cada uno de los servicios para el niño(a). Además, se registra la duración deseada para cada servicio, por ejemplo, ésta podría ser de seis semanas para un servicio relacionado de consejería con un trabajador social, seguido por una evaluación de su progreso y una recomendación de seguimiento o terminación. O la duración deseada puede ser de un año escolar de nueve meses, para partes del programa como la ubicación en el salón de clases.

Ciertos niños(as) con impedimentos severos necesitarán una cantidad mayor de días escolares para recibir una educación apropiada. Los niños(as) elegibles para un año escolar extendido incluyen aquellos que muestran un retroceso significativo cuando se interrumpe su educación y también aquellos que se recuperan de sus pérdidas tan lentamente que sería imposible lograr su nivel potencial de autosuficiencia e independencia, sin un programa ininterrumpido. En cada caso, la provisión de esta instrucción adicional más allá del año escolar normal, tiene que estar determinada en una base individual y escrita en el IEP.

En general, la duración de los servicios a largo plazo no debe pronosticarse más allá de un año. Esto se debe a que IDEA requiere una revisión anual de estos servicios provistos en el IEP. Una vez al año, en la reunión del IEP se revisan los servicios de educación especial que recibe su hijo(a) para determinar si aún son apropiados y se proveen en un ambiente menos restrictivo. Esta revisión anual que se discute más completamente en el Capítulo 11, asegura que ningún niño(a) de educación especial se deje sin un examen exhaustivo de sus cambiantes necesidades.

La parte 5 del IEP, además de especificar la duración de los servicios a largo plazo, debiera también incluir las horas que estos servicios se proporcionan diariamente. Por ejemplo, "Jessica tomará clases de terapia de lenguaje dos veces a la semana, en sesiones de media hora." Ciertamente, los padres van a querer información específica de las veces y las horas de todas las partes del programa escolar de su niño(a). Bien a menudo, los niños(as) que reciben servicios especiales pierden las partes importantes de la instrucción en la sala de clases. Por ejemplo, cuando Guillermo tiene que ir a la sala especial para impedimentos de aprendizaje y tener su instrucción especial en aritmética, él no pudo participar en la hora de lectura en grupo, que se hace en la sala de clases general. Sus padres notaron que él estaba retrasado en la lectura y decidieron hablar con la maestra de clases generales y el maestro de la clase especial. Como resultado, los dos maestros reajustaron sus horarios para acomodar la instrucción de Guillermo en lectura y aritmética.

■ *PARTE 6 DEL IEP: EVALUANDO EL IEP* ★ ■

Para averiguar si su niño(a) va progresando, usted y los maestros tendrán que llevar a cabo evaluaciones periódicas, para verificar si se están cumpliendo los objetivos a corto plazo. La parte 6 del IEP—llamado "Criterios para los objetivos y procedimientos de evaluación"—le permite planear las fechas en que estas evaluaciones tendrán lugar y los procedimientos que se utilizarán.★

Los elementos críticos en una evaluación son metas y objetivos escritos de una forma clara, medible y observable. Cuando una meta se establece como "Suzy va a mejorar la confianza en sí misma," esto dará más dificultad a los padres y los maestros cuando les toque verificar cuándo y cómo Suzy llegó a este nivel. En cambio, se puede escribir la meta más específicamente: "Para el 30 de junio, Suzy demostrará placer en sus logros al planear y completar sus proyectos a tiempo en el salón de clases. Un objetivo a corto plazo sería: "Suzy va a escoger dos compañeros de clase, con quiénes planeará y completará un proyecto de arte, el cual ilustrará una historia de lectura del quinto grado, para el 14 de enero." Para evaluar este objetivo los padres y maestros se pueden hacer las siguientes preguntas:

1. ¿Se completó el proyecto de arte a tiempo?
2. ¿Leyó Suzy y comprendió la historia?
3. ¿Observó el maestro y notó incidentes para ilustrar la cooperación de Suzy con sus condiscípulos?
4. ¿Qué indicaciones mostraron que Suzy hizo planes para el proyecto? ¿Cuáles fueron los materiales elegidos? ¿Quiénes tomaron qué partes como responsabilidad para el proyecto?
5. ¿Cómo demostró Suzy su satisfacción con su logro? ¿Pidió ella a sus padres que vinieran a ver el proyecto el día de visitar a la escuela? ¿Estaba ansiosa de mostrarles y explicarles todo acerca del proyecto?

Las metas u objetivos específicos, tales como esos escritos para Suzy, permiten a los padres y maestros a hacerse preguntas acerca del crecimiento y desarrollo del niño(a). Cuando Suzy complete su objetivo, sus padres y maestros podrán concluir que se sentía muy contenta con su trabajo escolar, consigo misma, y con sus relaciones con sus condiscípulos.

Por lo menos una vez al año, y en cualquier momento en que un maestro o un padre lo solicite, se debe llamar a una reunión para revisar el progreso de las metas y objetivos. Por lo general, en el espacio en el IEP para "criterios objetivos y procedimientos de evaluación" usted verá escrito "pruebas hechas por el maestro" o, "evaluación del maestro." Usted debería averiguar acerca de estas pruebas. ¿De qué se tratarán? ¿Cuándo se van a dar? ¿Hay otros medios de medir el progreso? Cintas grabadas, ejemplos de trabajos escolares, observaciones en el salón de clases, proyectos que se han completado, pruebas generalizadas y muchas otras técnicas son útiles para hacer una evaluación. Utilizando la información de una variedad de fuentes, el equipo de enseñanza, compuesto por maestros, especialistas y padres, podrá medir el progreso de crecimiento y aprendizaje del estudiante.

■ Una Tabla de Planificación para el IEP ■

Ahora que usted ya ha pasado por las cinco paradas en el pasillo del IEP, quizás desee copiar y después completar la tabla que sigue para prepararse para la próxima reunión del IEP. Concéntrese en aquellas áreas del desarrollo donde el niño tenga más problemas y necesite de servicios especiales para compensar por esos problemas. En la primera columna, escriba una descripción breve del problema, seguido por el "Nivel Actual de Desempeño" en la segunda columna. Las columnas tres y cuatro son espacios para que usted escriba ideas que tenga para metas a largo plazo y objetivos a corto plazo para ayudar a su niño(a). En la quinta columna usted puede anotar la educación especial y los servicios relacionados que usted cree pueden ayudarle mejor a alcanzar aquellos objetivos. Finalmente, la sexta columna provee un espacio para sus ideas de cómo verificar el progreso en las metas y objetivos. En las siguientes páginas, después de la tabla en blanco, usted encontrará un ejemplo de la Tabla de Planificación del IEP que fue completada por los padres de Carmen, antes de asistir a la reunión del IEP. Una ejemplo del IEP de Carmen se puede encontrar en las páginas 102 y 103.

■ Conclusión ■

Una vez que su planificación esté completa, usted estará bien preparado para asistir a la reunión del IEP. El trabajo que usted ha hecho al completar la Tabla de Planificación del IEP le proporcionará las bases para su participación informada y activa en las importantes decisiones que se van a tomar acerca de la educación de su niño(a). El siguiente capítulo le mostrará cómo utilizar mejor sus valiosos conocimientos en el crecimiento, desarrollo y estilo de aprendizajede su niño(a), de modo que usted y los maestros pueden planear un programa de educación especial apropiado.

TABLA DE PLANIFICACIÓN DEL PROGRAMA EDUCATIVO INDIVIDUALIZADO

	Problemas	Nivel Actual	Metas	Objetivos	Servicios	Evaluaciones
Movimiento						
Comunicación						
Relaciones Sociales						
Concepto de Sí Mismo/ Independencia						

TABLA DE PLANIFICACIÓN DEL PROGRAMA EDUCATIVO INDIVIDUALIZADO (CONT.)

	Problemas	Nivel Actual	Metas	Objetivos	Servicios	Evaluaciones
Sentidos						
Pensar						
Estilo de Aprendizaje						

TABLA DE PLANIFICACIÓN DEL PROGRAMA EDUCATIVO INDIVIDUALIZADO

	Problemas	Nivel Actual	Metas	Objetivos	Servicios	Evaluaciones
Movimiento	No coordina	Ella se rinde en medio del curso de obstáculos.	Encontrar un camino a través de los obstáculos.	1. Practicar habilidades para pasar individuales del trabajo. 2. Comprender qué hacer a través de todo el trabajo.	Educación física adaptativa	Para el 30 de junio va a a salvar los obstáculos sin asistencia.
Movimiento	Tiene problemas para dibujar figuras humanas	Dibuja formas simples y figuras de personas.	Dibujar figuras más complejas de manera que se reconozcan.	1. Dibujar figuras usando un patrón. 2. Dibujar figuras sin usar el patrón; agregar más detalles a las figuras.	Salón de Educación Especial y el salón regular de la clase de arte.	Para el 30 de junio, las figuras humanas de Carmen tendrán 10 partes específicas.
Comunicación	No se acuerda de palabras comunes	Olvida los nombres de cosas comunes, ej. peine, salsa, radio.	Aumentar su capacidad de usar palabras correctas.	1. Trabajar con nuevas palabras. 2. Usar palabras nuevas correcta y espontáneamente.	Salón de Educación Especial	Grabar las conversaciones para el futuro.
Comunicación	Secuencias incorrectas	Habla de actividades diarias sin considerar el orden correcto.	Hablar sobre su día o el fin de semana utilizando una secuencia correcta.	1. Carmen hablará de experiencias, una por una. 2. Ella tendrá un calendario de todas sus actividades diarias.	Terapia del habla / lenguaje.	Cintas grabadas (compararlas con las de septiembre 1996).
Relaciones Sociales	Ella ordena a otros con frecuencia lo que deben hacer	Insiste que sus amigas jueguen con las muñecas Barbie a ella no juega.	Con un compañero(a) de clases planeará un proyecto de manera "toma y dame"	1. Planear con un amigo(a) bajo la supervisión de un adulto y con alabanzas. 2. Trabajar con el compañero(a) de clase, independientemente.	Salón de Educación Especial.	Observaciones de la maestra de Educación Especial.
Relaciones Sociales	Ella se siente diferente a los demás	Pregunta por qué está en una clase especial y su hermana no lo está.	Carmen describirá maneras en que ella es igual/ diferente a una amiga.	1. Describe vestidos igual/ diferente. 2. Identifica algunos rasgos diferentes de personalidad.	Clases de Educación Especial y regulares; en casa con su familia y amigos.	Observaciones: Notas
Concepto de Sí Mismo/ Independencia	Habla mal de sí misma cuando comete errores	Ella exclama: "Me odio a mí misma" cuando comete un error.	Carmen se felicitará verbalmente por un trabajo bien hecho.	1. Se sonreirá cuando reciba elogios. 2. Va a imitar a encogerse de hombros, cuando cometa un error.	Toda su familia y los maestros.	Observaciones de sus padres y de sus maestros.
Concepto de Sí Mismo/ Independencia	Quiere que su mamá esté cerca siempre	Se sienta y espera sola en el balcón por un largo rato si su mamá no llega a tiempo a la casa.	Decidir por sí sola ir a casa de los vecinos cuando llega a la casa sola en el autobús.	1. Hacer un plan describiendo como pasar el tiempo cuando está sola. 2. Explicar el plan al maestro(a) y a los vecinos.	Maestro de Educ. Especial, en casa y con los vecinos.	Observaciones de los padres; tener el plan por escrito.

TABLA DE PLANIFICACIÓN DEL PROGRAMA EDUCATIVO INDIVIDUALIZADO (CONT.)

	Problemas	Nivel Actual	Metas	Objetivos	Servicios	Evaluaciones
Sentidos	No se acuerda de los detalles de un cuadro	Recuerda vagamente el cuadro completo pero no los detalles.	Mirar un cuadro y recordar más de dos detalles.	1. Identificar detalles que faltan en el cuadro y agregarlos al dibujo. 2. Ella nombrará los detalles que faltan.	Salón de Educación Especial	Prueba oral.
Sentidos	Tiene dificultad para seguir instrucciones orales	Sigue sólo una instrucción a la vez.	Seguir tres instrucciones que se le presenten al mismo tiempo.	1. Seguir una orden correctamente. 2. Repetir las órdenes en voz alta antes de actuar.	Salón de Educación Especial. Terapia del habla: en casa.	Maestro(a) hace las pruebas informales.
Pensar	Describe una historia que leyó en forma desorganizada	Cuenta la historia de forma desorganizada. No presta atención al orden de ésta.	Comprender y contar las ideas principales en cuentos cortos.	1. Describir al personaje principal. 2. Describir un suceso. 3. Decidir cuáles son las ideas principales.	Salón de Educ. Espec.: Hora de dar informes de libro orales.	Para junio presentará un informe oral de libro e indicará correctamente las ideas principales.
Pensar	No entiende el valor de las monedas	Confunde el nombre y valor de las monedas de cinco con las de diez y de veinticinco.	Comprar algo y contar el vuelto.	1. Aprender el nombre y el valor de cada moneda. 2. Contar dinero con una mezcla de monedas.	Salón de Educación Especial	Demostrar el uso del dinero.
Estilo de Aprendizaje	Planificación al azar	Coge una tarea de la escuela para empezar otra, y luego deja las dos sin terminar.	Planear sola como hacer sus tareas de la escuela.	1. Con la ayuda de un adulto, ella aprenderá a dividir las tareas en pasos pequeños. 2. Hacer sus propios planes.	Salón de Educación Especial	Hoja de planificación completamente llena, mostrando lo alcanzado.
Estilo de Aprendizaje	Muy concreta. No es capaz de pensar en forma abstracta	No entiende las bromas y los chistes aun muy poco sutiles.	Aprender a contar un chiste.	1. Leer una adivinanza, y explicar su significado a la maestra. 2. Repetir la adivinanza de memoria.	Terapia del habla y lenguaje	Contar a la clase un chiste o una adivinanza.

PROGRAMA DE EDUCACIÓN INDIVIDUALIZADA (IEP)

Nombre del estudiante ___ Sara Austin ___
No. de identificación del estudiante ___ 72348 ___ Fecha de Nacimiento ___ 8/10/88 ___
Asignación actual ___ Escuela Queensbury ___
___ 4to. Grado ___

FECHAS
IEP inicial ___ 9/94 ___
IEP actual ___ 9/97 ___
Revisión del IEP ___ 6/98 ___

ASIGNACIÓN(ES) DE EDUCACIÓN ESPECIALIZADA

	FECHA DE INICIO	DURACIÓN ANTICIPADA	PERSONA RESPONSABLE
Sala de recursos para impedimentos del aprendizaje 15% del tiempo/semana en la Escuela Queensbur	9/97	6/98	Roberta Chase

(Ubicación/Programa/Organización/Tiempo)

SERVICIOS RELACIONADOS:

	FECHA DE INICIO	DURACIÓN ANTICIPADA	PERSONA RESPONSABLE
Terapia del habla y lenguaje 1/2 hora 3 x/semana	9/97	6/98	Phyllis Find
Terapia ocupacional ___ 1/2 hora 2 x/semana	9/97	6/98	Paul Cecil

GRADO DE PARTICIPACIÓN DEL ESTUDIANTE EN EDUCACIÓN VOCACIONAL O GENERAL: ___ 85% en el programa de educación general

AYUDAS, SERVICIOS O EQUIPO ESPECIAL REQUERIDO: N.A.

Curso Horas/% del tiempo	Curso Horas/% del tiempo
Inglés, Estudios Sociales y Ciencias 20 hrs/semana	Arte/Música 1 hr/semana
Educación Vocacional	
Educación Física ___ Regular ___ Adaptativa	

ASISTENCIA A LAS REUNIONES DE IEP:

Representante de LEA (Título: ___ Director ___)
Padre(s), Tutor(es) o Padre(s) Sustituto(s)
Estudiante
Profesor(es)
Evaluador(es)

Firma ___ Fecha ___

Firma ___ Fecha ___

Nombre del estudiante   Sara Austin
No. de identificación del estudiante   72348
Asignación de Educación Especializada   Sala de recursos para
impedimentos del aprendizaje

AREA DE DESEMPEÑO O TEMA: Matemáticas

NIVEL ACTUAL: Suma y resta números de 2 dígitos
Cuenta hasta 50 de cinco en cinco
Identifica las monedas de un centavo, pero se confunde con las de 5, 10 y 25

OBJETIVO DEL AÑO:
En junio Sara podrá dar vuelto de un dólar en monedas de 1, 5, 10 y 25 centavos.

OBJETIVOS DE INSTRUCCIÓN DE CORTO PLAZO	EVALUACIÓN DE LOS OBJETIVOS DE INSTRUCCIÓN DE CORTO PLAZO		
	Criterio indicando éxito	Procedimientos de evaluación y cronograma a seguir	Resultados/Fecha
1. Sara podrá diferenciar las 4 monedas.	Nombrar exactamente las monedas – 100%	Observación del profesor usando monedas reales antes del 29 de octubre.	
2. Sara podrá identificar cada moneda y su valor.	Escribir el valor debajo de la figura de la moneda.	Hojas de trabajo respecto a monedas completadas con precisión en trabajo independiente antes del 1 de enero.	
3. Sara podrá dar vuelto de una moneda de 10 centavos de 3 maneras.	Demostración con monedas reales.	Observación del profesor antes del 1 de marzo.	
4. Sara podrá dar vuelto de una moneda de 25 centavos de 3 maneras.	Usar monedas de 1, 5 y 10 centavos para llegar a 25 centavos – 100%	Observación del profesor antes del 6 de abril.	
5. Sara podrá comprar una caja de lápices de colores en la tienda de la escuela y contar las monedas del vuelto.	Completar la compra con 100% de precisión.	La caja de lápices de colores y el cambio en monedas correcto se entregarán al profesor antes del 27 de mayo.	

NOTA: Se completarán páginas adicionales de áreas de desempeño o tema para el IEP de Sara Austin.

7. La Reunión del Programa Educativo Individualizado

Seleccionando la Ruta

El Programa Educativo Individualizado (Individualized Education Program—IEP), es la piedra de fundamento para la elaboración del programa de educación especial de su niño(a). La reunión del IEP es la oportunidad para que usted y el sistema escolar combinen sus áreas de experiencia y conocimiento, y conjuntamente diseñen un programa de educación apropiado para su niño(a).

Debido a la importancia que tiene su contribución a esta reunión del IEP, la ley IDEA requiere que las escuelas sigan procedimientos y plazos específicos para asegurar su participación. El distrito escolar tiene que decirle, por escrito, y en modos que usted entienda: 1) cuándo se llevará a cabo la reunión; 2) su propósito y 3) quién asistirá. Cuando el niño(a) cumpla 14 años de edad, las escuelas deberán invitarlo(a) en esta reunión cuando se planifican los servicios de transición y lo que sucederá después de terminada su educación secundaria. Ciertos padres sienten que es bueno incluir a su niño(a) aún antes de los 14 años de edad, porque así comprenden mejor las expectativas que se tienen de ellos y pueden participar en la planificación y en la adopción de las decisiones.

De acuerdo con la ley IDEA, se requiere que las escuelas planifiquen la reunión del IEP en una fecha conveniente a ambas partes, usted y el personal escolar involucrado. Esta reunión tiene que llevarse a cabo dentro de un plazo de 30 días, contando desde la fecha en que se determinó que el niño(a) fue elegible para recibir estos servicios. Estas reuniones del IEP se deben tener por lo menos una vez al año; también se pueden tener más a menudo, si se solicitan por un maestro o uno de los padres.

Agregando a las sugerencias dadas en el Capítulo 6, la siguiente sección ofrece modos de prepararse para la reunión y cómo usted puede contribuir a ésta, una vez que esté allí. Por eso, cada vez que se le notifique de una reunión del IEP, usted puede repasar esta sección para decidir cuáles de las siguientes sugerencias hechas aquí querrá adoptar para prepararse para la reunión.

■ IDEAS PARA PREPARARSE Y PARTICIPAR EN ■ UNA REUNIÓN DEL IEP

CONSIDERACIONES PREVIAS A LA REUNIÓN DEL IEP

1. Cuando reciba la notificación de la reunión del IEP, llame a la persona que está a cargo de la reunión y averigüe:

    a. Quién asistirá a la reunión, si es que esta información no fue incluida en la notificación, y

    b. Cuánto durará la reunión.

2. Las siguientes personas deben asistir a las reuniones del IEP:

    a. Un representante de la escuela pública calificado para ofrecer o supervisar la provisión de educación especial;

    b. Un maestro* y

    c. Uno o ambos padres.

Si el énfasis de la reunión está en revisar la evaluación inicial del niño(a), un miembro del equipo de evaluación o una persona calificada para interpretar los resultados de la evaluación debe estar presente. Otras personas pueden ser invitadas por los padres o el sistema escolar, como también se puede invitar a su niño(a), si usted lo desea. Ahora, si el propósito de la reunión del IEP incluye una discusión acerca de los objetivos para la transición de aquellos estudiantes mayores de 14 años, el estudiante debe ser invitado. También debiera invitarse a cualquiera persona que provea servicios a su niño(a), tales como el terapista del habla o lenguaje. Si dicha persona no pudiera asistir, haga arreglos para reunirse con él o ella, pidiéndole sus ideas para incluirlas en el documento final del IEP.

3. Si usted cree que el tiempo asignado para la reunión no es suficiente para discutir todas sus preocupaciones, haga arreglos para reunirse una segunda vez o para hacer la reunión más larga.

4. Utilizando sus observaciones personales, el Decodificador de Registros y la Tabla de Planificación del IEP, anote las metas, objetivos y criterios de evaluación que usted quiere que sean incluidos en el IEP de su niño(a).

Como una alternativa usted puede diseñar su propio IEP para traer consigo a la reunión, usando como modelo el ejemplo del IEP que aparece en el capítulo anterior.

5. Para cada área del desarrollo, ponga en orden de prioridad las metas y objetivos que usted quiere que su niño(a) logre.

6. Converse con otras personas—maestros, padres, profesionales y otros— acerca del tipo de educación especial y servicios relacionados que estos creen

que su niño(a) necesita. Identifique y escriba en orden de prioridad qué educación especial y servicios relacionados que usted quiere que su niño(a) reciba.

7. Determine la medida o extensión en que usted siente que su niño(a) debería participar en los programas de educación regular, tomando en consideración su estilo de aprendizaje y sus necesidades de educación especial.[★]

8. Prepare una agenda escrita de todo lo que quiere discutir en la reunión, incluyendo las metas y objetivos en orden de prioridad, así como la participación del niño(a) en las clases de educación regular y de educación especial y los servicios relacionados que quiere que su niño(a) reciba.

9. Si los profesionales escolares están trabajando con su niño(a) por primera vez, piense en alguna forma para hacer sentir la presencia del niño(a) en el comienzo de la reunión. Diciendo una anécdota corta o trayendo fotografías de la familia, cintas de grabaciones, ejemplos de su trabajo escolar o el niño(a) en persona puede hacerles comprender a esta gente que ¡hay un ser humano detrás de ese montón de papeles!

10. Por lo general, usted y los profesionales escolares estarán de acuerdo en el IEP de su niño(a), pero para ir más preparado(a), imagínese las áreas potenciales de conflicto o desacuerdo y desarrolle un plan para lidiar con esos problemas.

>   a. Identifique aquella información en los registros, o en cualquier otra parte, que respalda su posición respecto a las áreas problemáticas que pueda haber.
>   b. Identifique aquella información en los registros, o en cualquier otra parte, que respalda la posición de la escuela.
>   c. Identifique aquella información que contradice la posición escolar.
>   d. Desarrolle alternativas para lograr sus metas y objetivos para su niño(a), las cuales los oficiales escolares acepten más rápidamente.
>   e. Antes de la reunión del IEP, determine qué usted aceptaría como mínimo en términos del programa de educación especial y los servicios relacionados, antes de apelar el IEP.

11. Determine el rol en que usted se siente más cómodo asumir durante la reunión.

>   a. *Un rol muy asertivo*: encargándose de la reunión y guiándola. Si usted adoptara este rol, un modo de garantizar que su agenda propia se lleve a cabo es escribir ésta cuidadosamente y ensayarla con su cónyuge u otros que apoyan su punto de vista. Para dirigir la reunión en la dirección que usted desea, reparta una copia de su agenda a cada miembro del equipo del IEP.
>   b. *Un rol asertivo:* Permitiendo que los oficiales escolares dirijan la reunión pero asegurándose que todos los asuntos en su agenda se cubran completamente y a su satisfacción.

   c. Un rol menos asertivo:. Dejando que los oficiales escolares dirijan la reunión e insistiendo solamente en ciertos detalles específicos.

12. Pida a alguien que asista a la reunión con usted. La experiencia demuestra que es de mucha ayuda tener a alguien más que escuche, tome notas y que le respalde. Antes de la reunión, converse con él o ella y cuéntele lo que usted espera hacer en la reunión y lo que quisiera que él o ella haga.

CONSIDERACIONES DURANTE LA REUNIÓN DEL IEP

1. Si los oficiales escolares van a trabajar con su niño(a) por la primera vez, tome ciertos pasos al comienzo de la reunión del IEP para hacer sentir la presencia del niño(a) en la reunión, como se sugirió anteriormente.

2. Asegúrese que cada aspecto requerido en un IEP se discute completamente.* Estos incluyen:

   a. Una descripción del nivel de desempeño educacional actual del niño(a) en todas las áreas, incluyendo movimiento, comunicación, relaciones sociales, concepto de sí mismo(a)/independencia, sentidos/percepción, capacidad para pensar y estilo de aprendizaje;

   b. Un planteamiento de las metas anuales y de los objetivos a corto plazo para cada una de las metas.

   c. Un planteamiento sobre que tipo de educación especial y servicios relacionados se van a proveer para alcanzar cada una de las metas y objetivos.

   d. Un planteamiento acerca de la medida o extensión en la cual su niño(a) participará de las clases del programa de educación regular;

   e. Un planteamiento acerca de los servicios de transición para los estudiantes de 16 años de edad o más, o de 14 años, si es apropiado.

   f. Las fechas proyectadas para empezar los servicios y la duración anticipada de los servicios; y

   g. Un planteamiento de los criterios objetivos, los procedimientos de evaluación y los cronogramas para determinar, al menos una vez al año, si su niño(a) está logrando sus objetivos a corto plazo.

3. Ya sea que usted eligió un rol muy dogmático, firme o menos firme, asegúrese de que todo lo que usted quería tratar se discutió a su entera satisfacción. Si el personal escolar comienza la reunión revisando las metas y objetivos escolares recomendados, los servicios anticipados y los criterios de evaluación para su niño(a), usted debería seguir la discusión identificando cómo estos planes se relacionan con el programa de IEP que usted envisionó antes de la reunión. Cuando usted está de acuerdo con el programa propuesto, exprese que está conforme y marque este aspecto como un logro, en su lista. Si surgen desacuerdos, exprese su desacuerdo e intente alcanzar una solución aceptable. Si los desacuerdos no se pueden resolver inmediatamente, anote las áreas de conflicto y exprese su deseo de regresar a estos puntos más tarde, y muévase a nuevas metas y objetivos.

Otro posible enfoque a seguir es comenzar revisando los elementos del IEP que usted desarrolló, y pedir a la gente de la escuela que comenten punto por punto acerca de los aspectos que usted trae a colación o que lo hagan al final de su presentación. Entonces, usted puede proceder con aquellas áreas de acuerdo o desacuerdo, según se describió anteriormente.

4. A medida que la reunión va progresando, mantenga a los participantes enfocados en los elementos del IEP y en su niño(a). No permita que la discusión se desvíe a otros asuntos no relacionados.

5. Cuando la reunión llega a su fin, revise su agenda, donde anotó las preocupaciones que tenía previas a la reunión. Asegúrese de que todo en su agenda se cubrió en la reunión. Si estuvo en desacuerdo anteriormente sobre cualquier aspecto del IEP de su niño(a), vuelva al asunto ahora y trate de resolverlo antes de que se termine la reunión

6. Cuando se termine la reunión, a usted probablemente le van a pedir que firme el documento del IEP. Según la escuela, su firma puede tener diferentes significados. A veces se les pide a los padres firmar el IEP simplemente para indicar que estuvieron presentes en la reunión; en este caso, debería firmar el documento al ser solicitado. Recuerde, sin embargo, que su firma en este caso no significa que usted está de acuerdo con el IEP como se ha escrito.

En otras escuelas, su firma en el IEP indica que está de acuerdo con el documento y da consentimiento para proceder con la ubicación propuesta. Por cierto, si estuviera satisfecho con el IEP y encuentra que las necesidades de su niño(a) se están atendiendo en la extensión más completa posible, ahora usted puede demostrar que está de acuerdo firmando el IEP o el documento de permiso de ubicación, cualquiera que sea lo que su sistema escolar requiere. Sin embargo, si usted desea examinar el IEP sin presión de tiempo, dígale a los oficiales escolares que le gustaría tomar dos días para revisar el documento. Solicite que le den una copia e infórmeles de cuando exactamente les dará su decisión final acerca del programa y la ubicación descrita en el IEP. Por cierto, si hay partes del IEP que no son aceptables para usted, identifique éstas claramente a los oficiales escolares. Si ellos no cambiaran esas partes, dígales que necesita tiempo adicional para considerar el IEP. Solicite que le den una copia y dígales exactamente cuando hará su decisión final.

7. Ya sea que solicite o no tiempo extra para examinar el IEP, debería revisar esta lista antes de firmar el IEP o el documento de permiso de ubicación, para verificar lo siguiente:

    a. ¿Describe el IEP exacta y completamente el nivel actual del desempeño educacional del niño(a) en todas las áreas pertinentes del desarrollo? ¿Presenta un retrato fiel y exacto del estilo de aprendizaje del niño(a)?

    b. ¿Describe las metas anuales las destrezas que le gustaría que su niño(a) desarrollara en el siguiente año?

c. ¿Han sido escritas las metas para fortalecer el nivel actual de desempeño educacional de su hijo(a)?

d. ¿Hay por lo menos una meta anual y un objetivo a corto plazo para cada servicio relacionado que recibirá su niño(a) ?

e. ¿Han sido escritos las metas y objetivos como planteamientos medibles y positivos?

f. ¿Contienen las metas y objetivos las cinco partes esenciales de **quién** hará **qué, cómo, dónde** y **cuándo.**?

g. ¿Reúnen las metas anuales y objetivos a corto plazo las prioridades que usted estableció como esenciales para su niño(a)?

h. ¿Está el tipo de educación especial y todos los servicios relacionados claramente identificados, junto con las fechas proyectadas para comenzar los servicios así como también la duración anticipada de los servicios?

i. ¿Describe el IEP claramente la extensión o medida en la cual su niño(a) participará en los programas de educación regular?

j. ¿Están descritos los servicios necesarios de transición?

k. ¿Contiene el IEP un criterio apropiado y fácil de entender, procedimientos de evaluación y planes para determinar, por lo menos una vez al año, si los objetivos educativos a corto plazo se están cumpliendo?

l. ¿Ha preguntado usted a todos los maestros y terapistas que están ofreciendo los servicios a su niño(a) si están de acuerdo con el IEP y que proveerán estos servicios? Si estos profesionales asistieron a la reunión del IEP, ya han contestado a estas preguntas. Si no asistieron, debería hablar con ellos antes de firmar el IEP.

8. Si usted no encuentra el IEP totalmente aceptable, decida cuál de las siguientes acciones va a tomar:

a. Firmar el IEP o documento de permiso de ubicación, pero señalando aquellas partes del IEP que son objetables e indicando por escrito su intención de apelar aquellas partes. Esta opción le permitirá a su niño(a) recibir la educación especial y los servicios relacionados contenidos en su IEP, mientras usted apela las partes a las cuales objetó. (Vea el Capítulo 10 para más información acerca de modos de resolver desacuerdos con la escuela.)

b. Rehusarse a firmar el IEP o documento de permiso de ubicación e indicar por escrito su intención de apelar el IEP. Antes de hacer esto, pregunte qué servicios educacionales recibirá su niño(a) si usted toma esta opción.

c. Firmar el IEP o documento de permiso de ubicación indicando por escrito las partes con las cuales usted está en desacuerdo, pero no les menciona nada acerca de su intención de apelar. Esta opción deja por lo menos atestado que usted siente que el IEP no provee adecuadamente para todas las necesidades del niño(a).

■ Opciones para Visitar la Ubicación ■

Antes de que usted acepte una ubicación en el salón de clases del programa de educación especial del niño(a), debiera visitar la escuela. Dentro del sistema escolar, hay ocasionalmente más de un aula apropiada para alcanzar las metas y objetivos y para proveer los servicios relacionados. De la misma manera que usted ofreció a los educadores su valioso conocimiento acerca de su niño(a) durante la evaluación, calificación, y las fases de IEP, usted también podrá ofrecerlo ahora en relación a la clase de ambiente que es apropiado a su estilo de aprendizaje. Al visitar las aulas escolares, hablando con administradores y maestros, comiendo en la cafetería y observando las actividades en el patio de juego, usted podrá evaluar el programa educacional teniendo en mente las necesidades de su niño(a). Puede hacer preguntas y ofrecer sugerencias acerca de ajustes o modificaciones necesarias para responder a los modos únicos de aprender del niño(a).

Muchos padres se sienten inseguros cuando visitan las escuelas. Se preguntan qué buscar cuando observan los programas escolares. Las sugerencias que aparecen más abajo le servirán como una guía para sus observaciones, proporcionando preguntas para hacer y normas que seguir al evaluar las actividades, materiales, métodos y situación física del salón de clases. Esta guía puede ayudarle a decidir si la ubicación sugerida es compatible con las necesidades educacionales y el estilo de aprender de su hijo(a). También le puede ayudar a decidir si el ambiente del salón de clases le permitirá al niño(a) fortalecer sus capacidades, permitiéndole aprender de las maneras que él o ella aprende mejor. Por eso, va a encontrar esta guía útil cuando visite un salón de clases o escuela antes de dar permiso para que su niño(a) sea ubicado allí; también encontrará valiosa esta guía cuando tenga preocupaciones y preguntas acercas de que hacer en las reuniones de padres con maestros.

■ Normas para hacer Observaciones ■ Acerca de la Ubicación

I. Organización del Salón de Clases
A. AMBIENTE FÍSICO
    1. Disposición
        a. ¿Cómo están arreglados los muebles? (¿Escritorios alineados en filas? ¿Mesas y sillas para trabajar en grupos pequeños?)

    b. ¿Hay áreas grandes abiertas o el salón de clases está dividido en componentes más pequeños?

    c. ¿Tienen los muebles el tamaño apropiado para los estudiantes? ¿Está disponible el equipo especial (por ej., sillas con soporte para brazos, soportes de estudio individuales, taburetes para equilibrarse, sanitarios del baño a niveles apropiados, etc.)?

    d. ¿Dónde está el salón de clases localizado en relación a la cafetería? ¿El baño? ¿Las áreas al aire libre? ¿Los servicios especiales?

2. La atmósfera general

    a. ¿Es la atmósfera general relajada o formal? ¿Calmada o estimulante?

B. PLAN DIARIO

  1. La secuencia de actividades

    a. ¿Cuál es el horario o plan diario? ¿Parecen los estudiantes entender el plan diario?

    b. ¿Están programados los servicios relacionados en horas que no interrumpen la participación del niño(a) en el horario escolar regular?

    c. ¿Cómo indica el maestro que una actividad terminó y la otra comenzó?

  2. Consistencia

    a. ¿Es el plan generalmente el mismo cada día?

  3. Variedad

    a. ¿Incluye el plan diario horas de actividad y horas de tranquilidad o reposo?

    b. ¿Hay provisiones para actividades diarias al aire libre?

    c. ¿Con qué frecuencia cambia el maestro el paso de las actividades?

C. EL AMBIENTE SOCIAL

  1. Interacciones entre compañeros de clases de su misma edad

    a. ¿Están los estudiantes autorizados para interactuar espontáneamente unos con los otros? ¿Cuándo? ¿Cuán a menudo?

    b. ¿Alienta el maestro a los estudiantes para que estos cooperen los unos con los otros? ¿Durante las actividades de trabajo escolar? ¿Durante el tiempo libre?

2. Interacciones del maestro con el niño(a)
   a. ¿Cómo se relaciona el maestro con los estudiantes?
   b. ¿Es tolerante el maestro y se ajusta a los estudiantes de forma individual?
   c. ¿Entra el maestro en conversaciones o en situaciones de juego con estudiantes?
3. Valores
   a. ¿Qué valores el maestro y los estudiantes se subscriben o parecen sostener? ¿El éxito? ¿La creatividad? ¿Las maneras sociales? ¿De entusiasmo? ¿De docilidad? ¿De valentía física?

II. CURRÍCULO

A. METAS Y PRIORIDADES
1. ¿Qué áreas del desarrollo están incluidas en el currículo (por ej., movimiento, comunicación, relaciones sociales, concepto de sí mismo(a)/independencia, destrezas para pensar, etc.)?
2. ¿Qué áreas del desarrollo reciben más énfasis en el salón de clases? ¿Cuál no es una prioridad en el currículo? ¿Que papel juegan las clases de contenido académico? ¿Se enfatizan las destrezas para vivir o ganarse la vida?

B. MATERIALES
1. ¿Son los materiales de enseñanza concretos o abstractos?
2. ¿Son los materiales de enseñanza apropiados para el nivel de desarrollo de los estudiantes?
3. ¿Enseñan los materiales a través de diversos sentidos: visión, tacto, oído? ¿A través del movimiento?
4. ¿Están los materiales físicamente accesibles para los estudiantes?
5. ¿Están los materiales diseñados para interesar a los estudiantes?

C. MÉTODOS
1. Grupos
   a. ¿Trabajan los estudiantes individualmente, en grupos pequeños, o como una clase?
   b. ¿Están los estudiantes agrupados homogéneamente (todos en el mismo nivel de habilidad) o heterogéneamente (diferente niveles de habilidad en el mismo grupo)?

    c. ¿Son los grupos diferentes para las diferentes áreas del currículo?

2. Estilo de enseñanza

    a. ¿Tiene el maestro una manera altamente estructurada, de dirigir todas las actividades de aprendizaje? O, ¿permite también situaciones espontáneas de aprendizaje?

    b. ¿Trabaja el maestro individualmente con los estudiantes o se concentra más en grupos?

    c. Expectativas del desempeño o ejecución

        (1) ¿Espera el maestro que todos los estudiantes se desempeñen aproximadamente al mismo nivel?

        (2) ¿Espera el maestro que los estudiantes esperen su turno o espera que los estudiantes respondan voluntaria y espontáneamente?

        (3) ¿Espera el maestro que los estudiantes escuchen y sigan las instrucciones verbales que se le dan al grupo?

        (4) ¿Espera el maestro que los estudiantes trabajen independientemente? ¿Sin interrumpir al maestro con preguntas?

■ CONCLUSIÓN ■

El obtener los resultados que usted desea para su niño(a) ha tomado tiempo y energía a medida que negociaba por la intrincada senda de educación especial. Sus esperanzas y las del sistema escolar son que su hijo o su hija va a progresar en su desarrollo y en su educación con el programa que ustedes han diseñado conjuntamente. Si su niño(a) fuera todavía un infante o es muy pequeño(a), tendrá que tener en mente otras consideraciones debido a su tierna edad. Se han pasado leyes y regulaciones especiales para niños(as) bien pequeños. El siguiente capítulo le ayudará a tomar decisiones para su infante y su familia, que son diferentes de lo que usted podría hacer con un niño(a) de más edad.

Si su hijo o hija está acabando la escuela, usted estará pensando qué le espera más adelante. Nunca es demasiado temprano para comenzar a explorar los pasajes del laberinto que guían a una máxima independencia en la vida laboral, en la vida de adulto, en la recreación y la comunidad. En el Capítulo 9 usted encontrará sugerencias de cómo trabajar con los profesionales de la escuela para preparar a su niño(a) para su vida como un empleado(a), ciudadano(a) y miembro útil de esta sociedad.

8. La Intervención Temprana

Empezando la Jornada

■ Un Programa para Infantes y Niños ■ de Uno a Tres Años

En sus primeros seis meses de vida, Bernardo era un infante saludable, desarrollándose como todos los infantes. Repentinamente, desarrolló convulsiones y se le llevó al pediatra para observación y tratamiento. Su familia estaba consternada y con mucha ansiedad. Una enfermera sugirió a su madre que llamara a "HUGS" (Abrazos), el programa de intervención temprana en su comunidad. Al poco tiempo, la familia Rivera recibió el apoyo necesario, tanto para Bernardo como para el resto de la familia. ¿Cómo sucedió esto?

En 1986, el Congreso los Estados Unidos reconoció la importancia que tiene para los niño(a)s con necesidades especiales y sus familias, el obtener ayuda lo antes posible. Se pasaron leyes federales para fomentar que los estados creen programas para infantes y niños de uno a tres años con impedimentos y sus familias. Este programa, referido como *La Parte H—Intervención Temprana para Infantes y Niños de uno a tres años con Impedimentos y sus Familias,** se añadió como una enmienda a la ley Acta de Educación para Individuos con Impedimentos (IDEA, o en inglés, *Individuals with Disabilities Education Act*).

La intervención temprana provee servicios que están diseñados específicamente para atender las necesidades individuales de un niño(a) y su familia, para mejorar el desarrollo del niño(a) pequeño, y disminuir su necesidad de educación especial en el futuro. Estos servicios se seleccionan conjuntamente por los padres y un grupo de personas que proveen los servicios; éstos pueden proporcionarse en el hogar del niño(a), en la escuela, hospital, u otra ubicación central. Los servicios se dan en forma individual o en un grupo pequeño que puede tener otros niños(as) con problemas de desarrollo, como también otros niños(as) sin impedimentos. Estos servicios de intervención temprana deben ayudar a las familias en atender las necesidades propias del niño(a).

Desde que se decretó la Parte H, los estados han hecho un significativo progreso en establecer servicios de intervención temprana, ya que hoy en día todos los estados garantizan estos servicios a niños(as) elegibles y sus familias. La enmienda de la Parte H especifica que el Departamento de Educación (DED) de los Estados Unidos debe ser la agencia responsable de la intervención temprana a nivel nacional; o sea, el DED establece políticas y procedimientos a seguir para todos los estados. Cada estado, por lo tanto, asigna una agencia de servicio público, llamada la agencia líder, para administrar el programa. En algunos estados esta agencia es el departamento de educación; en otros, puede ser el departamento de salud, salud mental o servicios sociales. No importa cuál sea la agencia líder, todas las agencias públicas que proveen servicios a los infantes y niños de uno a tres años tienen que estar involucradas.

Los servicios de intervención temprana pueden empezar a darse al niño(a) desde el nacimiento y durar hasta que el niño(a) tenga tres años. A la edad de tres años, de ser elegible, el niño(a) puede comenzar a recibir los servicios de educación especial para preescolares, en la escuela pública que le corresponda. Las familias pueden entrar en el sistema de intervención temprana de distintas maneras. Cuando se identifica que un niño(a) tiene un impedimento o puede estar a riesgo de tener un impedimento al nacer, los médicos generalmente le avisan a la familia acerca de la existencia de estos servicios en su comunidad. Otras familias se enteran a través de amigos, trabajadores sociales o sus pediatras. Cada estado tiene un directorio o una lista central para que los padres y otros profesionales puedan llamar para averiguar acerca de los recursos en su comunidad. En el Apéndice B hay una lista de números de teléfono para cada estado.

Hay varias formas en que los infantes y niños de uno a tres años pueden ser elegibles para los servicios de la Parte H:

- Puede que se identifiquen demoras en el desarrollo del niño(a) en una o más de las siguientes áreas: desarrollo cognitivo; desarrollo físico; desarrollo de lenguaje y del habla; desarrollo social o emocional; o destrezas para valerse por sí mismo.
- Puede que se diagnostique que el niño(a) tiene una condición física o mental la cual tiene una alta posibilidad de producir una demora en el desarrollo.
- En algunos estados, los infantes o pequeños que podrían desarrollar serias demoras en el desarrollo, debido a uno o más factores de riesgo, son elegibles para los servicios de intervención temprana.

Más información acerca de cómo los niño(a)s pueden ser elegibles para la intervención temprana se encuentra en las páginas 118-120 de este capítulo.

▪ UNA SISTEMA DE SERVICIOS A LA FAMILIA ▪

Cuando el programa de la Parte H se decretó, el Congreso concluyó que para tener éxito la intervención temprana, los servicios deberían proveerse no sólo al infante sino a toda la familia. Se reconoció que estos servicios deben ir más allá de atender las necesidades del desarrollo del infante. Los servicios de intervención temprana pueden incluir:

1. Ayuda a las familias para estimular el aprendizaje y crecimiento de sus infantes.
2. Asistencia en obtener servicios que ayudarán al niño(a) y su familia (coordinación de los servicios, servicios sociales, asistencia médica), o beneficios (seguros, cupones o sellos de alimentos, o Ingreso de Seguridad Suplementario—SSI).
3. Trabajo social, nutrición, enfermería o servicios sicológicos para el niño(a) o su familia.
4. Entrenamiento para la familia, consejería y visitas al hogar.
5. Terapia ocupacional, física y del habla para el niño(a).
6. Planificación y asistencia según el niño(a) se mueva de un programa o servicios a otros.

Otros servicios disponibles bajo la Parte H de la ley incluyen, pero no son limitados a: audiología, evaluación y diagnóstico médico, servicios de identificación temprana, exámenes y evaluación, servicios de salud necesarios para permitirle al infante o niño(a) pequeño beneficiarse de los otros servicios de intervención temprana, servicios de asistencia tecnológica y dispositivos de apoyo, servicios de la vista y transportación y costos relacionados que son necesarios para permitir a un niño(a) y su familia recibir estos servicios.

SERVICIOS DE INTERVENCIÓN TEMPRANA CENTRADOS EN LA FAMILIA

Tanto las familias como los profesionales que proveen servicios de intervención temprana han llegado a reconocer la importancia que tienen los miembros de la familia en la toma de decisiones acerca de su infante o niño(a) pequeño. Por eso, las familias junto con los profesionales han descubierto que deben guiarse por ciertos principios según toman decisiones importantes. Estos principios son:

1. Un niño(a) con impedimentos, como todos los niño(a)s, es primero miembro de una familia dentro de una comunidad.
2. La familia es la primera y mejor defensora del niño(a).
3. Las familias deciden qué servicios necesitan.
4. Los valores y perspectivas de una familia son determinados por sus experiencias de vida, trasfondo étnico, racial y cultural.
5. El apoyo familiar es una parte integral para atender las necesidades especiales del niño(a).
6. Los servicios de intervención temprana darán mejores resultados cuando éstos toman en cuenta los deseos de la familia y son elegidos por ella.
7. Las familias y profesionales tienen que trabajar juntos en un clima de respeto y confianza mutuos para tener éxito.

Los profesionales y las familias trabajando juntos y manteniendo en mente los principios centrados en la familia, ayudarán a los infantes y niños de uno a tres años a crecer y desarrollar su máximo potencial.

▪ LA SENDA A LA INTERVENCIÓN TEMPRANA ▪

Tal como hay un ciclo de planificación para la educación especial, hay también un sendero prescrito para los servicios de intervención temprana. Los miembros de la familia y los proveedores de servicios planean y coordinan juntos los servicios en cada paso de este sendero.

1. Identificar y Seleccionar
2. Asignar un Coordinador de Servicio Temporal
3. Evaluar con un Equipo Multi-disciplinario
4. Determinar la Calificación
5. Desarrollar el Plan de Servicio Familiar Individualizado

1. IDENTIFICAR Y SELECCIONAR

Si usted sospecha que su infante o niño(a) pequeño tiene un impedimento o atrasos en el desarrollo, o que potencialmente tendrá estos problemas, usted o cualquiera que esté ayudando a su familia puede solicitar un examen. Una simple llamada telefónica a su sistema educativo local podrá ayudarle e indicarle donde usted tiene que ir. Muchas de las comunidades llevan a cabo clínicas de exámenes periódicos para poder identificar los niño(a)s que podrían necesitar intervención temprana. Estos exámenes, conocidos como el programa "Encontrar al Niño(a)" ("Child Find"), se anuncian en los periódicos locales, en los tablones de edicto o murales de las bodegas o supermercados, escuelas y en los Departamentos de Salud.

Las maneras de hacer estos exámenes varían de lugar en lugar, pero pueden hacerse en clínicas en su hogar, a través de sus observaciones o por una visita a la oficina del pediatra. El propósito es detectar dificultades potenciales e identificar los niño(a)s que necesiten evaluaciones adicionales, así como diagnóstico.

Si su niño(a) no parece reunir los requisitos de calificación para los Servicios de Intervención Tempranas de la Parte H, puede que se le pida regresar en una fecha futura para hacer más exámenes de seguimiento, o para referirle a otros servicios que su niño(a) o su familia podrían necesitar. Cualquiera que sea el resultado, si usted cree que su niño(a) fuera elegible, puede solicitar una evaluación multidisciplinaria, hecha por varios profesionales. Si el diagnóstico o la condición de su niño(a) le hace elegible para los servicios de la Parte H, usted puede saltarse este paso e ir directo al siguiente paso en el sendero—la asignación de un coordinador de servicio temporal.

2. Asignar un Coordinador de Servicio Temporal

Una vez que la agencia de intervención temprana ha recibido un referido de un infante o niño(a) pequeño, ya sea directamente de un padre o de un programa de evaluación e identificación, se deben hacer dos cosas. Primero, se debe comenzar a hacer arreglos para una determinación y evaluación. Segundo, debe asignarse un coordinador de servicio temporal para trabajar con la familia a través del proceso de evaluación. Ambos pasos deben hacerse en dos días hábiles. El coordinador de servicio temporal es responsable de formar el equipo apropiado para evaluar el desarrollo de su niño(a) y de recopilar información tanto de usted como de los profesionales que han trabajado con usted. El coordinador de servicio temporal es la persona principal con quién usted se comunicará durante el proceso de la evaluación; además debe dar un permiso por escrito antes de que el paso próximo de la evaluación tenga lugar.

3. Evaluar con un Equipo Multidisciplinario

Si su niño(a) fuera elegible para intervención temprana debe completarse una evaluación y establecerse un plan de servicio, en un plazo de cuarenta y cinco días desde que se hizo el referido. Evaluación es el término usado para describir los procedimientos que se usarán para determinar las fortalezas y debilidades únicas del niño(a). La evaluación incluye varios procedimientos: observaciones, pruebas, entrevistas y otros modos de obtener mayor conocimiento acerca del niño(a). Los miembros de la familia pueden participar en la planificación de los tipos de pruebas y evaluación que el niño(a) podría necesitar. Si usted desea, proporcione información acerca del crecimiento y desarrollo de su niño(a), de las preocupaciones, recursos y prioridades de su familia, así como los tipos de servicios de intervención temprana que su niño(a) y su familia podrían necesitar.

Basado en la información de los exámenes, su coordinador de servicio temporal planeará con usted los procedimientos a utilizarse en la evaluación. La evaluación será multidisciplinaria, esto significa que allí debe haber personas de diferentes profesiones para evaluar a su niño(a). Más adelante en este capítulo, encontrará sugerencias para sacar el mejor provecho de la evaluación tanto para usted como para su niño(a).

4. Determinar la Calificación

Al terminar la evaluación, usted y los miembros del equipo multi-disciplinario se reunirán y decidirán si su niño(a) y su familia son elegibles para recibir los servicios de intervención temprana, bajo el criterio de la Parte H de la ley. La calificación será basada en la información provista y en las pruebas que se tomaron para ver si su niño(a) reúne algunos de los tres criterios que aparecen abajo:

- El niño(a) tiene demoras en el desarrollo, según se midió por instrumentos de diagnóstico y procedimientos apropiados, en una o más de las áreas:

–Desarrollo cognoscitivo;

–Desarrollo físico, que incluye visión y audición;

–Desarrollo de comunicación;

–Desarrollo social o emocional;

–Valerse por sí mismo(a) o habilidades adaptativas.

Ejemplo: Elsa nació con una apertura en su paladar. Su desarrollo del habla y lenguaje se retrasó, de modo que fue elegida para los servicios de la intervención temprana.

■ El niño(a) tiene en su historial médico una condición física o mental la cual fue diagnosticada y que tiene una alta posibilidad de atrasar o demorar su desarrollo.

Ejemplo: Al nacer, a Khoi se le diagnosticó con parálisis cerebral moderada. Al medir su desarrollo éste estaba dentro de los límites normales, pero su doctor y su familia consideraban que una ayuda extra y actividades cuidadosamente planificadas, mejorarían su comunicación y desarrollo físico.

■ Al niño(a) se le consideró estar a riesgo de tener atrasos o demoras considerables en el desarrollo, si los servicios de intervención temprana no se proporcionan a tiempo. Este es un criterio opcional que no todos los estados han adoptado.

Ejemplo: La madre de Tomasito tenía catorce años cuando éste nació, dos meses prematuramente. La preocupación por el desarrollo de Tomasito hizo que recibiera los servicios de intervención temprana, porque en el estado en que vivía, los niño(a)s a riesgo de tener atrasos o demoras substanciales, son elegibles.

5. DESARROLLO DE UN PLAN DE SERVICIO FAMILIAR INDIVIDUALIZADO (IFSP)

Si su infante o niño(a) pequeño es elegible para los servicios de intervención temprana, usted y un equipo se reunirán para escribir un plan que atienda las necesidades únicas de su niño(a) y su familia, llamado el Plan de Servicio Familiar Individualizado (**IFSP**—*Individualized Family Service Plan*), y como el IEP, tiene ciertos requisitos. Las partes requeridas de un IFSP son:

1. Información acerca del desarrollo actual del niño(a). Esta sección incluye tanto la información que usted proporcionó, como los resultados de la evaluación acerca de la salud, visión, audición, lenguaje, habla, desarrollo social y emocional, capacidad para valerse por sí mismo(a) y desarrollo intelectual o cognoscitivo.

2. Información acerca de los recursos de la familia, prioridades y preocupaciones. Esto se refiere a su familia, se le va a preguntar a usted cómo las fortalezas especiales de su familia pueden contribuir al desarrollo del infante o pequeño. Un ejemplo de "fortalezas familiares" podría ser: una fuerte creencia religiosa, algún familiar que viva cerca y que pueda ayudar con el cuidado del infante, o su grupo de amigos o familiares que pueden dar un fuerte apoyo emocional. Pero es opcional, usted puede elegir proveer o no esta información familiar.

3. Los resultados que se esperan obtener, sus esperanzas, sus sueños para el futuro del niño(a) y su familia y cómo usted podría trabajar hacia el alcance de estos resultados. Más adelante en este capítulo encontrará ejemplos de éstos, con una muestra del IFSP.

4. Los servicios necesarios para ayudar al niño(a) y su familia a alcanzar estos resultados y la forma cómo se administrarán. Esta sección también tiene que describir dónde, cuándo, cómo y por cuánto tiempo se darán los servicios, así como los arreglos de pago para estos servicios, si es que los hay.

5. La determinación acerca del ambiente natural, donde los servicios deben proporcionarse. El ambiente natural incluye el hogar y lugares en la comunidad en que los niño(a)s sin impedimentos aprenden, juegan y crecen. Ciertos infantes o niños de uno a tres años reciben los servicios de intervención temprana en las guarderías infantiles, otros en casa, mientras que otros van a un centro especial para la educación de infantes y niños de uno a tres años.

6. Otros servicios, pero que no son requeridos bajo el IFSP, también se incluyen si son necesarios, para atender otras necesidades especiales del niño(a). Al incluir estos servicios, el equipo puede ayudarle a planear y a asegurar que su niño(a) y su familia los reciban.

7. Las fechas y duración de los servicios. Esta sección determina cuando comenzarán los servicios y cuanto durarán.

8. Nombramiento del coordinador de servicios. Esta persona le ayudará a coordinar los diversos servicios requeridos por su niño(a) y la familia, le ayudará a obtener los servicios identificados en el IFSP, hará los arreglos para determinaciones y evaluaciones y facilitará las reuniones de revisión para el IFSP.

9. Un plan de transición para su niño(a). El plan deberá incluir los pasos a tomarse para asegurar la transición a cualquiera de los servicios preescolares que su niño(a) recibirá, ya sea en una escuela preescolar pública o privada. El plan debe escribirse 90 días antes de que su niño(a) cumpla los tres años. Además, esta parte del IFSP es importante porque indica los procedimientos que debe seguir si el niño(a) requiere servicios preescolares de **educación especial**. Puede que se le pida que firme un permiso para enviar los registros o expedientes del niño(a) del programa de intervención temprana al sistema escolar o escuela local, para ayudar con el proceso de referido. Para más información acerca de la transición busque en las páginas 143 y 144 de este capítulo.

El formato escrito para un IFSP difiere entre los diversos estados y localidades. Sin embargo, los elementos descritos anteriormente, así como su consentimiento para los servicios, son requeridos bajo la ley federal. Los IFSP son revisados cada seis meses o más frecuentemente si se necesitara. Una evaluación formal del IFSP se hace cada año, a medida que su infante o niño(a) pequeño crece y cambia.

▪ EL COSTO Y LA PROVISIÓN DE LOS SERVICIOS ▪

Bajo la Parte H de IDEA, varios servicios de intervención temprana deben proveerse *sin costo alguno* para la familia. Estos incluyen las determinaciones o evaluaciones, el desarrollo del IFSP y la coordinación de los servicios para niño(a)s elegibles y sus familias. La parte H, sin embargo, *no* requiere que todos los servicios se proporcionen sin ningún costo para la familia. Aunque muchos de estos programas generalmente no cobran a las familias por sus servicios, los programas de intervención temprana *pueden* cobrar a las familias por servicios incluidos en el IFSP, utilizando una escala de pago de acuerdo a sus entradas o salario.

Además de requerir que las familias paguen, a veces pasa que los servicios públicos incluidos en el IFSP de su niño(a), no están disponibles. Desgraciadamente, cuando la disponibilidad de servicios en una comunidad es muy limitada, se pueden formar listas de espera.

Si usted se tropieza con problemas relacionados al costo o disponibilidad de servicios de intervención temprana, debe contactar a su coordinador de servicios. Él o ella es responsable de informarle de las opciones que existen para encontrar otras alternativas y ayudarlo(a) a hacer arreglos para el pago de estos servicios. Para algunas familias, Medicaid o una compañía de seguros privada pueden pagar por estos servicios de intervención temprana. Otras familias pagan de acuerdo a sus entradas. Pero sin embargo, no se le puede negar recibir estos servicios, si usted probara su incapacidad para pagar. Otra cosa importante es recordar que usted puede decir no, a cualquier servicio que halla sido recomendado, incluyendo uno o más de estos que usted no desea pagar.

Recuerde que la parte H fue diseñada para involucrar varias agencias en un esfuerzo coordinado para establecer un sistema total de intervención temprana a nivel local. Estas múltiples agencias tienen la responsabilidad de trabajar juntas en ofrecer servicios a las familias y sus infantes. Cuando se presenten listas de espera u otros problemas en proveer los servicios, la junta, consejo o la gerencia de intra-agencias debería resolver estos problemas. Como padres, ustedes deben presentar estos problemas a la organización que se encarga de vigilar a estas agencias, y pedir una solución.

▪ PREPARÁNDOSE PARA SU PARTICIPACIÓN ▪
EN EL PROCESO DEL IFSP

Quizás a usted le pasa como a la mayoría de la gente, que sale de una visita a su doctor pensando, "¿Por qué no hice esta pregunta?" u, "Ojalá le hubiera dicho a mi doctor acerca de esto cuando le vi." Pasa con frecuencia que la ansiedad se interpone en lo que queremos obtener, aunque sea lo mejor para nuestro propio bien. Esto también, puede ocurrir cuando se está trabajando con profesionales que le están ayudando a su niño(a).

Uno de los aspectos únicos del proceso del IFSP es que los deseos y preocupaciones de los padres tienen máxima consideración e importancia. Con la asistencia de un equipo de profesionales experimentados, usted está llevando la batuta, está dirigiendo todo. En cada uno de los cinco pasos a lo largo del proceso, va a ver que se encuentra cada vez más en control, si hace todas las preparaciones cuidadosamente. Ciertamente, se sentirá mejor preparado(a) para su papel si tiene toda la información de la condición de su niño(a), así como la prognosis y las intervenciones. Los padres y otros familiares participan mejor, cuando usan sus percepciones del desarrollo del infante o del pequeño y anotan la información que desean compartir con las personas que están ayudándoles.

■ ANTES Y DESPUÉS DE LA EVALUACIÓN ■

Los procedimientos de la evaluación proveen información útil acerca del nivel del desarrollo de su niño(a). Tomados en conjunto, los resultados de la evaluación son usados para determinar si su niño(a) es elegible para recibir intervención temprana. Las pruebas y observaciones identifican las áreas en que usted y los profesionales se quieren enfocar. Usted también puede mirar objetivamente el progreso de su niño(a) y ver las etapas importantes y niveles que ha alcanzado y ha dominado. Aún así, después de pasar por los diversos exámenes y evaluaciones, usted y su niño(a) estarán exhaustos. Para obtener resultados más exactos y para reducir su tensión, las siguientes ideas pueden ser de gran ayuda.

Antes de las evaluaciones, la gente tiene varios modos de prepararse. Una familia pidió a un profesional guiarlos a través del proceso y explicarle los conceptos desconocidos y la terminología. Otra familia visitó los programas y conversaron con otros padres para recibir su consejo y aprender acerca de sus experiencias con la intervención temprana. Una tercera familia se preparó para la evaluación escribiendo y anotando todo lo que querían decir y decidiendo lo que ellos querían sacar de la reunión. Una cuarta familia hizo todo lo anterior!

A medida que usted decide cómo prepararse para la evaluación de su infante o niño pequeño, considere algunas de las siguientes preguntas:

- ¿A qué hora es mi niño(a) más competente y se siente mejor? Por ejemplo, ¿después que come, cuando estoy fuera de su cuarto, en el comienzo de la tarde?
- ¿Quién va a llevar a cabo los procedimientos?
- ¿Que papel o roles juegan éstos?
- ¿Qué tipos de pruebas se van a usar? ¿Qué miden estas pruebas?
- ¿Cómo se conducen generalmente los exámenes y evaluaciones? ¿Habrá flexibilidad si yo tuviera sugerencias?
- ¿Debo traer algo? Por ejemplo, comida, juguetes, registros de inmunización u otros informes.
- ¿Qué papel o rol juegan los padres por lo general? ¿Qué papel debería jugar yo?

- ¿Cuándo voy a saber los resultados de las pruebas? ¿De qué modo se da esta información generalmente?
- ¿Cómo usarán la información los evaluadores, si mi niño(a) hiciera algo en casa que no hace durante la evaluación?

Después de las evaluaciones los profesionales le darán los resultados preliminares. Puede que usted se sienta sorprendido(a) y contento(a) acerca del progreso de su infante o su pequeño... o quizás decepcionado(a) que su progreso ha sido más lento de lo que usted esperaba. En algunos casos, puede que esté en desacuerdo con la gente que condujo la evaluación o siente que ellos no han desarrollado un cuadro o panorama completo de su niño(a). ¿Cómo puede manejar estas situaciones?

Hacer preguntas detalladas a los profesionales puede serle de gran ayuda. Por ejemplo, los padres generalmente oyen solamente las cosas que están mal con su niño(a). Pregunte por las cosas que van bien, las cosas positivas, para obtener una imagen más completa de su infante. Otros padres prefieren hablar de la evaluación con familiares, o profesionales de confianza, o con sus amigos y éstos les ayudan a ordenar o clarificar sus sentimientos y la información. Además, un evento especial para la familia, como salir a comer afuera o ir de picnic, puede ayudarle a obtener una mejor perspectiva de lo que está pasando.

Otra fuente de ayuda puede ser las reuniones de grupos de "padres a padres," que tienen lugar en muchos estados y comunidades locales. Estos grupos se reúnen con los padres que han tenido experiencias similares para que éstos puedan respaldarse los unos a los otros. En el Apéndice C al final de este libro, encontrará listado el grupo nacional de padres a padres. Puede contactar dicho grupo para averiguar más acerca de los grupos de padres en su propia comunidad o vecindario.

■ ORGANIZANDO LA INFORMACIÓN ■

Tratando de organizar todo este papeleo de oficina posiblemente le va a intimidar. Poco después que averigüe que su niño(a) necesita ayuda especial, se va a encontrar enterrado(a) en un montaña de papeles. Hay facturas, informes, notas, cuestionarios y notas de citas. Mejor que se vaya haciendo cargo de todos estos papeles, ¡antes que los papeles se hagan cargo de usted! También llegará a conocer muchas personas: padres, especialistas, médicos, agentes de seguro de compensación, etc. ¿Cómo va a acordarse de todos ellos y estar al día con toda esta información?

Los siguientes formularios pueden ayudarle a organizar la información en un archivador cuaderno. Un cuaderno organizado le puede ayudar a mantener información importante a la mano. Porque hay que ver, lo mal que uno se siente cuando empieza a buscar en un cajón lleno de papeles algo que usted sabe que puso allí ¡pero no lo puede encontrar!

LISTA DE GENTE IMPORTANTE

I. SALUD

Nombre	Dirección	Teléfono
_____	_____	_____
Nombre de su doctor principal		
_____	_____	_____
Otros Especialistas		
_____	_____	_____
_____	_____	_____
_____	_____	_____
_____	_____	_____
Hospital		
_____	_____	_____
Línea Telefónica de Enfermeras		
_____	_____	_____
Enfermera del Servicio de Salud Público		
_____	_____	_____
Farmacia		

II. INTERVENCIÓN TEMPRANA

Nombre	Dirección	Teléfono
_____	_____	_____
Coordinador de Servicio		
_____	_____	_____
Especialistas		
_____	_____	_____
_____	_____	_____

III. APOYOS PARA LA FAMILIA

Nombre	Dirección	Teléfono
	_____	_____
Línea de apoyos para los Padres		
	_____	_____
Cuidadora de niños(as) (babysitter) u Otro ayudante		
_____	_____	_____
_____	_____	_____

LISTA DE GENTE IMPORTANTE (CONTINUACIÓN)

IV. FINANCIERO

Nombre	Dirección	Teléfono
Seguros		
Medicaid		
Ingreso Suplementario del Seguro (SSI)		
Servicios de Emergencia		
Otros		

V. OTROS CONTRACTOS: AMIGOS, IGLESIA, FAMILIA, CONSULTORES

Nombre	Dirección	Teléfono

REGISTROS DE LLAMADAS TELEFÓNICAS

Quién: _____ Fecha: _____

_____ Teléfono: _____

_____

Notas:

¿Debe darse seguimiento?   _____ No   Quién: _____

    _____ Sí   Cuándo: _____

Quién: _____ Fecha: _____

_____ Teléfono: _____

_____

Notas:

¿Debe darse seguimiento?   _____ No   Quién: _____

    _____ Sí   Cuándo: _____

Quién: _____ Fecha: _____

_____ Teléfono: _____

_____

Notas:

¿Debe darse seguimiento?

    _____ No   Quién: _____

    _____ Sí   Cuándo: _____

▪ LA REUNIÓN DE IFSP ▪

PREPARÁNDOSE PARA LA REUNIÓN DEL IFSP

A medida que usted piensa en los servicios para su niño(a), recuerde que usted es la persona principal a la hora de tomarse decisiones en el equipo. El coordinador de servicios y los otros profesionales están allí para ayudarle a *usted* a pensar bien su situación, para resolver problemas y para ayudar a su niño(a) en sus cambios y crecimiento. Ningún servicio se puede dar sin su consentimiento escrito. Como miembro del equipo de IFSP va a ir descubriendo modos en que su familia puede cuidar y ayudar a su niño(a) con sus necesidades especiales, mientras conserva su vida familiar tan normal como le sea posible. Durante la reunión se harán decisiones acerca de la clase de ayuda y servicios que usted requiere.

Por eso, hay que prepararse para esta reunión; para esto, llene o complete el *Ejercicio de las Esperanzas y Sueños*, que se encuentra en la página 129. La primera sección le ayuda a pensar y a soñar en las metas que tiene para su niño(a) en un futuro cercano, quizás de aquí a seis meses; esto le ayuda a forjar estas esperanzas indicándole cuatro áreas mayores del desarrollo. A medida que usted piense en estas áreas, también acuérdese de considerar qué clases de asistencia va a necesitar para lograr sus sueños y metas.

La segunda sección trata de las esperanzas y sueños que la familia tiene, ya sea ahora o en los siguientes seis meses; recuerde a cada paso que usted debe pensar acerca de los servicios y medios de apoyo que va a necesitar para realizar ahora y en el futuro sus sueños. En la página 130 usted encontrará un ejemplo del *Ejercicio de Esperanzas y Sueños* escrito por una madre antes de asistir a la reunión del IFSP y en la página siguiente encontrará un formulario en blanco que usted puede usar.

El *Ejercicio de Esperanzas y Sueños* le ayudará a prepararse para la reunión de IFSP. Sus valores y rutinas familiares son una parte importante del proceso de la planificación. Las otras personas del equipo necesitan saber qué desea usted para su familia, cuáles son las áreas o puntos fuertes de su familia, qué es importante para ustedes, sus preocupaciones y prioridades, para que el equipo pueda responder a ello. El plan tiene que respetar sus rutinas y sus valores familiares. Si es posible, toda la planificación será en su propio idioma dominante o familiar, de modo que usted y los otros miembros del equipo pueden entender los planes y los resultados.

PARTICIPANDO EN LA REUNIÓN DE IFSP

La reunión del IFSP de su niño(a) será citada por el coordinador de servicio temporal o por la persona que ha estado designado como su coordinador de servicio. También asistirán los otros miembros del equipo de su niño(a), así como uno o ambos padres, y la gente que proveen o que le pueden ayudar a conseguir diversos servicios.

EJERCICIO DE ESPERANZAS Y SUEÑOS

LAS ESPERANZAS Y SUEÑOS PARA MI HIJO(A) DENTRO DE SEIS MESES

Independencia (por ej., alimentarse, ir al baño, hacer cosas sin ayuda):

Movimiento (por ej., agarrar o tomar, arrastrarse, usar la silla de ruedas motorizada, etc.):

Social (por ej., sonreír, reconocer a su madre, tener amigos, compartir sus juguetes, etc.):

Comunicación (por ej., entendiendo algunas palabras, dejar saber si tiene hambre, usar un instrumento para hablar al tocar, etc.):

Los servicios y apoyo que va a necesitar mi hijo(a) para alcanzar estas esperanzas y sueños:

ESPERANZAS Y SUEÑOS PARA MI FAMILIA EN ESTE MOMENTO

Cosas que podemos hacer juntos:

Lo que puedo hacer con otros niños(as):

Cosas sólo para mi esposo(a) o mi compañero(a) y yo:

Ayudas que necesitamos para alcanzar nuestras esperanzas y sueños (por ej., personas que nos den servicios, familiares, la iglesia, otra ayuda, etc.):

LAS ESPERANZAS Y LOS SUEÑOS DE MI FAMILIA DENTRO DE SEIS MESES

Cosas que podemos hacer juntos:

Lo que puedo hacer con otros niños(as):

Cosas sólo para mi esposo(a) o mi compañero(a) y yo:

Ayudas que necesitamos para alcanzar nuestras esperanzas y sueños:

EJERCICIO DE ESPERANZAS Y SUEÑOS

LAS ESPERANZAS Y SUEÑOS PARA MI HIJO(A) DENTRO DE SEIS MESES

Independencia (por ej., alimentarse, ir al baño, hacer cosas sin ayuda):

Comer con una cuchara

Decidir con qué juguete quiere jugar

Movimiento (por ej., agarrar o tomar, arrastrarse, usar la silla de ruedas motorizada, etc.):

Sujetarse del carrito y atravesar la sala

Social (por ej., sonreír, reconocer a su madre, tener amigos, compartir sus juguetes, etc.):

Jugar con los otros niños(as) en la guardería infantil (de la iglesia)

Comunicación (por ej., entendiendo algunas palabras, dejar saber si tiene hambre, usar un instrumento para hablar al tocar, etc.):

Indicar un objeto o un alimento que desea

Los servicios y apoyo que va a necesitar mi hijo(a) para alcanzar estas esperanzas y sueños:

Eduardo va a necesitar a alguien que le ayude a sujetar su cuchara correctamente y a animarlo para que decida por sí mismo a la hora de escoger. Las maestras de la guardería van a tener que ayudarlo a participar en las actividades con otros niños(as).

ESPERANZAS Y SUEÑOS PARA MI FAMILIA EN ESTE MOMENTO

Cosas que podemos hacer juntos:

Ir a la iglesia los domingos; ir a los restaurantes todos juntos.

Lo que puedo hacer con otros niños(as):

Quiero pasar un rato jugando con Clarita y no preocuparme de Eduardo.

Cosas sólo para mi esposo(a) o mi compañero(a) y yo:

Debemos salir a pasear solos, de vez en cuando.

Ayudas que necesitamos para alcanzar nuestras esperanzas y sueños (por ej., personas que nos den servicios, familiares, la iglesia, otra ayuda, etc.):

Las maestras de la guardería infantil necesitan ayuda para que ellas puedan cuidar a Eduardo durante el servicio de la iglesia. Necesitamos la ayuda de alguien para que Eduardo no grite durante cada comida. Necesitamos una niñera o persona entrenada y confiable que le cuide.

LAS ESPERANZAS Y LOS SUEÑOS DE MI FAMILIA DENTRO DE SEIS MESES

Cosas que podemos hacer juntos:

Tomar una semana de vacaciones en la playa este verano.

Lo que puedo hacer con otros niños(as):

Quiero ayudar el equipo de fútbol de Clarita, quizás hasta entrenar un poco

Cosas sólo para mi esposo(a) o mi compañero(a) y yo:

Nos encantaría ir solos a algún lugar y pasar la noche.

Ayudas que necesitamos para alcanzar nuestras esperanzas y sueños:

Necesitamos una ayuda para que Eduardo pueda sentarse a jugar y gozar con la arena y el agua. Necesitamos una niñera o persona entrenada y confiable.

Si desea, usted puede llevar a un familiar o un amigo que le sirva de apoyo, que pueda escuchar con usted, y que también le ayude a explicar al equipo lo que usted siente, sus puntos de vista y deseos, o para tomar notas que usted podría usar posteriormente. Antes de la reunión, repase el *Ejercicio de Esperanzas y Sueños* con esta persona, de modo que ustedes dos vayan con la misma agenda en mente. Después de la reunión ustedes dos pueden ir a comer pizza o tomarse una taza de café, para que puedan compartir sus impresiones de la reunión.

El contenido del IFSP de su niño(a) es determinado en la reunión, considerando los puntos de vista de todos los participantes. Usted, como el padre o la madre es la persona que hace la decisión final de aceptar o rechazar las propuestas. El equipo, incluyéndolo a usted, decide lo que va a contener el IFSP final. Si usted quisiera algo diferente de lo que se ha recomendado por los otros miembros del equipo, puede seguir los procedimientos descritos posteriormente en este capítulo, para resolver cualquier desacuerdo. Sin su consentimiento, el IFSP no se puede poner en acción.

Las reuniones de IFSP tienen que ser conducidas anualmente y ser revisadas cada seis meses. Estas reuniones pueden hacerse más frecuentemente si es necesario, o si la familia solicita una revisión o un cambio.

Reuniones del IFSP Centradas en la Familia

El IFSP es más que simplemente un plan escrito. Es un proceso que conduce a los padres y profesionales hacia una comprensión mutua de las necesidades del niño(a) y los deseos de la familia. El IFSP escrito es una guía que mira hacia el futuro. Las familias y los proveedores de servicios sugieren que se tomen los siguientes pasos para garantizar que las reuniones del IFSP sean productivas y constructivas:

1. Las familias y los proveedores de servicios acuerdan en una hora y lugar conveniente para ambos, de modo que todos puedan asistir. La reunión se programa por lo menos con una semana de anticipación, para dar tiempo a prepararse.

2. Las familias reciben copias de todos los informes escritos antes de la reunión, para así tener tiempo de entender la información y poder discutirla después. Si esto no fuera posible, se puede planear una segunda reunión, lo antes posible.

3. Los padres y el coordinador de servicio se juntan antes y preparan planes para que la familia pueda participar activamente en la reunión.

4. Las reuniones deben proveer tiempo suficiente para que nadie se sienta que lo apuran, y para que los participantes puedan discutir lo que ellos consideran sería el resultado más importante para el niño(a) y la familia.

5. La reunión determina lo que la familia cree que es importante que su niño(a) logre o pueda hacer. Las metas del IFSP son el resultado de lo que la familia identifique.

6. Los resultados o metas para el niño(a) y su familia se desarrollan en la reunión, dando amplia oportunidad a los padres y otros miembros de la familia para participar en su desarrollo. Puede que los padres no saben qué ayudas o terapias ayudarán a su niño(a) a alcanzar estos resultados, pero entonces los profesionales contribuyen con su conocimiento acerca de los modos específicos de cómo lograr estos resultados, identificados por la familia.

En la siguiente página encontrará un IFSP preparado por la familia Carrasco y su equipo del IFSP. El formato puede ser diferente en su localidad, pero las partes requeridas son las mismas.

■ CUANDO EMPIEZAN LOS SERVICIOS ■

Usted podría pensar que una vez se ha escrito el IFSP, puede sentarse y relajarse y esperar que todo ocurra. Pero no. Ahora es el momento para que comience el importante trabajo diseñado en el IFSP de su infante o niño(a) pequeño. Usted y otros familiares estarán involucrados en ayudar a su niño(a) y a su familia para que pueden avanzar en el sendero hacia el crecimiento y el cambio.

Los servicios de intervención temprana toman muchas formas. Las familias cuyos infantes necesitan servicios especializados de salud, frecuentemente consideran que estos servicios deberían darse en sus hogares, en parte para evitar exponer a su niño(a) a catarros u otras infecciones. Generalmente, los proveedores de servicios también recomiendan servicios en el hogar para niños(as) frágiles o delicados. Sin embargo, otras familias quieren que su niño(a) experimente los tropiezos y dificultades normales de la vida diaria, y solicitan que su niño(a) reciba su educación en el centro de salud. Estos padres quieren la exposición a otros niños(as) y a sus familias, tanto para sí mismos, como para su niño(a). Puede suceder que usted no tenga otra opción, porque recuerde que la Parte H requiere que los servicios se provean en el ambiente natural para el niño(a), lo que puede significar a veces, el estar con otros niños(as) sin impedimentos. Si le dan a escoger y hay posibilidades disponibles, exprese ahí mismo sus preferencias, en la reunión de IFSP.

Los diferentes servicios para su niño(a) pueden darse una hora a la semana, dos veces al mes u otros intervalos. Entre tanto, los padres pueden practicar actividades con su niño(a), tales como los juegos que envuelven el uso del habla y lenguaje, ejercicios físicos o capacidad para comer. Cada sesión, ya sea en un centro o en casa, ofrece oportunidades para que la familia y los proveedores de los servicios conversen entre sí.

Las familias en que ambos padres trabajan, o en que hay sólo uno de los padres, y que participan en los servicios de intervención temprana, pueden experimentar

Plan de Servicio Familiar Individualizado

Información sobre la Identificación

Fecha: *23 agosto 1997*

Nombre del Niño(a): *Marta Crespo*

Fecha de nacimiento: *8 agosto 1995*

Padre o Guardián: *Berta Crespo*

[ ] M [X] F

Dirección: *4421 Main Street*

Teléfono del Hogar: *(218) 467-9999*

Teléfono(s) del Trabajo:

Hogar Temporario: [ ] sí [X] no

Idioma hablado en casa: *Español*

Fechas

Reunión Actual: *23 agosto 1997*

Revisión Prevista para Seis Meses: *febrero 1998*

Reunión Prevista Anual: *agosto 1998*

Información de la Reunión del IFSP

Tipo de la Reunión: [X] Inicial

[ ] Revisión de Seis Meses

[ ] Revisión Anual

[ ] Interina

Enmienda al IFSP   Fecha: [ ] Para añadir o [ ] Eliminar

Actualización de la información

[X] Información de Identificación

[ ] Ya no es elegible

[X] Intereses, Prioridades y Fuerzas Familiares

[ ] Se mudó fuera del condado

[X] Fortalezas y Necesidades del Niño(a)

[ ] Los padres se retiraron

[X] Resultados

[ ] Paradero desconocido

[X] Otros Servicios

[ ] Transición a: _____

[ ] Plan de Transición

[ ] Otros

Calificación

1. [X] El niño(a) es elegible para los servicios de la Parte H basado en *su estado "de riesgo"*

Descripción funcional del impedimento: *Espina Bífida (espina dorsal hendida)*

2. [ ] Calificación específica indeterminada; recomendación: _____

3. [ ] El niño(a) no reúne los requisitos de calificación para los servicios de la Parte H

PLAN DE SERVICIO FAMILIAR INDIVIDUALIZADO (CONTINUACIÓN)

PARTICIPANTES DEL IFSP

Las siguientes personas participaron en el desarrollo del IFSP. Cada persona comprende y está de acuerdo en llevar a cabo el plan según éste aplica a su papel o parte en la provisión de los servicios.

Coordinador de Servicios: _María Correa_   Representa: _Intervención Temprana_ Fecha: _23/8/97_

Nombre: _Berta Crespo_   Representa: _Madre_   Fecha: _23/8/97_

Nombre: _Ana Campos_   Representa: _Easter Seals_   Fecha: _23/8/97_

Nombre: _____   Representa: _____   Fecha: _____

Nombre: _____   Representa: _____   Fecha: _____

El IFSP fue desarrollado a través de consulta telefónica con las siguientes personas:

Nombre: _Nina Vásquez_   Representa: _Centro de Padres_   Fecha: _24/8/97_

Nombre: _____   Representa: _____   Fecha: _____

Nombre: _____   Representa: _____   Fecha: _____

APROBACIÓN DE LA FAMILIA

[X] Tuve la oportunidad de participar en el desarrollo de este IFSP. Estoy de acuerdo y respaldo los resultados y servicios en el IFSP para mi niño(a).

[ ] He tenido la oportunidad de revisar la propuesta del Equipo del IFSP y yo no estoy de acuerdo con los resultados o servicios seleccionados. No doy mi permiso para que éste sea implementado.

Padre, Madre o Custodio _Berta Crespo_   Fecha _23/8/97_

Padre, Madre o Custodio _____   Fecha _____

PREOCUPACIONES FAMILIARES, PRIORIDADES Y RECURSOS (DESCRITOS POR LOS PADRES)

El desarrollo de destrezas motoras generales y lenguaje son la preocupación principal de la familia Crespo. Marta habla de 4 a 5 palabras y contesta bien cuando su hermano juega y conversa con ella. Ellos creen que consultando un terapista del habla mejorará las destrezas de comunicación de Martita.

FORTALEZAS Y NECESIDADES DEL NIÑO(A) (DESCRITOS POR LOS PADRES)

Marta ha avanzado bastante en el desarrollo de sus destrezas motoras generales. Se sienta, gatea y ahora usa un "parador" (para pararse) en casa, 2 veces al día, por media hora cada vez. Su madre juega con ella con una pelota grande "de terapia" por 15 minutos, 3 veces al día. Martita y su hermano cantan y juegan juntos. El desarrollo del lenguaje es su mayor necesidad.

PLAN DE SERVICIO FAMILIAR INDIVIDUALIZADO (CONTINUACIÓN)

RESULTADO #1—Servicios de la Parte H

Marta va a identificar dibujos en libros de cuentos que conoce y va a aumentar su vocabulario en 15 palabras para febrero de 1998. Ella recibirá un programa general para infantes para atender sus necesidades especiales del desarrollo, especialmente sus destrezas motoras y verbales.

    1.1 Servicios para el desarrollo infantil general - 3 horas al mes.

    1.2 Servicios en el Centro - 16 horas al mes en el lugar de Easter Seals

    1.3 Maestra de lenguaje y del habla debe consultar con maestra en el centro y en casa.

SERVICIOS/ACCIONES (¿CÓMO SE VAN A ALCANZAR LOS RESULTADOS Y MEDIR EL PROGRESO?)

Los o las maestras en el Centro y en la casa, y la madre de Marta van a reforzar nuevas palabras y mantendrán una lista de vocabulario a medida que ella aprende nuevas palabras

PROVEEDORES: Easter Seal Society

LUGAR: 1:1 enseñanza en la casa; 1:3 Easter Seal Society

FRECUENCIA: en la casa: 3 horas/mes; en el centro: 16 horas/mes

DURACIÓN: 6/9/97—20/8/98

AGENCIA RESPONSABLE: Travis County Early Intervention Services (TCEIS)

FIRMA DE LA PERSONA DE LA AGENCIA RESPONSABLE: María Correa   FECHA: 23/8/97

RESULTADO #2—No pagados por la Parte H

Marta tiene una desviación y requiere la introducción de un catéter para orinar, cada 3 horas. Los médicos mantendrán en observación y darán seguimiento a estas necesidades pediátricas.

    2.1 Clínicas de Urología y Espina bífida supervisarán el desarrollo urológico y neurológico.

    2.2 Supervisión médica regular y tratamientos se dan en Greenway

    2.3 La madre de Marta va a ejecutar la cateterización cada 3 horas, según ha sido ordenado por el médico.

SERVICIOS/ACCIONES (¿CÓMO SE VAN A ALCANZAR LOS RESULTADOS Y MEDIR EL PROGRESO?)

El médico y la madre de Martita van a discutir las continuas necesidades de cateterización.

PROVEEDORES: Clínicas de Urología y Espina bífida y Clínica de Niños(as) Greenway

LUGAR: San Jacinto

FRECUENCIA: semi-anual y según se necesite

DURACIÓN: 6 sept. 1997 al 20 agosto 1998

AGENCIA RESPONSABLE: Medicare

FIRMA DE LA PERSONA DE LA AGENCIA RESPONSABLE: Marie Carrea   FECHA: 23/8/97

(EL IFSP DE MARTA TENDRÍA 3 METAS MÁS ADICIONALES EN LAS ÁREAS DE DESARROLLO MOTOR, GRUPO DE APOYO PARA PADRES Y ADMINISTRACIÓN DEL CASO.)

problemas serios en el trabajo, porque esta actividad interrumpe su día de trabajo. Por eso, algunas familias tienen que pedir a un familiar que vaya con el infante al centro de servicios, o se arreglan de manera que la persona que cuida en casa al infante o pequeño pase a ser la persona principal que trabaja con el infante, siguiendo lo que los maestros o el terapista sugieran. Otras familias tratan de hacer arreglos para que las sesiones se lleven a acabo, por ejemplo, antes de ir a trabajar o durante su hora de almuerzo. Recuerden, los padres son los que deciden, a medida que estos problemas se discuten y se resuelven por el equipo multi-disciplinario.

Dependiendo de los servicios descritos en el IFSP, su envolvimiento activo le ayudará a garantizar que obtendrá resultados positivos. Trabajando como socio con los proveedores de servicios le ayudará a formar un grupo de apoyo. Su coordinador de servicios o un programa de padres a padres también puede ponerle en contacto con otras familias que están viviendo y batallando con una situación familiar muy similar a la suya. Además, esto le puede ayudar también a expandir su grupo o red de apoyo.

Cada familia encuentra su propio modo de asociarse con la gente que le están ayudando. El modo más importante de construir esta asociación es practicando buenas técnicas de comunicación. Generalmente los servicios de intervención del infante se dan en casa; por lo que puede serle útil si tuviera un amigo(a) que juegue un momento con su niño(a) al final de la sesión, para darle a usted una oportunidad de conversar con el terapista. O, usted puede apartarse un tiempo para reunirse y dejar al niño(a) al cuidado de alguien, de modo que toda su atención esté en la conversación acerca del progreso y desarrollo del niño(a).

Mantener buena comunicación requiere que se preste atención y cuidado a las relaciones con otros. Hay varias formas en las que usted puede proceder para mejorar las relaciones con la gente profesional y que sólo toman un poquito de su tiempo. Una visita para darle las «gracias» en persona, una llamada corta por teléfono o una notita corta muestre su apreciación. A los profesionales, como a cualquier otra persona, les gusta saber que usted aprecia sus servicios.

FORMULARIO DE INFORMACIÓN FAMILIAR

El Formulario de Información Familiar que se encuentra en la siguiente página puede serle de ayuda a la hora de comenzar una conversación positiva acerca de su niño(a) y su familia. En su primera sesión con ellos, trate de quebrar el hielo mostrando una foto de su infante o una foto familiar; también el contar una anécdota divertida acerca de su niño(a) puede proporcionarle un puente para tratar más tarde temas más serios y poder discutirlos.

Las relaciones que usted vaya construyendo le ayudarán en revisar el progreso del niño(a) y para resolver problemas que puedan surgir posteriormente. El tiempo y el esfuerzo que usted dedique a escribir una nota corta, hacer una llamada telefónica, a celebrar el progreso que su infante o niño pequeño ha hecho, el invitar al proveedor de servicios a tomar una taza de té, o el escribir una carta positiva al supervisor o al presidente de la Junta, pagará con creces en el futuro.

FORMULARIO DE INFORMACIÓN FAMILIAR

Fecha _____

Mi nombre es _____

El nombre de mi niño(a) es _____

Por favor, llámeme _____

Cumpleaños del niño(a) _____

Fotografía, dibujo o retrato
de su hijo(a) o su familia.

1. Descripción de su familia (padre(s), hermanos y hermanas, abuelos, buenos amigos

y otras relaciones): _____

_____

2. Qué es lo que más nos gusta hacer como una familia: _____

_____

   Durante estos paseos familiares, mi hijo(a): _____

_____

3. La actividad favorita de mi hijo(a) es: _____

_____

   Porque: _____

4. La actividad que menos le gusta a mi hijo(a) es: _____

_____

   Porque: _____

FORMULARIO DE INFORMACIÓN FAMILIAR (CONTINUACIÓN)

5. Lo que más me gusta de mi hijo(a) es: _____

_____

6. Lo que a mi hijo(a) y a mí más nos gusta hacer es: _____

_____

7. Lo que más frustración me da al cuidar a mi hijo(a) es cuando: _____

_____

8. Mi hijo(a) me avisa cuando necesita algo a través de: _____

_____

9. Podría hacer más por mi hijo(a) si tuviera: _____

_____

(transportación, alguien con quien conversar, tiempo para mí mismo(a), tiempo para otros niños(as), más información acerca de la condición de mi infante y modos de como ayudarle, ayuda con gastos médicos y otros gastos, casa, Ingreso Suplementario del Seguro (SSI), cupones o sellos de alimentos, etc.)

10. He notado ciertos cambios o cierto progreso en mi hijo(a) recientemente: _____

_____

11. Lo que me gustaría ver que mi niño(a) pudiera hacer en los próximos seis

meses es: _____

12. Cómo podríamos mi familia, amigos o yo ayudar al niño(a) a hacer estas cosas: _

_____

13. Ciertas esperanzas que yo tengo para mi hijo(a) y mi familia son: _____

_____

■ *Cuando Surgen Desacuerdos* ■

Como todos sabemos, hasta en las mejores relaciones surgen desacuerdos. Cuando se ha hecho el esfuerzo para mantener asociaciones positivas con los profesionales, existe la oportunidad que los desacuerdos se resuelvan más rápidamente y en mejor forma.

Usted y su infante o pequeño tienen ciertos derechos bajo la ley de la intervención temprana. Puede estar seguro(a) de que:

- los programas que sirven a los padres y familias deben ser conducidos de una manera voluntaria y no discriminatoria.
- los padres y familiares deben tener acceso a la información que necesiten saber para participar en estos programas y para poder hacer decisiones claras;
- las preferencias y elecciones de la familia deben respetarse cuando se trate de los servicios para el niño(a) y su familia.

Usted, su niño(a), y su familia tienen el derecho a:

- dar consentimiento escrito cuando su niño(a) va a ser examinado(a) o evaluado(a);
- ser notificados por escrito en su lenguaje original, si posible, de sugerencias hechas por los proveedores de servicio;
- ver las copias de registros del niño(a) y su familia, y corregirlos;
- mantener privacidad o confidencialidad acerca de cualquier información personal del niño(a) o su familia;
- tener un coordinador de servicio que le ayudará a conseguir toda la información y la gente necesaria para desarrollar el IFSP;
- asistir a una mediación o proceso de audiencia formal si hay desacuerdos o quejas que no pueden ser resueltos informalmente con el proveedor de servicio.

Las familias deben estar involucradas en todos los pasos del proceso de intervención temprana. A pesar de que el proceso está diseñado para reducir los conflictos, pueden ocurrir desacuerdos. Por ejemplo, las posibles áreas de desacuerdo entre padres y profesionales son:

- *Los profesionales* creen que una examinación inicial y una evaluación no son necesarias.
- *Los padres* creen que una evaluación inicial no es necesaria.
- La familia y los proveedores de servicio no concuerdan con el tipo, frecuencia o duración de los servicios.
- La familia y los proveedores de servicios tienen dificultades en obtener la ayuda necesaria para el niño(a) y su familia.

¿Qué ocurre cuando el proceso no anda bien? ¿Qué deberían hacer los padres y los profesionales cuando las diferencias de opinión persisten?

RESOLUCIÓN DE PROBLEMAS DE MANERA INFORMAL

Puede llegar el punto donde usted no sabe qué más hacer en una situación difícil, ya sea en relación a otra persona o en cuanto a cómo tomar buenas decisiones para su niño(a) y su familia. Si esto fuera así, el usar la técnica de resolución de problemas puede ayudarle. Primero, clarifique la situación: identifique qué es lo que encuentra insatisfactorio. Segundo, haga un plan de acción: explore diversas alternativas y decida cuáles va a tratar de obtener. Si usted pudiera encontrar un amigo(a) que le acompañe a dar estos pasos, y/o anotarlos, se va a sentir mejor y en control de la situación.

Resolución de Problemas: Estudio de un Caso

El lenguaje y el habla de Ernesto están retrasados. El nació con un paladar partido el cual fue corregido a través de cirugía, cuando tenía seis meses de edad. En su comunidad hay tres programas de intervención temprana. En la reunión de su IFSP los profesionales recomendaron el programa "Nenes Minúsculos" (Tiny Tots) el cual de los tres programas provee servicios menos intensivos. La madre de Ernesto aceptó de mala gana, aunque sintió que los servicios del Centro de I y T eran más apropiados tanto para Ernestito como para su familia.

Después de seis semanas en el programa Nenes Minúsculos, la Sra. Cáceres decidió que era necesario hacer un cambio, porque consideraba que el progreso de Ernestito era muy lento. Ella necesitaba más asistencia porque quería aprender más acerca de como trabajar con Ernestito, en la casa. Visitó los programas de I y T, y habló con los especialistas de intervención temprana y algunos padres, y tomó notas de lo que aprendió. Los infantes eran muy parecidos a Ernestito en su desarrollo, y el entrenamiento de la familias para ayudar a los infantes era mucho mejor.

Después ella habló con su coordinador de servicios, y compartió sus ideas y observaciones. Juntos fueron a ver a los maestros de Nenes Minúsculos y describieron el nivel de servicios que la Sra. Cáceres sentía que Ernestito necesitaba. El personal técnico de Nenes Minúsculos expresaron su incapacidad para aumentar los servicios que recibía la familia Cáceres. Afortunadamente, se abrió una entrada en el Centro I y T. La Sra. Cáceres y el coordinador de servicios llamaron a una reunión al equipo del IFSP y todos acordaron que el cambio beneficiaría a Ernesto y la familia. Tanto la Sra. Cáceres como los profesionales se sintieron muy satisfechos de resolver el problema a través de una manera informal.

OTRAS OPCIONES PARA RESOLVER DESACUERDOS

Si la manera informal de resolver problemas no resulta, la ley provee otros procedimientos que permiten a las familias y los proveedores de servicio alcanzar una resolución. Muchos de los estados tienen ambos, tanto mediación como audiencias del debido proceso. Además, tiene la opción de procedimientos de corte.

El capítulo 10 explica en detalle los procedimientos a seguir para resolver diferencias a través de una audiencia con un oficial de audiencia oyente e imparcial.

Muchas familias, sin embargo, encuentran que una audiencia de debido proceso formal o procedimientos de corte, toma una cantidad tan enorme de tiempo, dinero y energía, que estas acciones no son prácticas para un infante o un pequeño. En la mayoría de los estados y localidades lo medio de más ayuda en la resolución de un desacuerdo es la *mediación*.[*]

¿Qué Significa la Mediación y cómo Funciona?

Cuando las personas envueltas en un desacuerdo son incapaces de alcanzar una solución usando maneras informales de resolver problemas, pueden decidir en tratar la mediación. La mediación es un proceso para resolver conflictos entre dos o más partes utilizando una persona entrenada e imparcial, en la resolución de un problema. Es estructurada, pero es mucho menos formal que una audiencia de debido proceso o procedimientos de corte. En la mediación, cada parte involucrada habla con la otra para alcanzar una solución. Estos retienen control de los problemas y como éstos se resuelven. La mediación comienza con el momento presente y se orienta hacia el futuro. Las partes se concentran en cómo resolver el problema ahora y moverse hacia adelante, más que en examinar acciones pasadas o errores.

El mediador puede que guíe a las partes a un compromiso, al que fueron incapaces de alcanzar por sí mismos. El papel del mediador es el de concentrar la atención en el *problema*, más bien que en los participantes. Esto permite al grupo trabajar en la solución del problema.

La mediación no está restringida por normas legales de evidencia u otras reglas de procedimiento. No depende en la presentación de hechos por abogados u otros no directamente involucrados. La mediación se programa y se completa en un período corto de tiempo, permitiendo a las partes concentrarse en la resolución, más que en la preparación de un caso para una audiencia.

La mediación se usa más y más para resolver desacuerdos que se forman bajo la ley Acta de Educación para Individuos con Impedimentos (IDEA), entre padres y oficiales escolares públicos. Este proceso también puede ser útil para padres y profesionales que trabajan con niños(as) y pequeños en el sistema de intervención temprana. Usted encontrará que la mediación es más rápida, menos cara, produce menos tensión, y es más constructiva que la audiencia del debido proceso. Las familias y los proveedores de servicios continúan, una vez resuelto el presente desacuerdo, trabajando juntos para proveer los servicios al niño(a). La mediación puede ser una solución donde todos ganan y nadie pierde, y donde las partes trabajan juntas en el desarrollo de soluciones flexibles.

La mediación no significa que usted ceda el derecho a una audiencia de debido proceso si posteriormente la mediación fallara. La mediación *no* elimina ningún derecho que un niño(a) o su familia tienen bajo IDEA; es sólo una alternativa que está disponible.

Cada estado que proporciona mediación tiene ciertas provisiones. Por ejemplo, en un estado la mediación debe completarse en un plazo de quince días naturales, de presentada la solicitud. Cuando las partes han alcanzado un acuerdo, los mediadores lo escriben en un lenguaje aceptable para ambas partes, y luego estas firman el acuerdo escrito.

Mediación: Estudio de un Caso

Ema Pereira nació dos meses prematuramente. A los seis meses de edad, no podía darse vuelta o hacer ruidos de infante, y había sufrido de infecciones serias del oído. Por recomendación del pediatra, comenzó a participar en un programa de intervención temprana. Después de la evaluación, su equipo multi-disciplinario determinó que tenía una demora del desarrollo y la inscribieron en un programa una mañana a la semana. Los servicios que Emita recibía incluían terapia del habla, física y ocupacional, ofrecida en un ambiente informal de juego con otros dos infantes.

Los padres de Emita, los Pereira, estaban muy preocupados acerca de su demora en el desarrollo, especialmente cuando la compararon con su hermano mayor. Ellos pidieron que asistiera tres veces a la semana y también contrataron a terapistas privados para venir a su casa. El personal técnico alentó a los Pereira que jugaran con Emita en la casa y le demostraron algunos ejercicios que podían hacer con ella, pero se rehusaron a añadir dos mañanas más a su plan. Los Pereira creían firmemente que Emita necesitaba ese tiempo adicional y que los resultados que esperaban alcanzar en su IFSP no se podrían cumplir sin esto. El personal técnico del centro le dijeron a los padres de Emita que el tiempo adicional no la iba a beneficiar. Después de varias reuniones incómodas, el personal técnico y la familia decidieron que habían llegado a un punto muerto y que ya no podían conducir reuniones constructivas. Acordaron en reunirse de nuevo, con un mediador presente.

Los Pereira llamaron por teléfono a la Oficina de Intervención Temprana en su estado para solicitar un mediador. El mediador llamó a ambos, tanto el personal técnico del centro, como a los Pereira para establecer una hora conveniente para la reunión y explicó el procedimiento de mediación. En la reunión, el mediador abrió la sesión explicando su propósito, enfatizando la privacidad y la necesidad de centrarse más bien en el futuro, que en eventos pasados.

El mediador escuchó como la familia de Emita relataba su deseo proveer a su niña tanta asistencia como fuera posible lo más temprano en su vida, para ayudarla a compensar su demora en el desarrollo. Sus esperanzas eran que Emita no requiriera asistencia especial una vez que entrara en educación preescolar. El personal técnico respaldaba la meta de los Pereira, pero explicaron al mediador que raramente recomendaban que los niños(as) de menos de un año de edad fueran al centro más de una vez por semana, porque este ambiente resulta ser demasiado tenso, la mayoría de las veces.

El mediador señaló que ambas partes compartían la misma meta para Emita, pero diferían en como alcanzar ese objetivo. El mediador guió la discusión la cual ayudó a clarificar las razones que tenía el personal técnico para realizar las terapias una vez a la semana, y las preocupaciones que tenía la familia acerca del desarrollo de Emita. Los Pereira concordaron que la terapia adicional suministrada por los especialistas no beneficiaría necesariamente a Emita. El personal técnico del centro ofreció reunirse con los Pereira en su casa, una vez por semana, para ayudarlos a desarrollar actividades que pudieran avanzar el desarrollo de Emita. La familia estuvo de acuerdo con esta asistencia, ellos aceptaron las sesiones una vez por semana, más la reunión semanal y el re-evaluar el progreso de Emita en cuatro meses.

■ TRANSICIÓN A LOS SERVICIOS PREESCOLARES ■

Bueno, justo ahora que usted empezaba a sentir que su vida se asentaba en un tipo de rutina, las cosas empiezan a cambiar otra vez. Cuando su niño(a) pequeño se acerca a la edad de tres años, un nuevo programa se vislumbra en el horizonte. ¿Cómo se prepara usted y su familia para el siguiente paso en la vida de su niño(a)? Cada Plan de Servicio Familiar Individualizado (IFSP) debiera determinar los pasos para la transición de servicios de intervención temprana al próximo servicio preescolar que sea apropiado para su niño(a). Los pasos tienen que incluir discusiones y entrenamiento de los padres, acerca de ubicaciones futuras y otros asuntos relacionados que considerar con la transición del niño(a). Además, debiera haber allí una descripción de la ayuda que recibirá el niño(a) para prepararse para los cambios en los servicios, incluyendo los pasos que le van a ayudar a ajustarse y a funcionar en el nuevo ambiente. Con su permiso, información acerca de su niño(a) (exámenes y evaluaciones y copias de los IFSPS que se han desarrollado) pueden enviarse al sistema escolar local. El plan de transición debe asegurar una transición relativamente fácil y sencilla a la educación especial preescolar u otros servicios apropiados, cuando el niño(a) cumpla tres años de edad.

Se harán nuevos exámenes y evaluaciones para establecer la calificación del niño(a) para educación especial preescolar. En algunos estados el sistema de intervención temprana hará los exámenes o pruebas, mientras que en otros estados, el sistema escolar quiere hacer sus propios exámenes. No importa quién haga la evaluación, el sistema escolar depende de información actualizada para hacer su decisión de calificación. Un Programa Educativo Individualizado (IEP) se escribirá para su niño(a) después de la evaluación. Esto ocurrirá, 1) ya sea en intervención temprana con una persona de educación local como un miembro del equipo del IEP, o 2) por la agencia de educación con la asistencia de un especialista en intervención temprana.

Ciertos pasos pueden ser tomados por su familia para facilitar el cambio, tanto para usted como su niño(a). Las familias pueden escoger de entre los siguientes pasos:

■ Recopile tanta información como sea posible acerca del próximo programa.

- Explore alternativas posibles para seleccionar una o dos de las mejores posibilidades.
- Localice otra familia cuyo niño(a) ha estado en el programa propuesto y aprenda acerca de sus experiencias.
- Hable con la persona que esté a cargo del programa propuesto.
- Visite el programa propuesto por adelantado.
- Hable con maestros y administradores del programa, describiendo sus experiencias familiares en intervención temprana y sus esperanzas para la nueva situación.
- Pida materiales escritos y aprenda los procedimientos para entrar y participar en el nuevo servicio o sistema.
- Evalúe el programa propuesto cuidadosamente y recuerde que usted está a cargo de decidir, y que puede decir "sí" o "no" a los servicios recomendados para su niño(a) y la familia.

Cuando llegue el tiempo de efectuar el cambio, prepárese usted, su familia y su niño(a) para las nuevas rutinas. Por ejemplo, usted puede visitar el nuevo programa o servicio para que su niño(a) se acostumbre a la nueva gente y al nuevo ambiente. Llevando quizás un juguete favorito de su niño(a) podría hacerle sentirse más cómodo(a) en su nuevo ambiente. También puede ser necesario alertar a otros familiares de las nuevas rutinas que se produjeron con el cambio.

A medida que pasa el tiempo, usted encontrará que los cambios o transiciones presentan muchos de los mismos problemas que usted ya ha pasado antes y que ya aprendió a resolverlos. El pasado ciertamente le puede ayudar a prepararse para nuevas experiencias. Lo que usted ha aprendido en el programa de intervención temprana quizás puede aplicarse, si su niño(a) entrara en un programa de educación especial preescolar. Como en todas las decisiones que ya ha hecho y estará haciendo, mientras más información recopila y mientras más fuertes son las relaciones que usted desarrolla, más fácil se hará el proceso de transición para usted y su familia.

9. La Transición

Los Senderos para el Futuro

¿Puede mi niño(a) realmente aprender a vivir lejos del hogar? ¿Tendrá él o ella un trabajo en la comunidad? ¿Cuáles son las oportunidades para seguir su educación después que termine el sistema escolar público?

No importa cuán chiquito es su niño(a), éstas y muchas otras preguntas probablemente ya le han venido a la mente. A medida que su niño(a) crece, su familia continuará enfrentándose con muchas preocupaciones acerca de su futuro. Con el pasar de los años, estas preocupaciones le causarán ansiedad pensando en lo que la vida le podrá ofrecer. Pero también al estar cada día tan ocupado(a), el pensar o planear para el futuro resulta difícil de hacer; y ya que no se tiene una bola de cristal para predecir el futuro, uno llega a dudar si vale la pena, el tiempo y el esfuerzo requerido para tal planificación.

Pero, por otro lado, pasos que usted tome ahora le pueden ayudar a crear un futuro más positivo, tanto para usted como su niño(a), cualquiera que sea su impedimento. Probablemente el mejor modo de reducir la ansiedad y tensión asociada con esta incertidumbre es a través de una cuidadosa planificación, empezando suficientemente temprano en la vida escolar del niño(a), y así aprovecharse de los recursos de la escuela. Usted tiene un papel vital e importante que hacer para garantizar que su niño(a) con impedimentos, al igual que cualquier otro niño(a), tenga una vida tan independiente como sea posible y que se valga por sí mismo(a). Este capítulo le ayudará a entender el concepto de transición y cómo los modos de planificación de la transición pueden ayudar a su niño(a) a moverse hacia un futuro de máxima independencia.

∎ ESPERANZAS Y HECHOS ∎

Las familias de niño(a)s con impedimentos están acostumbradas ahora al uso de los derechos educacionales provistos por IDEA y sus enmiendas, que incluyen una educación pública gratis, apropiada y en el ambiente menos restrictivo. Es posible que usted suponga que un derecho similar para servicios públicamente financiados continuará después de la graduación de la escuela. Lamentablemente, este no es el caso. Una vez que un(a) joven con impedimentos sale del sistema escolar público, no hay ningún programa que garantice la continuidad de los servicios que cesan bajo IDEA. No hay ninguna ley federal o estatal que proporcione a los jóvenes con impedimentos derechos a continuar su educación, alojamiento, trabajos o servicios de apoyo que se necesiten para ayudarlos a vivir independientemente.

El personal de las escuelas, los padres, los partidarios de esta causa y la gente con interés en la comunidad, han estado trabajando duro en estos últimos años en considerar los problemas que enfrentan estos jóvenes al salir de la escuela, entre los 18 y los 21 años, sin tener dónde ir. En particular, han trabajado en las enmiendas de 1990 de IDEA que requieren que se proporcionen servicios de transición a todos los estudiantes con impedimentos. Como resultado, todos los estudiantes de educación especial, comenzando a los dieciséis años y aún a los catorce años, de ser apropiado, deberán tener planes y servicios establecidos, para ayudarles a lograr o continuar trabajando hacia las metas y objetivos de su vida.[*]

∎ LOS PLANES DE TRANSICIÓN DE UNA FAMILIA ∎

Desde que era chiquita, Teresa Contreras demostró un fuerte interés en cuidar sus animalitos domésticos, niño(a)s chicos y a su abuelo envejeciente. A ella le encantaba jugar de enfermera con sus muñecas o de veterinaria con su animales. Su familia tomaba cada oportunidad que tenían para que ella estuviera con otros niño(a)s o adultos, como también de ayudar con los quehaceres de casa, especialmente cuando tenían visitas. Con el pasar de los años, se dieron cuenta que esos intereses y fortalezas de Teresita podrían guiarle hacia una posible carrera.

Cuando Teresa cumplió los catorce, la Sra. Contreras hizo lo posible para que ella fuera a trabajar con la familia de una de sus amigas, como ayudante de niñera. Cuando su amiga Carla tenía un trabajo y le tocaba cuidar niño(a)s, Teresa le acompañaba y le ayudaba a poner los niño(a)s chicos a la cama. En la escuela, el Programa Educativo Individualizado (IEP) de Teresa tenía un objetivo de visitar cuatro diferentes trabajos, para observar a la gente en el trabajo y aprender acerca de las diversas ocupaciones. Ella también estaba tomando un curso de economía doméstica para aprender a planear y preparar comidas simples.

En la escuela secundaria, Teresa entró en un programa llamado experiencias de trabajo, que le permitió pasar parte de su día en la comunidad, participando en un programa especial de ayudante de enfermería. Los estudiantes en este programa trabajan en una variedad de posiciones, ofreciendo cuidado a otros varias horas al día. Primero, Teresa trabajó con la enfermera en una escuela primaria; tenía que mantener el equipo limpio, poner sábanas limpias en las camitas y quedarse con los niño(a)s chicos mientras esperaban a la enfermera. Seis semanas después, ella trabajó en un Hogar de Envejecientes, con una ayudante de enfermera registrada. Su última experiencia durante ese año escolar fue en la unidad pediátrica del hospital, aprendiendo a hacer camas, esterilizar juguetes y equipos y servir de compañera para los niño(a)s chiquitos que estaban enfermos.

Con la ayuda de su consejero de secundaria, Teresa y su familia localizaron un colegio universitario pequeño (junior college) con un programa de auxiliar de enfermería de dos años. El programa proporcionó a Teresa instrucción y apoyo para vivir por sí misma, así como también entrenamiento en la carrera elegida.

Teresa y su familia hicieron planes para su vida después de la secundaria, y gracias a la ayuda de los requisitos de transición bajo la ley del IDEA pudieron obtener los servicios que ella necesitaba.

▪ La Transición e IDEA ▪

Para preparar a los niño(a)s con impedimentos a los siguientes pasos después de la secundaria, las escuelas debieran proveer, de acuerdo con IDEA, "...un conjunto coordinado de actividades... basadas en las necesidades individuales del estudiante, teniendo en cuenta las preferencias e intereses del estudiante." En otras palabras, se deberían incluir diferentes actividades como parte del plan de su hijo o hija, quién debería estar directamente involucrado(a) en elegir esas actividades. Las actividades deben planificarse con ciertos objetivos en mente. Estos incluyen: *educación después de la secundaria, entrenamiento vocacional, empleo integrado (incluyendo empleo con el uso de apoyos), educación continuada y educación para adultos, servicios para adultos, vivienda independiente y participación en la comunidad.*

¿Cuáles son estos objetivos? ¿Para qué se están preparando estos estudiantes con impedimentos?

1. Educación después de la Enseñanza Secundaria

Las universidades, ya sean de cuatro años o los colegios universitarios pequeños en la comunidad, de dos años (junior colleges o community colleges), ofrecen una oportunidad a los estudiantes con impedimentos para continuar su educación y obtener un certificado o un diploma. Bajo el Acta de Americanos con Impedimentos (ADA) y la Sección 504 del Acta de Rehabilitación, a las instituciones post-secundarias se les prohibe no proveerles programas educacionales y discriminar contra estudiantes con impedimentos, que de otra manera serían elegibles. (Vea el Capítulo 11 para más información acerca de los requisitos y protecciones suministradas por la Sección 504 y el ADA.)

2. EDUCACIÓN CONTINUADA Y EDUCACIÓN PARA ADULTOS

Los cursos de la educación continuada ofrecen oportunidades para el enriquecimiento personal en áreas como cocinar, jardinería y trabajo en madera; así como cursos para alcanzar metas hacia una carrera, como administración de negocios. Los programas de educación para adultos están diseñados para proveer instrucción a cualquier persona de más de dieciséis años y que no reciba los beneficios del sistema de educación pública. Estos programas pueden tener cursos de educación vocacional, como también cursos para prepararse para el examen de Desarrollo de Educación General (o en inglés, General Education Development—GED), que es un diploma equivalente a la educación secundaria, como también instrucción para "Inglés como Segundo Idioma." Usted puede encontrar más información acerca de educación continuada y para adultos en su distrito escolar local, departamento de recreación o colegio universitario pequeño (community college).

3. ENTRENAMIENTO VOCACIONAL

Escuelas Técnicas y de Comercio. Estas escuelas preparan a los estudiantes para el empleo en ocupaciones corrientes como secretaria, especialista en aire acondicionado, cosmetólogo, electricista, soldaduría y carpintería. El curso puede tomar desde dos semanas a dos años; las escuelas generalmente requieren para entrar un diploma de secundaria o su equivalencia. Es bueno recordar que, bajo la ley de ADA y la Sección 504, las escuelas técnicas y de comercio tienen que proveer, en lo razonable, modificaciones y acomodaciones para las personas con impedimentos en la provisión de sus programas, para no discriminar injustamente contra ellas. Por ejemplo, un joven con un retraso mental leve quisiera tomar cursos de mecánica de automóviles. Él sería capaz de aprender los materiales y participar completamente en el programa de educación profesional, si se le proporcionaran en cintas grabadas los manuales requeridos por el curso.

Entrenamiento en el Trabajo Mismo. El entrenamiento en el trabajo mismo (hands-on) es un entrenamiento a corto plazo que capacita a una persona a participar en el lugar del trabajo, mientras aprende las tareas que lo comprende. Muchas de las agencias de rehabilitación, organizaciones para impedimentos y corporaciones grandes, proveen este tipo de entrenamiento y ubicaciónen el trabajo.

4. EMPLEO INTEGRADO

Empleo Competitivo. El empleo competitivo consiste en trabajos diarios que se presentan en el amplio mercado del trabajo, tales como asistente del cuidado de la salud, operador de entrada de datos, ayudante legal, mozo/camarero, asistente de estación de servicio, vendedor de tienda, secretaria y mecánico. Estos trabajos pagan sueldos corrientes y pueden ser parte del tiempo o jornada completa.

Empleo con el Uso de Apoyos. El empleo con el uso de apoyos es un trabajo pagado que se ofrece a los trabajadores con impedimentos serios y que les capacita a trabajar con la gente que no tienen impedimentos. Por ejemplo, su hijo(a) trabajaría ya sea individualmente o como parte de un equipo pequeño, con otras personas que no tienen impedimentos, pero siempre estaría integrado(a) en la corriente de la vida laboral. Alguien en el trabajo provee apoyo, ayudando al empleado a mejorar sus destrezas de trabajo, relaciones interpersonales o cualquier otra necesidad relacionada al trabajo. Esta persona generalmente entrena "con más suavidad" o reduce su dirección, a medida que el trabajador se va capacitando en su trabajo. Los salarios para empleos con apoyos, están a la par o sobre el salario mínimo. Ejemplos de empleos con apoyos incluyen los siguientes: mantenimiento de jardines, ayudante de oficina de veterinario, ayudante de laboratorio para tener equipos listos para los científicos o ensamblando tableros electrónicos.

5. Servicios para Adultos

Los programas de servicios para adultos, que contienen programas diurnos, centros de actividad laboral y talleres especiales, proveen un ambiente laboral supervisado, sin integración con trabajadores que no tienen impedimentos. En **los programas diurnos para adultos**, los participantes generalmente reciben adiestramiento acerca de las destrezas de vida diaria, destrezas sociales y recreacionales. **Los centros de actividad laboral** ofrecen un entrenamiento similar pero también ofrecen entrenamiento en actividades vocacionales. En **los talleres especiales**, los participantes hacen trabajos de contratos, como preparar grandes cantidades de cartas para el correo, barnizar o reparar muebles, o ensamblar partes en los frenos de una bicicleta. A cada trabajador se le paga por pieza, en base al número de piezas que completa.

6. Vivienda Independiente

Para gozar del derecho a la vivienda independiente los jóvenes deben aprender las destrezas que se necesitan para vivir solo, u obtengan el apoyo necesario. Esto significa que puedan manejar varias fases de la vida diaria, obtener alimentos y vestido, aprender a manejar su tiempo y dinero y aprender modos de entretenerse.

Dependiendo de su situación financiera y la habilidad para vivir independientes, los jóvenes con impedimentos pueden seguir viviendo con sus padres, otros familiares, con compañeros de cuarto, ayudantes pagados, o pueden vivir por sí mismos. Las opciones para jóvenes que necesiten un fuerte apoyo en la vida independiente incluyen el cuidado familiar, arreglos de vivienda supervisados y las facilidades que provean cuidado intensivo. El **cuidado familiar** es suministrado por personas que tienen licencia estatal para proveer ambientes "como de familia" para personas mayores y adultos con impedimentos. Los **arreglos de vivienda supervisados**, tales como hogares en grupo, están manejados por agencias públicas o privadas que poseen o alquilan casas o apartamentos. Un personal pagado supervisa a los residentes y los ayudan con las tareas del diario vivir, como presupuesto, preparación de alimentos y transportación. Muchas de las personas con impedimentos graves están viviendo bajo supervisión en apartamentos pequeños, con compañeros de cuarto de su propia elección. Están supervisados y apoyados por el personal pagado de las agencias de servicios humanos en su comunidad. Los **Hogares Especializados de Cuidado y las Facilidades del Cuidado Intermediario** son facilidades con licencia que operan bajo estrictos reglamentos y proveen un apoyo intensivo para la gente en las áreas del cuidado personal, comunicación y manejo del comportamiento.

7. PARTICIPACIÓN EN LA COMUNIDAD

La participación en la comunidad tiene muchas formas, por ejemplo, voluntario(a)s en el hospital, plantando árboles en el parque del vecindario, ayudando en la iglesia, trabajar en la junta directiva de una agencia sin fines de lucro, o pasear el perro del vecino. La gente joven con impedimentos que toman parte en la comunidad, se hacen de nuevos amigos, tienen posibles contactos de trabajo y contribuyen a la vida y al bienestar de la comunidad. Pero primero, hay que desarrollar los planes de transición y las actividades para garantizar a estos jóvenes con impedimentos que puedan ser una parte integral de su comunidad y tener una participación lo más amplia posible.

■ LA IMPORTANCIA DE DEFENDERSE POR SÍ MISMO ■

En el pasado, la transición era bastante predecible para los estudiantes con impedimentos; éstos pasaban de escuelas segregadas a programas diurnos especializados para adultos o a talleres sólo para gente con impedimentos. Gracias a los padres y profesionales que fueron creativos, a programas innovadores y a leyes como IDEA y ADA, esto se ha cambiado. Los jóvenes de hoy participan más ampliamente en todos los aspectos de la vida escolar y, por lo tanto, están aprendiendo a hacer elecciones de sus vidas como adultos. Ellos esperan tener oportunidades para ser trabajadores, estudiantes, miembros de una familia, amigos y participantes en la comunidad. La legislación, las investigaciones y las mejores prácticas educacionales enfatizan que la transición de una persona joven a la vida adulta, debe estar basada en lo que a esta persona le interesa, sus destrezas, sus metas para una carrera y sus necesidades de apoyo. Dé por seguro que su niño(a) se sentirá más satisfecho(a) si usted y sus maestros le dan ánimo y lo estimulan a que exprese sus propios puntos de vista, intereses y preferencias y a hacer sus propias decisiones para el futuro.

Pero, habrá veces cuando piensa que su niño(a) no será capaz de aprender a hacer decisiones responsables y a hablar por sí mismo(a). Pero también recuerde que la manera de que una persona joven pueda defenderse por sí mismo(a) va a depender de sus destrezas y el grado de su impedimento; algunos jóvenes no son capaces de hablar verbalmente por sí mismos, pero pueden comunicar sus preferencias en muchas otras formas. Todos los jóvenes necesitan de la voluntad y el apoyo de familiares, amigos, maestros y otros, para aprender a resolver problemas, a ser decididos y a hacer sus propios planes para la transición de la secundaria. La ley IDEA reconoce la importancia de las destrezas para defenderse por sí mismo y requiere que las decisiones que se hagan en las actividades de transición sean basadas en las preferencias e intereses del estudiante.

■ LA PLANIFICACIÓN DE LA TRANSICIÓN ■ CON LAS ESCUELAS

A medida que usted considera modos de planear la entrada de su niño(a) en el mundo del trabajo, el lugar lógico para comenzar es con la escuela. Al usar las fuentes de recursos del sistema escolar, va a alcanzar mucho en prepararse para la transición a la vida adulta. Usted, su niño(a), los profesionales escolares y la gente de las agencias de servicios para adultos, todos ustedes tienen una perspectiva y un conocimiento muy importante. Si todos trabajaran juntos como un equipo, su niño(a) sacará más provecho para desarrollarse, encontrar oportunidades y obtener los servicios de apoyo que necesita para participar en la vida laboral y en la comunidad.

Planear la transición es una parte integral del proceso de educación especial y no una desviación en el mapa circular del ciclo de educación especial. La mayoría de la gente que desarrolla el IEP de su niño(a), también deben planear en sus reuniones su transición. De hecho, en muchos sistemas escolares, el IEP y los planes de transición se discuten y se escriben al mismo tiempo. Otra gente puede asistir a la reunión también, dependiendo de los tipos de servicios de transición que su hijo o hija pueda necesitar.

¿Quién Puede Asistir a la Reunión de Transición?

La ley IDEA requiere que **los estudiantes** sean invitados a cualquier reunión donde se vayan a discutir planes de transición. Teresa Contreras comenzó a asistir a las reuniones del IEP cuando tenía catorce años y así se aseguraba que sus ideas fueran parte del plan. Ella expresaba sus pensamientos acerca del futuro, su interés en el cuidado de niños y sus esperanzas de que en el futuro pudiese trabajar con niño(a)s o con los envejecientes.

Los padres son también miembros cruciales del equipo de planificación de la transición. Usted puede ayudar a explicar las ideas y preguntas de su niño(a) a los otros miembros del equipo. El equipo debiera escuchar la perspectiva única que usted tiene de las fortalezas, intereses y necesidades de apoyo de su niño(a).

El personal de la escuela es, por supuesto, parte del equipo de transición. Los maestro(a)s de su niño(a), su consejero, coordinador vocacional y administrador de la escuela pueden asistir a la reunión de transición. Muchos de los distritos escolares nombran por lo menos un coordinador de transición, que maneja todos estos servicios para los estudiantes con impedimentos y que por supuesto, también asistiría a estas reuniones. Cualquiera otra persona de la escuela que usted o la escuela piensa sería de gran ayuda puede ser parte del equipo también. El coordinador de los equipos de transición de Teresa Contreras, fue crucial en manejar su programa de experiencias de trabajo y asegurando que las actividades fueran consistentes con sus metas para una carrera.

El personal de la agencia de servicios para adultos, como consejeros de rehabilitación vocacional o el personal de un centro de vivienda independiente, pueden asistir, si su niño(a) requiriera servicios de estas agencias. También el coordinador del programa "En Movimiento" del Centro de Vivienda Independiente asistió a varias de las reuniones del plan de transición de Teresa, porque ella necesitaba asistencia para usar transportación pública.

Otras personas, a su pedido, a pedido de su niño(a) o personal escolar, pueden también tomar parte en la reunión de transición. Por ejemplo, Carla, la amiga que Teresa ayudó con el cuidado del infantes, asistió a todas sus reuniones de transición.

A medida que Teresa se preparaba para su graduación y solicitar un programa en un colegio universitario de dos años, su empleador del centro de cuidado diurno de niños, también asistió para ofrecer sus ideas y opiniones.

La Planificación de la Evaluación y Transición

Una parte importante del planeo de la transición es asegurarse de que los planes y servicios están basados en los intereses del niño(a), sus aptitudes y preferencias. Las evaluaciones pueden proveer información de gran ayuda en estas áreas, aunque no todos los exámenes son adecuados para todos los estudiantes. Usted deberá escoger cuál tipo de prueba les proveerá a ustedes con la información que sea más útil. Y, como Teresa Contreras, su niño(a) tendrá ciertas ideas propias acerca de las actividades y planes de transición para su futuro. La información de evaluación para su niño(a) viene de una variedad de fuentes, algunas de las cuales se describen más abajo.

Como una parte del curriculum de secundaria, a todos los estudiantes se les hacen pruebas, generalmente en el noveno grado, que les dará una mejor comprensión de sus intereses y fortalezas únicos, para su carrera. El consejero vocacional escolar del niño(a) puede proveer información con respecto a estas pruebas.

A través del centro técnico vocacional o de carrera secundaria del niño(a), él o ella puede participar en pruebas vocacionales o profesionales y otras oportunidades para explorar posibles sendas hacia una carrera. Teresa Contreras participó en el programa de instrucción en la comunidad, que fue tanto una oportunidad de evaluación como un programa de entrenamiento en el trabajo. Ella aprendió estos oficios mientras probaba una variedad de trabajos para saber de su preferencia y adaptabilidad para cada uno de ellos.

Para los estudiantes inscritos en educación especial, se requiere que las escuelas ofrezcan exámenes de evaluación vocacional. Estas evaluaciones consisten en actividades con papel y lápiz, pruebas de interés y muestras reales de actividades de trabajo para determinar destrezas físicas, capacidades y áreas de habilidades a desarrollar. Pruebas formales y observaciones informales deberían también ser incluidas para obtener un panorama completo de las destrezas, intereses y preferencias de su niño(a).

En la mayoría de los estados, las agencias de servicios de rehabilitación locales pueden proporcionar evaluaciones vocacionales antes de que los estudiantes terminen la escuela. Algunas tienen programas especiales donde trabajan con los estudiantes que tienen impedimentos, ofreciéndoles oportunidades para tomar evaluaciones intensivas en un lugar lejos de casa. Su especialista de transición escolar o director de educación especial puede proporcionarle más información acerca de la disponibilidad de estos tipos de programas en su comunidad.

Evaluaciones vocacionales

Cuando él o ella entra en la escuela intermedia (middle school) o en los primeros años de secundaria, la evaluación vocacional puede ser considerada como parte de los servicios relacionados del IEP, bajo la ley IDEA. El propósito de una evaluación vocacional es obtener una idea o imagen de las aptitudes e intereses del niño(a) en relación a las carreras que podría proseguir. Muchos de los sistemas escolares tienen sus propios procedimientos para conducir las evaluaciones vocacionales oficiales, mientras que otros trabajan en cooperación con las agencias de servicios de rehabilitación para conducirlas. No importa quién haga las evaluaciones, éstas van a ayudarle a usted y al personal escolar en la planificación vocacional del niño(a).

Las evaluaciones vocacionales ofrecen información necesaria acerca de un estudiante en particular, para poder diseñar, ejecutar y evaluar un programa vocacional adecuado. Esta información también puede usarse para determinar la calificación para ciertos programas o servicios, como programas vocacionales escolares o de agencias de rehabilitación vocacional. Además, deberían ayudar a su hijo(a) a explorar posibilidades de carreras, ayudar a los maestros en determinar sus capacidades y estilos de aprendizaje y a orientarse hacia áreas donde más entrenamiento le aprovecharía mejor.

La evaluación vocacional generalmente consiste en tres componentes principales:

1. Muestras de trabajo;
2. Pruebas normalizadas y
3. Observación de conducta.

Primero, **las muestras de trabajo** someten a prueba al estudiante a través de experiencias inmediatas de desempeño en ciertos ambientes de trabajo simulados y reales. Mientras más próxima a la vida real es la muestra de trabajo y más se asemeja a un trabajo verdadero, más fácilmente el estudiante y el evaluador podrán juzgar si tal trabajo se ajustaría o no a las destrezas e intereses del estudiante. Ejemplos de muestras de trabajo son un ensamblado de engranajes para bicicletas o un archivo de papeles en orden alfabético.

Segundo, **las pruebas normalizadas** evalúan áreas como los intereses del estudiante, sus aptitudes, destrezas oficinistas, destreza manual y habilidad mecánica. Estas pruebas están diseñadas para predecir si un estudiante puede desempeñarse en trabajos que requieren tales intereses y destrezas.

Tercero, **la observación de conducta** es un modo sistemático de observar, anotar e interpretar el comportamiento de un estudiante al trabajar. La mayoría de los educadores vocacionales están de acuerdo que la observación profesional de una persona en el trabajo da una mejor idea de destrezas profesionales que cualquier prueba normalizada o muestra de trabajo. Por eso, en muchas de las evaluaciones se encuentran observaciones del estudiante en una variedad de trabajos en la comunidad, dentro de un período de meses. El evaluador profesional obtiene así una amplia imagen de los intereses y destrezas del estudiante en estas observaciones. Estas experiencias también proveen un ambiente real del trabajo, en el que los estudiantes pueden practicar una conducta adecuada para el trabajo y saber cuáles son las expectativas para esos trabajos.

Idealmente, una evaluación profesional debería utilizar una combinación de muestras de trabajo, pruebas normalizadas y observaciones de la conducta, para desarrollar un panorama del potencial e intereses vocacionales del niño(a). Los padres y profesionales sin embargo, nunca deberían permitir que estas evaluaciones sean el único factor para determinar su adaptabilidad a un trabajo o el camino a una carrera.

Las evaluaciones profesionales pueden ser valiosas para el niño(a) cuando se combinan con otros hechos acerca de sus intereses, esperanzas y visión del futuro. Asimismo, los empleadores y proveedores de servicios a adultos reconocen que sólo el entrenamiento profesional por sí muy rara vez prepara completamente a una persona para un trabajo. Si usted espera que un joven esté "listo" para un trabajo—que hubiera aprendido en la escuela todos los requisitos para un trabajo, o que algún proveedor de servicios le hubiese preparado para moverse de un trabajo protegido y segregado a un trabajo en la comunidad—está equivocado(a). Es ahora ampliamente reconocido que los jóvenes con impedimentos son capaces de obtener y mantener trabajos por un período más largo, si se les coloca en trabajos que les interesan, que se les entrena para ese trabajo y que les proporciona los apoyos que necesitan para mantener ese trabajo.

EL PROGRAMA EDUCATIVO INDIVIDUALIZADO (IEP) Y LA TRANSICIÓN

La ley IDEA requiere que los IEP de los estudiantes contenga párrafos describiendo los servicios de transición necesarios cuando el estudiante cumpla los dieciséis años, o catorce, si es apropiado.[*] En algunos distritos escolares, los estudiantes tienen Planes Individualizados de Transición por separado; otros distritos escolares incorporan las metas, objetivos y servicios de transición dentro del IEP regular. Las escuelas son responsables de coordinar los planes de transición y ofrecer los servicios que la escuela acordó en el plan. Si una agencia, que no sea el sistema escolar, no provee los servicios que la agencia acordó en el plan, la escuela tiene que llamar a reunión al equipo del IEP para identificar otros modos de cumplir con los objetivos de transición.

Cuando se desarrollan planes de transición, el equipo discute los servicios que su niño(a) podría necesitar en las áreas de: instrucción, experiencias en la comunidad, desarrollo en el empleo y otros objetivos de vida adulta para después de la escuela, adquisición de destrezas de vida diaria y evaluación vocacional funcional. (La evaluación vocacional funcional consiste generalmente de observaciones formales e informales del estudiante en un ambiente laboral.)

Si el equipo, el cual incluye a usted y a su niño(a), decide que el estudiante no necesita servicios en ninguna de esas áreas, debe haber una explicación del por qué y cómo se llegó a esa conclusión. Por ejemplo, un estudiante trabajando hacia un diploma de secundaria con las esperanzas de entrar a una universidad de cuatro años, lo más probable es que no necesite "aprender destrezas del diario vivir" como parte de su plan de transición.

UBICACIÓN Y TRANSICIÓN

Para algunos estudiantes los servicios de transición estarán incorporados en sus clases regulares de secundaria. Otros asistirán a programas específicos para prepararse para sus vidas después de la secundaria. El plan de transición de Teresa Contreras tenía ambas "clases regulares" de secundaria y un programa especializado. Ejemplos de programas específicos son:

Programas de Estudio y Trabajo en la Comunidad. Aquí su niño(a) recibiría entrenamiento dirigido hacia el empleo así como créditos que cuentan como experiencia de trabajo y para su graduación. Los programas de estudio de trabajo a veces involucran empleo pagado y los estudiantes están supervisados en el trabajo por un supervisor y no por empleados escolares. Por ejemplo, la amiga de Teresa Contreras, Mónica, estaba empleada como ayudante de terapia física, cuatro horas al día, y asistía a clases de Historia e Inglés dos horas al día, en su último año de secundaria. Con esto, ella recibió créditos para su graduación, por el trabajo y las clases, como día completo.

Programas y Clases Regulares de Educación Vocacional. Éstos están diseñados para preparar a los estudiantes para trabajos en áreas como construcción, cosmetología, servicios de preparación de alimentos o electrónica. Algunos distritos escolares tienen centros vocacionales separados; otros incorporan los programas vocacionales dentro de sus establecimientos de secundarias.

Programas Especiales de Educación Vocacional. Estos programas están diseñados específicamente para estudiantes con impedimentos e incluyen entrenamiento vocacional, adaptación al trabajo y desarrollo de destrezas sociales. Generalmente incluyen entrenamiento en áreas como servicio de preparación de alimentos, jardinería y limpieza o mantenimiento.

Instrucción basada en la Comunidad. Los estudiantes que participan en la instrucción basada en la comunidad, llamada a veces educación vocacional cooperativa, reciben supervisión e instrucción del personal escolar en sus trabajos en la comunidad. Parte del programa escolar de Teresa incluía la instrucción basada en la comunidad en varios lugares y situaciones, a medida que ella iba aprendiendo las destrezas para ser una ayudante de enfermería.

Centros para Vida Independiente (Centers for Independent Living—CIL). Si su niño(a) tiene necesidad de aprender las destrezas en el área de depender de sí mismo(a), para abrirse camino hacia una mayor independencia, puede asistir a un programa CIL, como parte de sus clases diarias o agregado a sus actividades escolares. Teresa Contreras suplementaba su clase de economía doméstica en la escuela con un programa de nueve meses sobre destrezas para vivir independientemente, en su CIL. Aprendió a conciliar su talonario de cheques, planear y cocinar alimentos saludables y lavar su propia ropa.

■ PLANIFICACIÓN CENTRADA ALREDEDOR DE ■ LA PERSONA

¿Cómo se empieza a planear para el futuro? Si su niño(a) ya fuera un adolescente y ha estado en educación especial por varios años, entonces ya usted está acostumbrado(a) al proceso del IEP. Pero, la planificación de transición, sin embargo, es diferente. En vez de acentuar los defectos de una persona y trabajar hacia su cura, la planificación de la transición se orienta hacia el futuro. Está centrada en los intereses y preferencias para el futuro del niño(a). Explora lo que se requiere para aprender un trabajo o para vivir por sí mismo.

Un método que es de gran ayuda a la hora de prepararse para el desarrollo del plan de transición es el proceso llamado planificación centrado alrededor de la persona. En este proceso de planificación, la persona con impedimentos ayuda a escoger los miembros de su propio equipo de planificación y frecuentemente está a cargo de su propia reunión. Sus propias esperanzas y sueños para el futuro y otros factores importantes como fortalezas, talentos, objetivos y sus necesidades de apoyo, se identifican durante este proceso. Los resultados del proceso de planificación proveen la base para el plan de transición más formalizado.

La primera reunión de planificación centrada de Teresa Contreras tuvo lugar cuando ella tenía catorce años de edad. Ella invitó a su mamá y papá y al tío Federico, así como a sus amigas Carla y Mónica, a Juanita (una amiga de sus padres) y a su maestro favorito de la escuela intermedia. Uno de sus maestros de secundaria, que era también amigo de la familia, dirigió la reunión.

Durante la reunión, el grupo respondió a varias preguntas, como:

- ¿Quién es Teresa?
- ¿Cuál es su sueño para el futuro?
- ¿Cuáles son las fortalezas, talentos y necesidades personales?
- ¿Qué es lo que ella necesita? ¿Qué haremos para cubrir estas necesidades?
- ¿Cuáles son sus temores?
- ¿Qué podemos hacer para cumplir sus sueños?
- ¿Qué podemos hacer para evitar que ocurran sus temores?

Durante el curso de la reunión, Teresa habló por la primera vez de su fuerte deseo de aprender más en la escuela; de poder tomar cursos más difíciles como álgebra y biología. Ella y sus padres hablaron acerca de ir a la universidad y de vivir algún día por sí misma. Todos estaban de acuerdo que los fuertes lazos de amistad que la familia Contreras disfrutaba con sus amigos, eran una parte importante en la vida de Teresa y que debía ser una parte central en su futuro. Teresa habló acerca de su deseo de trabajar ayudando a la gente, posiblemente gente mayor o niño(a)s chiquitos.

En reuniones posteriores, Teresa y su equipo de planificación de transición redefinieron sus ideas y desarrollaron un plan de transición formal. Usaron una tabla gráfica como la que sigue más adelante y escribieron sus ideas. Teresa y su equipo se reúnen frecuentemente para revisar el progreso y resolver cualquier problema que pueda surgir. Ellos saben que el plan de transición debe revisarse y actualizarse una vez al año como mínimo. La información y la contribución especial suministradas por Teresa, sus padres y otros familiares y amigos son vitales cuando se planea una buena transición de la escuela al lugar de trabajo.

■ TABLA DE PLANIFICACIÓN PARA LA TRANSICIÓN ■

La Tabla de Planificación para la Transición en las páginas 160 y 161 está dividida en cinco partes. La parte I es la Información del Estudiante. En esta sección, usted y su niño(a) pueden anotar un resumen de la información que usted y su equipo han reunido durante el proceso de planificación centrado alrededor de la persona, acerca de sus necesidades, fortalezas, talentos y capacidades. Hay espacio también para anotar las metas de su carrera a largo plazo. Esto se puede escribir en forma amplia como "ir a la universidad" y "obtener un trabajo conveniente" o tan específico como "convertirme en mecánico de autos" o "aprender a ser una trabajadora en un centro de cuidado de niño(a)s."

La Parte II es un Resumen de las Actividades de Transición hasta la fecha. Basado en la información resumida de la Parte I y en otras observaciones hechas en el hogar, la comunidad y la escuela, usted puede anotar las primeras ideas y sugerencias de su familia para un programa de transición. Además, las actividades de transición en que su hijo o hija ha participado se pueden describir brevemente en esta sección.

En la Parte III, usted establece las prioridades dando más importancia a las áreas de planificación de transición que usted cree necesitan atención ahora mismo. Si usted y su niño(a) encuentran que dos áreas son de igual importancia—por ejemplo, destrezas para vivir independientemente y conseguir un empleo—entonces se deben determinar las metas y objetivos en ambas áreas.

Las Metas y Objetivos para la Transición pueden escribirse en la Parte IV. El proceso para escribirlas es el mismo que para el IEP. Los maestros, especialistas de transición, educadores vocacionales u otros familiarizados con la transición, le pueden ayudar a formular metas y objetivos adecuados. La Tabla de Planificación para la Transición preparada por Teresa Contreras y sus padres, se encuentra en las páginas 162 y 163. En esta tabla usted puede ver ejemplos de metas y objetivos de transición.

La Parte V le permite identificar los Servicios Necesarios para Alcanzar las Metas. En esta sección usted escribe el nombre de la agencia que proveerá los servicios, la persona de contacto en la agencia, los servicios específicos y quién es responsable por los fondos. Por ejemplo, si su niño(a) debe aprender a usar la transportación pública, la agencia de rehabilitación vocacional local puede proveer y pagar por ese entrenamiento. Cualquier persona que ofrezca servicios debería ser parte de la reunión de planificación de transición.

Usted puede usar la Tabla de Planificación para la Transición no solamente para planear servicios para su niño(a) y con él o ella, sino también para ver que dichos servicios están trabajando una vez que se establezcan. Recuerde, ningún plan es permanente. Este plan debe revisarse y actualizarse por el equipo por lo menos una vez al año y a medida que cambian las necesidades del niño(a). Al invertir su tiempo y esfuerzo en escribir sus ideas y sus esperanzas en esta Tabla, usted encontrará que las reuniones con oficiales escolares y proveedores estarán más orientadas a las necesidades de su niño(a) y su familia, y le guiarán a ganar más oportunidades para su niño(a).

Así como los IEP son diferentes para cada niño(a), así también los planes de transición van a variar de acuerdo con las preferencias, intereses y objetivos de vida de cada joven con impedimentos. Según IDEA, los planes de transición se deben desarrollar para todos los estudiantes inscritos en la educación especial. Por lo tanto, los estudiantes con impedimentos leves, moderados o severos deberían tener la oportunidad de pensar acerca de su futuro, lo que a ellos les gustaría hacer una vez que salen de la escuela secundaria, y obtener el apoyo y los servicios necesarios para ayudarlos a alcanzar sus objetivos. Dos ejemplos de planes de transición se encuentran al final de este capítulo para ilustrar diferentes actividades y servicios de transición.

Las oportunidades para obtener más cursos posteriormente o para obtener un empleo difieren según su comunidad o ciudad. Muchas familias se han dado cuenta que para preparar sus niño(a)s con impedimentos para el mundo del trabajo se siguen los mismos pasos que para sus niño(a)s sin impedimentos. Lo que se ha llamado últimamente en inglés "networking" que viene a ser, contactar la red en que nos desenvolvemos, los amigos, familiares y conocidos, es frecuentemente el modo más efectivo de encontrar recursos y programas para jóvenes con impedimentos. Llamando por teléfono a los contactos que tenga la familia es uno de los modos más seguros de explorar opciones de trabajo y entrenamiento para jóvenes. Por ejemplo, la Sra. Contreras pidió a la hija de su amiga, si Teresa pudiera acompañarla como niñera, cuando Teresita expresó por primera vez su interés en cuidar infantes. Un segundo ejemplo es el del tío de Teresa, que tiene una compañía de pintura y mercería. Él se ha ingeniado para crear trabajitos para varios jóvenes con impedimentos.

Otra manera de explorar oportunidades para encontrar trabajo, entrenamiento o más educación es buscar agencias de servicios en la comunidad y organizaciones que sirven a gente con impedimentos. Varios estados han iniciado "proyectos de cambio del sistema a nivel estatal" para la transición, y han desarrollado programas modelos a través del estado que mejoran los servicios para estudiantes con impedimentos. En su estado, el Departamento de Servicios de Rehabilitación o Rehabilitación Vocacional, el Departamento de Salud Mental e Impedimentos de Desarrollo, y, por supuesto, el Departamento de Educación pueden proporcionar información acerca de estos programas y dirigirle a aquellos programas que podrían ser de asistencia para usted. Los grupos de apoyo, de defensa o educacionales como El Arco, Parálisis Cerebral Unida y la Asociación de Impedimentos de Aprendizaje también pueden proveerle información importante acerca de programas y servicios post-escolares. Estas y otras organizaciones se mencionan en el Apéndice C de este libro.

Recuerde que no todas las comunidades o ciudades ofrecen a sus ciudadanos con impedimentos cada tipo de opción descritos en este libro u otras oportunidades que usted puede haber oído de otras fuentes. Muchas veces los padres se encuentran buscando y buscando, como exploradores de nuevas fronteras, por programas y servicios desarrollados para sus hijo(a)s jóvenes. Planeando efectivamente para la vida de su niño(a) después de la secundaria requiere, sin embargo, la exploración de opciones que estén disponibles, con mucho tiempo de anticipación, mucho antes de su graduación o mucho antes de que cumpla los veintiún años. Las reuniones de planificación de transición pueden proveer una fuente de información acerca de los criterios de calificación y la disponibilidad de programas y servicios. Usted y su niño(a) pueden visitar los lugares donde tienen estos programas, determinar si son adecuados y averiguar cuáles son los requisitos para poder entrar. Al planificar con anticipación usted puede sacar provecho de los años escolares, el IEP y el proceso de planificación de transición formal, la red de la familia y amigos del niño(a) y la asistencia de agencias públicas y privadas, para ayudar a prepararle para una transición suave desde la escuela a la ciudadanía en su comunidad.

▪ CONCLUSIÓN ▪

La planificación de transición provee a los jóvenes con impedimentos una introducción sistemática al mundo. A través de su participación al planear la transición, los estudiantes aprenden la importancia que tiene el trabajo, la educación continuada, el depender de sí mismo y la vida independiente. Usted, como padre o madre de una persona joven con impedimentos, tiene un papel importante que jugar en la transición de su niño(a). Es esencialmente el mismo papel que juegan todos los padres del mundo con sus niño(a)s jóvenes. Están preparándoles a que sean tan independientes como sea posible y a andar con la frente alta. Sin embargo, debido a los obstáculos que la mayoría de los jóvenes con impedimentos enfrentan, su papel de padre es más crítico al planear la transición desde la escuela a ser un adulto. Pero, al planearla con su niño(a) puede ayudarle mejor que otros padres a ganar confianza, a hacer pleno uso de sus capacidades y tener las actitudes positivas necesarias para participar, tan completamente como sea posible, como un digno(a) ciudadano(a) en su comunidad.

TABLA DE PLANIFICACIÓN PARA LA TRANSICIÓN

Fecha _____

Nombre del Estudiante_____

I. Información del Estudiante

Intereses

Fortalezas / Capacidades

Metas para una Carrera

II. Resumen de las Actividades de Transición hasta la Fecha

TABLA DE PLANIFICACIÓN PARA LA TRANSICIÓN (CONTINUACIÓN)

III. Áreas de Prioridad para la Transición

Marque el orden de prioridad como Alta (1) Moderada (2) o Baja (3).

 a. Empleo _____

 b. Participación en la comunidad _____

 c. Vivir independiente / Depender de sí mismo _____

 d. Universidad o Entrenamiento Vocacional _____

IV. Metas para la Transición

a. Empleo

b. Participación en la comunidad

c. Vivir Independiente / Depender de sí mismo

d. Universidad o Entrenamiento Vocacional

V. Servicios Necesarios para Alcanzar las Metas

(Los representantes debieran estar presentes en la reunión de planificación de la transición)

Agencia	Persona Contacto No. de Teléfono	Servicios	Agencia responsable por los fondos

TABLA DE PLANIFICACIÓN PARA LA TRANSICIÓN

Fecha _____

Nombre del Estudiante___*Teresa Contreras*_____

I. Información del Estudiante

Interesez

*A ella le gusta cuidar a la gente y también a los animales.
Ella juega de lo más bien con niño(a)s chiquitos.*

Fortalezas / Capacidades

Ella es muy buena como ayudante para niño(a)s chicos en el Departamento de Recreación, o con su abuelito o con animalitos. Percibe las necesidades de otras personas y recuerda lo que les gusta.

Metas para una Carrera

A Teresa le gustaría trabajar en un centro o guardería infantil con niño(a)s chiquitos, o en un Hogar de Envejecientes, con gente mayor.

II. Resumen de las Actividades de Transición hasta la Fecha

Teresa ya ha tenido algunas experiencias de "prueba" en trabajos. Ella ha ayudado en una guardería infantil dos mañanas a la semana, limpiando los juguetes, como parte de una evaluación vocacional. Teresa toma el curso de "economía para el hogar" para aprender las labores básicas para cocinar.

TABLA DE PLANIFICACIÓN PARA LA TRANSICIÓN (CONTINUACIÓN)

III. Áreas de Prioridad para la Transición

Marque el orden de prioridad como Alta (1) Moderada (2) o Baja (3).

   a. Empleo _1_
   b. Participación en la comunidad _3_
   c. Vivir independiente / Depender de sí mismo _1_
   d. Universidad o Entrenamiento Vocacional _2_

IV. Metas para la Transición

a. Empleo

   Para aprender las labores para conseguir empleo en una guardería infantil o en un Hogar de Envejecientes.

b. Participación en la comunidad

   (No necesita trabajar en esto, por ahora, ya que tiene una gran red de amistades.)

c. Vivir Independiente / Depender de sí mismo

   De aprender las maneras de comunicar necesidades básicas.

d. Universidad o Entrenamiento Vocacional

   Le gustaría poder tomar algunos cursos en un colegio universitario pequeño (community college)

V. Servicios Necesarios para Alcanzar las Metas

(Los representantes debieran estar presentes en la reunión de planificación de la transición)

Agencia	Persona Contacto No. de Teléfono	Servicios	Agencia responsable por los fondos
Depto. de Recreación	Isabel Correa	Programa de Entrenamiento para Guardería Infantil	Depto. de Recreación
Escuelas Públicas del Condado de Fairfield	Andrés Vial	Lenguaje / Habla	Escuelas Públicas del Condado de Fairfield

10. El Debido Proceso

Los Desvíos

A medida que usted y su niño(a) participan en el ciclo de la educación especial, usted va a encontrar a veces que no está de acuerdo con las observaciones, conclusiones o recomendaciones que la gente de la escuela ha hecho concerniente a su niño(a) y a su programa educacional. Por otro lado, la gente de la escuela puede que no esté de acuerdo con las ideas que usted tiene acerca de su niño(a). ¿Cómo se pueden resolver los desacuerdos en estas situaciones? ¿Tiene que hacerse siempre del modo que la escuela lo ve? ¿Tiene usted que ser elegido a la junta de educación para poder ejercer suficiente influencia para ganar? Afortunadamente, el procedimiento llamado la audiencia de debido proceso existe para resolver diferencias que se desarrollan mientras va por el laberinto de educacación especial.

Este capítulo describe los conflictos entre los padres y los sistemas escolares que se han resuelto a través del debido proceso. Trata de los procedimientos y pasos a seguir en una audiencia de este tipo y los beneficios y costos involucrados en tal audiencia. Usted debería saber también, el procedimiento de reclamo o quejas para resolver desacuerdos de la agencia de educación de su estado. El procedimiento le permite escribir una carta al departamento de educación del estado, detallando por qué usted cree que sus derechos o los del niño(a) han sido violados. Debido a que no envuelve los pasos complicados de una audiencia de debido proceso, es muchas veces un modo efectivo de lograr los cambios que crea necesarios en la educación de su niño(a). Los procedimientos para utilizar el proceso de reclamos de la agencia de educación del estado están descritos en los reglamentos para la educación especial del estado.

Tanto el procedimiento de reclamos como el de la audiencia de debido proceso que se describen en las siguientes páginas pueden usarse también en la resolución de desacuerdos que podrían surgir en los servicios de la intervención temprana, bajo la Parte H de IDEA. En la mayoría de los casos, la audiencia de debido proceso debiera ser el último recurso de los padres para obtener una educación pública, gratuita y apropiada para su infante o niño(a) de edad escolar. Las experiencias de los padres y educadores demuestran que estos problemas se resuelven más satisfactoria y rápidamente en un ambiente informal, comenzando con el maestro y, si es necesario, envolviendo al principal u otros administradores.

En especial, si el desacuerdo se refiere a servicios de intervención temprana, generalmente es mejor manejarlo a través del proceso de mediación. Este proceso es menos costoso, menos controversial y generalmente más rápido que los procedimientos de debido proceso. Si su niño(a) estuviera recibiendo servicios de intervención temprana y surgen desacuerdos, usted debiera primero ver las políticas o reglamentos del estado para saber los procedimientos específicos a seguir. Información sobre las políticas y reglamentos se pueden obtener de su distrito escolar local o programa de intervención temprana.

Para fomentar la resolución informal de desacuerdos, las escuelas generalmente le dan la oportunidad de participar en una revisión o mediación administrativa antes de ir a una audiencia formal de debido proceso.* El proceso de mediación se describe con más detalle en el Capítulo 8. Si todos los intentos informales que se han hecho han fallado en alcanzar los acuerdos que usted cree son correctos para su niño(a), no se desanime, no tiene que rendirse en sus esfuerzos para producir un cambio. En este caso, la audiencia de debido proceso ofrece otra oportunidad para que usted asegure los derechos educacionales de su niño(a).

■ CONFLICTOS QUE SE RESUELVEN A TRAVÉS ■ DEL DEBIDO PROCESO

La defensa de la educación para niño(a)s con impedimentos tiene su base legislativa en el Acta de Educación para Todos los Niño(a)s con Impedimentos decretada por el Congreso en 1975 y re-decretado como el Acta de Educación para Individuos con Impedimentos (IDEA) en 1990. Esta ley establece reglamentos generales a seguir por las escuelas locales en cuanto a ofrecer educación especial y proteger los derechos que tienen los padres y niño(a)s a estos servicios. A pesar de que las leyes del estado y de su ciudad pueden ser más detalladas en sus provisiones que IDEA y los estatutos federales relacionados, las provisiones estatales no se pueden oponer a la ley federal. Por esta razón, este capítulo se enfoca principalmente en los procedimientos del debido proceso y de la audiencia de debido proceso, descritos en IDEA. Si tuviera que usar estos procedimientos, sin embargo, usted también deberá leer y comprender los procedimientos seguidos por su estado y su jurisdicción escolar local.* Éstos los puede obtener fácilmente de su director local de educación especial.

La ley IDEA no sólo describe el procedimiento de audiencia del debido proceso para resolver conflictos para obtener educación especial, pero también identifica los conflictos específicos que se pueden resolver por este proceso. Usted puede iniciar el procedimiento de audiencia del debido proceso sólo cuando usted cree que el sistema escolar no ha cumplido con su deber bajo la ley. ¿Cuáles son los deberes que la ley requiere de las escuelas?

1. Las escuelas tienen que proveer una educación pública, gratuita y apropiada para todos los niño(a)s con impedimentos, desde la edad de tres hasta los veintiún años, a menos que la ley estatal prohibe o no autoriza el gasto de fondos públicos para educar a niño(a)s sin impedimentos desde los tres hasta los cinco, o de dieciocho hasta los veintiuno.**** En estos estados, una educación gratuita y apropiada, es sólo requerida para niño(a)s de la edad de seis hasta los diecisiete. Por otro lado, debido a que la ley IDEA especifica solamente los requisitos mínimos que los estados deben otorgar, algunos estados van más allá y proveen una educación gratuita y apropiada a los niño(a)s con impedimentos menores de tres años y mayores de veintiuno. Así que, revise las leyes y reglamentos de su estado para determinar esas políticas estatales que debe seguir. Esta educación debe proporcionarse completamente a cargo del erario público.

2. Las escuelas tienen que garantizar que los niño(a)s con y sin impedimentos sean educados juntos en la extensión máxima posible. Los niño(a)s con impedimentos deben ubicarse en clases especiales o en escuelas separadas sólo cuando la naturaleza y seriedad de su impedimento es tal que, aun recibiendo su educación en el salón regular de clases con las ayudas o servicios de apoyo suplementarios, ésta no puede lograrse satisfactoriamente. Esta provisión legal es la que manda que los niño(a)s con impedimentos tengan una educación en el ambiente menos restrictivo.

3. Las escuelas deben establecer por escrito en el Programa Educativo Individualizado, la educación especialmente diseñada y los servicios relacionados que su niño(a) recibirá, para cumplir con sus necesidades educacionales personales.

Desde la perspectiva de la escuela, las tres reglas anteriores son los deberes que la ley requiere que desempeñen. Desde la perspectiva del niño(a) y sus padres, estos son los derechos que la ley IDEA da al niño(a). Para garantizar que estos derechos sean ejercidos, la ley describe más deberes para las escuelas y más derechos para los niño(a)s y los padres.

4. Las escuelas deben avisar a los padres con bastante anticipación, antes de evaluar o ubicar a un niño(a), cambiar su ubicación de educación especial, o rehusar a tomar tales acciones. El aviso tiene que contener una explicación completa de la decisión de la escuela y ser comunicada a los padres en su propio lenguaje de una manera que ellos entiendan.

5. Las escuelas deben obtener el consentimiento de los padres antes de iniciar la primera evaluación y antes de que el niño(a) sea ubicado en un programa de educación especial, en base a su IEP.**** Después de la ubicación inicial, se debe notificar a los padres por adelantado de cualquier cambio, pero su consentimiento no es requerido. Los padres, sin embargo, pueden iniciar una audiencia de debido proceso para contradecir los cambios, con los que están en desacuerdo. Si los padres rehusan a permitir una evaluación inicial o la ubicación inicial de su niño(a) en una clase de educación especial, entonces los oficiales escolares pueden solicitar una audiencia de debido proceso o iniciar una acción de corte para contrarrestar las objeciones de los padres. Acciones de esta naturaleza, sin embargo, se toman por el personal escolar sólo en situaciones extremas. Tal acción podría tomarse cuando la escuela cree que la educación especial es requerida para proteger la salud mental o física del niño(a) o de otros en el ambiente escolar.

6. Las escuelas tienen que proveer una evaluación del niño(a) utilizando un equipo multidisciplinario, el cual incluye por lo menos un maestro u otro especialista entendido en el área del impedimento sospechado. La elegibilidad de un niño(a) para estos servicios no puede ser determinada exclusivamente en base a una prueba o a las observaciones de un profesional.

7. Las escuelas tienen que garantizar que esas pruebas de evaluación no son discriminatorias. Las pruebas y otro material de evaluación deben estar libres de prejuicios culturales. Tienen que reflejar exactamente la aptitud o el nivel de desempeño del niño(a) y no estar prejuiciados por las destrezas inferiores al hablar o destrezas sensoriales del niño(a) o por otras condiciones o impedimentos. Una breve explicación de las pruebas a usar y la información que proveerán debe estar disponible para los padres.

8. Las escuelas deben tener disponibles para la inspección y revisión de los padres todos los registros usados en la evaluación, ubicación y los procesos del IEP, así como aquellos registros o expedientes que son una parte del registro escolar oficial del niño(a). Estos registros deben ser mantenidos en estricta confidencialidad. (Vea el Capítulo 4 para una revisión completa de sus derechos respecto a los registros escolares.)

9. Las escuelas tienen que proveer para que el niño(a) tenga una evaluación independiente, a cargo del erario público, si los padres no están de acuerdo con los resultados de la evaluación, obtenidos por el sistema escolar. La única excepción es si el personal de la escuela cree que la información de la evaluación es exacta y suficiente. En estos casos, el personal escolar puede solicitar una audiencia de debido proceso para probar su posición. Si el oficial oyente no está de acuerdo con el sistema escolar, una evaluación independiente, a cargo del erario público, se ordenará hacer para su niño(a). Si el oficial oyente defiende la posición de la escuela, entonces usted no podrá obtener una evaluación independiente y gratis. Pero recuerde, a menos que el personal de la escuela solicite y sostenga una audiencia de debido proceso para dar validez a la información de la evaluación, no pueden negar su solicitud para una evaluación independiente. Ellos tendrán que aceptar su solicitud.

10. Las escuelas deberán proveer a través de una solicitud, una audiencia imparcial de debido proceso a los padres si estos sienten que cualquiera de los derechos arriba mencionados hayan sido violados. Los conflictos que conciernen a los registros escolares, sin embargo, no requieren una audiencia de debido proceso imparcial. Vea el Capítulo 4. La audiencia tiene que seguir los procedimientos descritos en los estatutos o reglamentos del estado o la política escrita de la agencia de educación del estado. Las audiencias conducidas a nivel de la escuela local, permiten tanto a los padres como a la escuela el derecho de apelar a la agencia de educación del estado.

Si usted creyera que la escuela ha violado cualquiera de los derechos antes mencionados y ha sido incapaz de resolver sus diferencias de manera informal, usted puede solicitar una audiencia de debido proceso formal escribiendo al superintendente local de escuelas. Los padres, cuyos niño(a)s están en programas de intervención temprana, pueden hacer su solicitud al administrador de la agencia local apropiada. Recuerde, este proceso no se usa para resolver cualquier desacuerdo, solamente aquellos que surgen de los derechos y deberes provistos en la ley federal, descritos anteriormente, o que estén provistos en las leyes de su estado o ciudad.

EJEMPLOS DE CONFLICTOS RESUELTOS EN AUDIENCIAS DE DEBIDO PROCESO

- Si un niño(a) debe ser identificado con un impedimento de aprendizaje o desajuste emocional (evaluación/elegibilidad).
- Si un niño(a) debe recibir servicios relacionados, como terapia del habla o terapia ocupacional (servicios adecuados y IEP)
- Si un niño(a) debe ser ubicado en un aula restringida, o en un aula para educación general con servicios de apoyo (ambiente menos restrictivo).
- Si un niño(a) debe ser ubicado en una escuela privada, pagada por el erario público (educación apropiada y ambiente menos restrictivo).
- Si una prueba específica de inteligencia discrimina contra niño(a)s que son muy chiquitos y no pueden hablar (pruebas que no sean discriminatorias y la necesidad de una evaluación independiente).
- Si un niño(a) es elegible para recibir servicios de educación especial por razón de un impedimento del aprendizaje (evaluación/ elegibilidad)
- Si un niño(a) está recibiendo el programa esbozado para él o para ella en el Programa Educativo Individualizado (IEP) o en el Plan de Servicio Individualizado para la Familia (ISFP) (educación apropiada/IEP/ISFP).
- Si la educación apropiada para un niño(a) requiere más de los 180 días escolares normales: un año escolar extendido (servicios apropiados y IEP).
- Si un niño(a) recibe servicios en casa o en una escuela (ambiente menos restrictivo).

■ Si un niño(a) recibe una educación vocacional o académica (educación apropiada/IEP)

Como usted puede ver, los conflictos anteriores se centran en algún aspecto de los derechos del niño(a) a una educación apropiada, pública y gratuita, determinada por el IEP o el ISFP, y provista en el ambiente menos restrictivo posible. Desacuerdos como estos representan la vasta mayoría de los conflictos que llevan a las audiencias de debido procesos. Estas son las áreas más cruciales para determinar el progreso educacional que su niño(a) hará. Al mismo tiempo, las decisiones respecto a estos asuntos, son las acerca de que los profesionales pueden estar más en desacuerdo y donde las escuelas pueden verse forzadas a gastar más dinero si sus opiniones no prevalecieran. Si usted fuera a una audiencia es muy probable que se trate acerca de problemas de esta naturaleza.

Muy rara vez las audiencias de debido proceso se requieren para forzar a las escuelas a desempeñar sus deberes de procedimiento, como proporcionar aviso de acciones propuestas, obtener el consentimiento de los padres, ofrecer evaluaciones apropiadas, o permitir a los padres a revisar los registros de su niño(a). Generalmente las escuelas tienen procedimientos corrientes para cumplir con estos requisitos. Desarrollan cartas-formularios para notificar a los padres de acciones que toman o que se proponen tomar y para obtener el consentimiento de los padres cuando es necesario. Utilizan normalmente equipos para evaluaciones educacionales y tratan de evitar métodos y pruebas de evaluación prejuiciosos. Y proveen generalmente oportunidades para los padres de ver los registros y de obtener evaluaciones independientes, cuando están en desacuerdo con los resultados de la evaluación escolar. En el caso que usted tenga un conflicto con la escuela acerca de un problema de procedimiento, recuerde sin embargo, usted tiene el derecho a una audiencia de debido proceso.

■ CONFLICTOS NO RESUELTOS A TRAVÉS DE ■ AUDIENCIAS DE DEBIDO PROCESO

¿Qué pasa cuando hay desacuerdos con la escuela respecto a otros problemas que no fueron mencionados anteriormente? Por ejemplo, ¿qué pasa en otras situaciones en que usted cree que su posición es razonable y que la posición de la escuela está fuera de la razón y además, equivocada? Muchas veces, usted se puede sentir seguro(a) que una tercera persona imparcial verá la situación a su manera. Lamentablemente, la audiencia de debido proceso no puede usarse para resolver todos los conflictos. Este proceso está disponible sólo para resolver problemas directamente relacionados con los derechos y deberes de las escuelas y los padres bajo IDEA.

Ejemplos de Conflictos No Resueltos a Través de Audiencias de Debido Proceso

- Usted quiere asistir a la reunión donde los miembros del comité determinarán la elegibilidad de su niño(a) para servicios especiales, y las leyes estatales no requieren su presencia en esa reunión.

- Usted quiere que su niño(a) tenga un maestro particular, pero el personal de la escuela dice que hay otros maestros con calificaciones similares (y tienen la razón).

- Usted quiere que el maestro use un enfoque específico para enseñar a su niño(a) con impedimentos de aprender a leer, pero el maestro usa otro enfoque que es considerado igualmente efectivo por otros profesionales.

- Usted encuentra que el personal escolar se comporta en forma condescendiente y a veces es irritable trabajar con ellos. Aunque usted ha mencionado esto a ellos, su comportamiento no ha mejorado.

- Usted quiere que su niño(a) sea transferido a otra clase porque su niño(a) tiene problemas de personalidad con el maestro, pero la escuela no aprueba el cambio.

- Usted considera que los oficiales escolares pueden moverse más rápido en ubicar su niño(a), pero ellos siempre usan el máximo número de días legalmente permitidos en hacer sus decisiones.

- A usted no le gusta el sicólogo escolar que hará la evaluación de su niño(a) y le gustaría que otro haga la prueba. La escuela dice que no se puede hacer ningún cambio sin violar los reglamentos acerca del tiempo, establecido por la agencia de educación del estado para completar la determinación de la evaluación y elegibilidad de su niño(a). Pero usted puede solicitar posteriormente una Evaluación Educacional Independiente, a cargo del erario público o expresar su desacuerdo con los resultados de la prueba, en una audiencia de debido proceso.

En cada uno de estos ejemplos, la escuela tiene la discreción de hacer decisiones y no está obligada por ley a cumplir con un deber específico. Para hacer cambios en estas situaciones, los padres tienen que negociar informalmente con el personal escolar o solicitar ayuda de la junta de educación local, PTA u otros grupos pertinentes. Los conflictos de este tipo no se resuelven en audiencies de debido proceso.

■ Lo que Sucede en la Audiencia ■ del Debido Proceso

El propósito de la audiencia del debido proceso es el permitir a una tercera persona imparcial, el oficial oyente, de examinar los problemas en que usted y la escuela están en desacuerdo y para resolver el desacuerdo haciendo una decisión no prejuiciosa. Los oficiales de audiencia son designados generalmente por las agencias de educación del estado y frecuentemente son abogados, educadores u otros profesionales familiarizados con educación especial. El oficial oyente no puede ser un empleado de una agencia pública que esté involucrada en la educación o cuidado del niño(a), ni puede tener un interés profesional o personal que puede afectar adversamente la objetividad de la audiencia. Cada estado mantiene una lista de personas que pueden servir como oficiales de audiencia. Refiérase a las regulaciones locales y de su estado para determinar cómo se seleccionan los oficiales de audiencia para oír casos individuales.

La ley IDEA no describe en gran detalle los procedimientos a seguirse en la audiencia del debido proceso. La mayoría de los estados, por lo tanto, han desarrollado estos procedimientos en sus propias leyes, reglamentos y políticas. Las leyes estatales difieren sobre materias como el grado de formalidad que se debe seguir en la audiencia; si el oficial oyente debe ser un abogado, educador u otro profesional; si la audiencia es conducida por un oficial oyente o un grupo de oficiales oyentes o si los testigos están autorizados o no para oír el testimonio de unos y los otros. Sin embargo, a pesar de estas diferencias, el esquema básico de una audiencia puede describirse como también los derechos que los padres pueden ejercitar durante la audiencia.

■ LOS DERECHOS DE LOS PADRES ■ EN LAS AUDIENCIAS

Como se explicó anteriormente, tanto los padres como las escuelas pueden iniciar las audiencias de debido proceso. Cualquiera de las partes que inicie la audiencia, la ley IDEA le da ciertos derechos para ejercer antes, durante y después de la audiencia:

1. El estar acompañado y ser aconsejado por un abogado o por una persona defensora de la causa y por personas con entrenamiento o un conocimiento especial respecto a los problemas de su niño(a).

2. El presentar evidencia, confrontar e interrogar a testigos y obligar al personal escolar de servir de testigo en la audiencia.

3. El prohibir la introducción de cualquier evidencia en la audiencia que no se le hubiera presentado a usted al menos cinco días antes de la audiencia.

4. El obtener un registro escrito o electrónico, al pie de la letra, de la audiencia.

5. El obtener una copia escrita de la determinación del oficial de audiencia de los hechos del caso y la decisión alcanzada.

6. El apelar la decisión del oficial de audiencia local a la agencia de educación del estado y, si lo deseara, poner demanda en la corte del estado que corresponda o una corte de distrito de los Estados Unidos.

7. El tener a su niño(a) presente en la audiencia.

8. El abrir la audiencia al público.

9. El recibir de la escuela honorarios razonables para cubrir los costos de abogado, una vez el oficial oyente juzgue en el favor suyo en una audiencia de debido proceso o acción civil. Estos costos serán reembolsados sólo cuando los padres han sido representados por un abogado. En algunos casos estos costos no son pagados aunque usted gane el caso. Pregunte a su abogado que le explique estas excepciones antes de proceder.

■ DESCRIPCIÓN DE LA AUDIENCIA ■

Como se mencionó antes, la audiencia puede ser formal o informal. Los oficiales de audiencia, sin embargo, prefieren generalmente la informalidad, especialmente cuando los padres no están representados por un abogado. Los padres pueden escoger estar representados por una persona defensora (una persona sin un título de leyes pero con un conocimiento especializado en representar a niños y padres en audiencias de debido proceso y otros procedimientos). Los participantes en la audiencia serán: 1) los padres, su abogado o defensor (en los casos que corresponda) y los testigos de los padres; 2) el representante de la escuela, el abogado de la escuela (donde se use) y los testigos de la escuela y 3) el oficial oyente. También puede asistir, pero sin participar, un reportero de la corte, cuando la audiencia es transcrita, y el público, si los padres hubieran solicitado una audiencia abierta.

La secuencia de eventos en una audiencia típica varía de estado a estado y de acuerdo con la formalidad de los procedimientos. Básicamente, sin embargo, una audiencia procede de la siguiente manera:

SEQUENCIA DE EVENTOS[*]

1. El oficial oyente se asegura que todo está listo para "quedar en archivo," o sea, el taquigrafista y/o el equipo de grabación están listos.

2. El oficial oyente de audiencia abrirá la audiencia diciendo, por lo común:

    a. la naturaleza de la cuestión a ser oída;

    b. la hora, fecha y el lugar de la audiencia;

    c. los nombres de las partes y abogados y del oficial oyente de audiencia;

    d. cualquiera de los asuntos que ya se han acordado por las partes y

    e. él o ella pedirá por los planteamientos preliminares de las partes.

3. La parte que pidió la audiencia, el Demandante, hace su primer planteamiento para comenzar, seguido por el planteamiento de la otra parte, el Acusado. Los planteamientos iniciales deben ser breves, claros y al punto. Estos

---

[*] Barbara Bateman, *So, You're Going to a Hearing: Preparing for a Public Law 94-142 Due Process Hearing* (Northbrook, IL: Hubbard, 1980), pp.18-20.

explican su punto de vista acerca del caso: el problema, la ley y un esquema general de los hechos. El propósito de esta declaración es para dar al oficial oyente un resumen y un panorama de lo que su evidencia va a exponer. Un buen planteamiento inicial crea una impresión de claridad, organización y control.

4. El demandante llama a su primer testigo.

5. El oficial oyente hace jurar al testigo y le pregunta por su nombre completo, para dejarlo en el archivo.

6. El demandante entonces procede con la interrogación. Si el testigo puede identificar los documentos para ser presentados en evidencia, esto ocurrirá mientras el testigo está dando su testimonio. Por ejemplo:

Demandante: Señor Juez, quisiéramos presentar este documento, D-1.

        (Se numera entonces, si no se hizo previamente) ¿Qué es esto? (mostrando D-1 al testigo)

Testigo: Esta es una carta que yo les escribí a los padres el 15 de noviembre, explicando el por qué Juanita no era elegible para la educación especial.

Demandante: (Muestra una copia al otro abogado)

Oficial de Audiencia: ¿Hay objeciones?

Acusado: No.

Oficial de Audiencia: D-l está admitido como evidencia.

7. El acusado puede interrogar y/o hacer preguntas al testigo del demandante (opcional).

8. El demandante puede interrogar al testigo otra vez (opcional).

9. El Oficial de Audiencia interroga al testigo del demandante (opcional).

10. Los pasos 4 al 8 se repiten con todos los testigos del demandante, y después con todos los testigos del acusado.

11. Ambas partes hacen sus planteamientos de cierre. Una declaración de cierre resuma el caso, enfatizando los puntos más fuertes que usted ha hecho y los puntos débiles del caso de su oponente. La declaración de cierre, así como la planteamiento inicial, no es evidencia. Más bien, es su esfuerzo para organizar el caso para el Oficial de Audiencia, de modo que él o ella lo vea de la manera como usted desea que lo vean. Manténgalo breve. Toda persona, hasta en una audiencia corta, tiende a sentirse cansada, fatigada y ansiosa de que ésta se termine.

12. El oficial oyente audiencia y ambas partes entonces pasan a discutir, para que quede en el archivo: argumentos o resúmenes escritos que se quieran presentar, cuándo debe tenerse una decisión, verificar que todos los documentos estén debidamente marcados y que el oficial oyente de audiencia tiene copias, y otros asuntos, si los hay.

13. El oficial oyente de audiencia cierra la audiencia anunciando, "La audiencia está cerrada."

Según la ley IDEA, la escuela local tiene que garantizar que en un plazo de cuarenta y cinco días, después de recibir una solicitud de los padres para una audiencia: 1) Se tome una decisión final por un oficial oyente de audiencia y 2) se envía a los padres una copia de la decisión, por correo. La decisión del oficial oyente de audiencia es terminante, a menos que una de las partes apele a la agencia de educación del estado o pongan una demanda civil en la corte.

En la práctica, los sistemas escolares puede que fallen en cumplir el plazo límite de los cuarenta y cinco días. Cuando los padres se quejan de estas violaciones de tiempo en una audiencia de debido proceso, la mayoría de los oficiales oyentes llamarán la atención a los oficiales escolares y los obligarán a cumplir a tiempo en el futuro. Muy rara vez, sin embargo: un oficial oyente va a hacer una decisión en favor de los padres, simplemente porque el sistema escolar falló en observar el plazo legalmente impuesto. Usted puede, sin embargo, presentar una queja formal en la agencia de educación del estado; y con esto, su queja alertará a esta agencia a examinar el problema e instruir al sistema escolar de no violar estos plazos, en el futuro. El no acatar estas órdenes puede resultar en la retención o suspensión de los fondos estatales y federales de esa escuela. Por lo tanto, los sistemas escolares locales generalmente cumplirán con sus procedimientos y no violarán estos derechos en el futuro.

■ DECISIONES Y APELACIONES ■

El oficial oyente de audiencia no hace una decisión final en el momento de la audiencia. El lapso máximo que el oficial oyente tiene para tomar una decisión es la cantidad de días restantes del plazo de los cuarenta y cinco días desde que se solicitó la audiencia. En la práctica, la mayoría de los oficiales oyentes de audiencia tratan de alcanzar una decisión final y de notificar a los padres, dentro de un plazo de dos semanas de terminada la audiencia.

El deber de un oficial oyente de audiencia es de hacer un juicio independiente, ya sea afirmando lo que la escuela ha hecho o se propone hacer, o instruyendo a los oficiales escolares a tomar una acción específica para corregir su error. Este juicio clarifica los derechos y deberes de los niño(a)s, los padres y los oficiales escolares, sobre qué deben hacer exactamente para cumplir con los requisitos de la ley. La decisión escrita que se ha tomado tiene que incluir los hallazgos del oficial oyente de audiencia, en cuanto a los hechos pertinentes del caso determinado en la audiencia, y su recomendación(es) para resolver el conflicto. Si usted o el sistema escolar no están de acuerdo con la decisión del oficial oyente, usted puede apelar por otra audiencia con la agencia de educación del estado, que se conoce en muchos estados como Directorio de Educación del Estado (State Board of Education.)

La revisión o el examen hecho por la agencia de educación del estado también será una audiencia imparcial de debido proceso. El oficial que conduce esta revisión examinará los registros desarrollados en la audiencia primero, para identificar la substancia de los asuntos o problemas y para ver si todos los procedimientos cumplieron con los requisitos del debido proceso. El oficial examinador puede, a su discreción, proveer a los padres y al sistema escolar la oportunidad de presentar argumentos adicionales orales y/o escritos. Finalmente, el oficial puede solicitar una audiencia para obtener evidencia adicional que se crea esencial para tomar una decisión justa. Una audiencia formal para esta apelación puede no ser necesaria, cuando el oficial examinador cree que se ha proporcionado suficiente evidencia en la audiencia original, para decidir el caso. La decisión de este oficial es final, a menos que usted o el sistema escolar pone una demanda civil en la corte.

La ley federal requiere que la agencia de educación del estado tome su decisión y notifique a las partes de esa decisión en un plazo de treinta días, del recibo de la apelación. Ciertos estados reducen el tiempo para esta acción, requiriendo la decisión en un plazo de diez a quince días después de la decisión inicial. Revise las regulaciones de su propio estado para determinar cuál es el plazo en su estado.

Si usted o la escuela creyeran que la decisión de la agencia de educación del estado es incorrecta, la ley IDEA da a cualquiera de las partes el derecho de presentar una demanda en la corte del estado que corresponda o en una corte de distrito federal de los Estados Unidos. Si una demanda se ha presentado, la corte recibirá y examinará los registros de las audiencias previas; puede que quieran escuchar evidencia adicional, a su solicitud o la del sistema escolar; basará su decisión en la preponderancia de la evidencia (que significa la parte que tiene más de un 50 por ciento de la evidencia a su favor) y dará instrucciones a la parte perdedora para remediar el problema existente, de lo que crea apropiado. Ya que las cortes están muy sobrecargadas, la acción legal de esta naturaleza puede tomar demasiado tiempo, y no sirve como un remedio práctico, para los problemas que usted enfrenta con los oficiales escolares.

■ PIÉNSELO DOS VECES (O MÁS) ANTES DE ■ SOLICITAR UNA AUDIENCIA

La decisión de resolver sus diferencias con el sistema escolar a través de una audiencia de debido proceso no debe tomarse a la ligera. Este paso le tomará un largo tiempo, dinero, dolores de cabeza y energía física y emocional, tanto a usted como al personal de la escuela. Por consiguiente, muy rara vez se aconseja usar una audiencia de debido proceso, a menos que usted se sienta que cualquier discusión posterior con los oficiales escolares va a ser fútil y que la única manera de resolver esta situación es una audiencia. Antes de alcanzar este punto, asegúrese de hacer uso de cada medio posible para resolver desacuerdos. Asista a las reuniones. Solicite conferencias con el maestro, el principal o el director de educación especial. Escuche con paciencia y seriamente todas las consideraciones propuestas. Haga preguntas. Y proporcione toda la información que tiene disponible para probar que su posición o recomendación tiene sentido y es correcta. Antes de solicitar una audiencia, trate un paso intermedio. En su estado, este paso puede llamarse una revisión administrativa, una conferencia conciliatoria o la mediación (vea más abajo).

■ ÚLTIMOS PASOS ANTES DE SOLICITAR ■ UNA AUDIENCIA

Si usted llegara a un impase con los oficiales escolares, muchas de las escuelas estipulan una revisión administrativa, una conferencia conciliatoria, o la mediación para resolver problemas difíciles antes de ir a una audiencia. Generalmente una o más personas (terceras partes) que son neutrales, se reúnen para oír los problemas y tratar de encontrar una solución aceptable. Estas terceras partes frecuentemente se seleccionan de entre maestros y gente de la administración que no están directamente envueltas en el problema. Ya que estas terceras partes son empleados del sistema escolar, muchos padres consideran que no se puede alcanzar una solución justa en estas reuniones. La experiencia demuestra sin embargo, que soluciones aceptables se pueden alcanzar entre los padres y el personal de la escuela cuando trabajan de buena fe. No obstante, si todavía usted siente que el resultado de estas conferencias es insatisfactorio, usted puede seguir y solicitar una audiencia de debido proceso.

Los procedimientos seguidos en las revisiones o examinaciones administrativas, conferencias conciliatorias o la mediación se describen en las leyes estatales y en las regulaciones locales de su ciudad. La autoridad de estos comités varía. En algunos estados, el comité de la conferencia conciliatoria toma decisiones que tienen carácter obligatorio para el sistema escolar. En otros, el comité funciona exclusivamente como un mediador para ayudar a padres y oficiales escolares a encontrar una solución práctica para sus problemas. Pero para esto, tendrá que leer las leyes estatales y locales para determinar las funciones que este comité tiene en su jurisdicción escolar.

Si usted desea ir directamente a una audiencia de debido proceso, usted puede elegir de no trabajar con el principal o el director de educación especial y puede obviar la conferencia conciliatoria o la mediación. La escuela no puede exigir esta conferencia o la mediación como prerequisitos para una audiencia de debido proceso, ni pueden utilizar la conferencia o mediación para demorar la audiencia de debido proceso. El peligro con saltarse estos pasos intermediarios es que puede perjudicar su caso más tarde.

La mayoría de los jueces y oficiales oyentes de audiencia opinan que los padres debieran intentar todos los medios posibles para resolver sus problemas, antes de venir a ellos. Por eso, por el bien de la educación de su niño(a), usted debe hacer el esfuerzo de trabajar tan estrechamente como sea posible con los maestros, principales y otros oficiales administrativos de su sistema escolar.

■ FACTORES QUE CONSIDERAR Y CONTRAPESAR ■ ANTES DE SOLICITAR UNA AUDIENCIA

Tal como las secciones previas han señalado, la decisión de solicitar una audiencia de debido proceso es una cuestión seria. Por esta razón, usted debe considerar y estudiar cuidadosa y completamente cada uno de los siguientes asuntos.

Primero, ¿entiende usted claramente la posición de la escuela con respecto a la educación de su niño(a), y sabe usted de la evidencia, como hechos, informes, testimonio de profesionales, que la escuela presentará para respaldar su posición? Al menos cinco días antes de la audiencia, usted puede obtener del oficial oyente de audiencia una lista de los testigos y los documentos que la escuela presentará. Sin este conocimiento, usted será incapaz de determinar cómo va a presentar su problema a la audiencia, qué oportunidad tiene de ganar y, por último, si debiera o no solicitar una audiencia.

Segundo, ¿está usted absolutamente seguro(a) de lo que está mal en las acciones o decisiones de la escuela? ¿Tiene usted o puede obtener evidencia para demostrar que las acciones o decisiones escolares son incorrectas? A menos que usted pueda determinar precisamente dónde y por qué la escuela está equivocada, será incapaz de recopilar evidencia para sostener su caso. Además, a menos que usted pueda presentar evidencia para probar el error escolar, el oficial oyente de audiencia no podrá juzgar a su favor.

Tercero, ¿sabe usted exactamente qué servicios, ubicación u otras acciones la escuela debiera tomar para proveer a su niño(a) con una educación pública, gratuita y apropiada en el ambiente menos restrictivo? ¿Puede usted obtener evidencia para sostener estas recomendaciones educacionales para su niño(a)? Los oficiales de audiencia no son generalmente educadores; por lo tanto, no será suficiente sólo que pruebe que la proposición escolar es impropia, sino también tendrá que convencer al oficial oyente de audiencia de que sus propias recomendaciones educacionales son correctas. Esto requiere investigación y recopilación de evidencia adicionales.

Cuarto, cuando usted pesa la evidencia que sostiene su posición y la compara con la evidencia que sostiene la posición escolar, ¿cuál es más convincente? Si la evidencia en ambas posiciones es igualmente persuasiva, el oficial oyente de audiencia dará generalmente a los educadores el beneficio de la duda. A menos que la evidencia tenga más de un 50 por ciento a su favor, usted tendrá un caso muy difícil de ganar.

· Quinto, ¿dónde se colocará a su niño(a) durante el tiempo requerido para terminar con la audiencia? Normalmente, su niño(a) permanecerá en el lugar donde se encuentra ahora, esperando que se determine el resultado de la audiencia. Si le gusta la ubicación actual de su niño(a), pero la escuela quiere otra que a usted no le gusta, entonces puede solicitar una audiencia simplemente para mantenerlo(a) donde está hasta que su desacuerdo sea resuelto. Pero piense, ¿qué sucede si a usted no le gusta el lugar actual del niño(a) pero quiere continuar con la audiencia?

Si usted deseara colocar a su niño(a) en una escuela privada esperando por la decisión del oficial oyente, debe obtener primero una autorización por escrito de los oficiales escolares para tal acción.[33] Si la ubicación privada es respaldada por el oficial oyente de audiencia, el sistema escolar estará obligado a reembolsarle. Asimismo, si usted cambiara a su niño(a) sin el permiso escolar, aún así puede recibir un reembolso, si el oficial oyente de audiencia o la corte concurre que el lugar que usted ha seleccionado, es la ubicación apropiada para su niño(a). Por otro lado, si lo(a) ubicara en una escuela privada, con o sin el acuerdo escolar, y su posición no fuese respaldada, tendrá que pagar por todos los gastos de su propio bolsillo.

A veces, aun cuando a usted no le guste la ubicación actual del niño(a), no hay otra alternativa que dejarlo(a) allí hasta que la audiencia se termine. Una vez que el oficial oyente de audiencia anuncia una decisión, se le podrá ubicar en el programa de educación determinado en la decisión, ya sea el que usted propuso, o el de la escuela u otra tercera alternativa especificada por el oficial oyente de audiencia. Si usted o la escuela deciden apelar esta decisión, su niño(a) permanecerá en la ubicación actual.

Sexto, ¿quiere usted que un profesional represente sus intereses en la audiencia? A pesar de que usted puede considerarse bien ilustrado(a) para defender la educación especial para su niño(a), la mayoría de los padres sienten que están demasiado involucrados emocionalmente como para representarse eficazmente. Por eso, ya sea obtienen los servicios de un abogado o un defensor experto en esta materia para presentar su caso.

Ahora, si selecciona un abogado o un defensor, asegúrese primero de que sea una persona experimentada en la práctica y procedimientos de una audiencia de debido proceso de la educación especial. De otra manera, usted está pagando mientras su abogado o defensor está aprendiendo esta ley y sus procesos, y peor, reduce la oportunidad de tener un representante competente. Para encontrar los nombres de abogados y defensores experimentados, comuníquese con la asociación de abogados de su estado o ciudad, organizaciones para personas con impedimentos, miembros del comité asesor de educación especial local, o centros de entrenamiento e información para los padres en su comunidad o su estado. (Vea los Apéndices B y C)

Los costos de representación en la audiencia del debido proceso son grandes. Por lo tanto, antes de contratar a cualquier representante, usted debiera pedir un estimado o un presupuesto general de los costos en que probablemente incurrirá. Mientras que este presupuesto general no es seguro, tendrá al menos una idea de la cantidad de dinero involucrado.

Aunque los defensores experimentados pueden costar menos que un abogado, una enmienda a IDEA hace más deseable contratar a un abogado, en el caso que ganara la audiencia o una acción de corte. Bajo esta ley, las cortes pueden otorgar a los padres o custodios de niño(a)s con impedimentos, que han sido la parte prevaleciente en una audiencia o una acción civil, honorarios razonables de abogado. Estos costos son recompensados solamente cuando los padres han sido representados por un abogado, no por un defensor experimentado. Cuando los costos son recompensados se reembolsa a los padres a través de la escuela, por la mayoría de los gastos involucrados en preparar y presentar su caso. Los costos pueden incluir gastos de viaje, los honorarios de los testigos expertos, transcripciones y cosas por el estilo. Pero si usted perdiera el caso, usted es exclusivamente responsable de todos los costos en que ha incurrido. Para entender completamente sus derechos a reembolso bajo este estatuto, consulte con un abogado que esté familiarizado con las leyes federales y estatales y sus cortes.

Como se ha repetido anteriormente, la decisión de ir a una audiencia es un fuerte compromiso de tiempo, dinero y energía psíquica. Cuando dos adultos comparten la responsabilidad de un niño(a), no debieran ir a una audiencia a menos que los dos están completamente de acuerdo en tomar esta acción. El prepararse y participar en una audiencia requiere la cooperación y apoyo de todos los adultos responsables del niño(a). Si ambas personas no están de acuerdo que es el único camino a seguir, ninguno de los dos podrá actuar y resistir bien este pesado proceso.

El último factor a considerar en decidir si solicitar o no una audiencia son los beneficios, en caso de triunfar. El beneficio más importante por supuesto, es que su niño(a) recibirá un programa educacional adecuado y diseñado para cumplir en atender sus necesidades educacionales específicas. Usted hasta puede poner un valor de dinero en el beneficio determinando cuánto le costaría un programa similar, si se pudiese obtener, en una escuela privada. Un segundo beneficio es que usted le ha evitado al niño(a) el daño que podría haberle hecho un programa educacional inadecuado. Por ejemplo, el sistema escolar podría haber diagnosticado que su niño(a) tiene un desajuste emocional en vez de un impedimento de aprendizaje. Si la escuela estaba equivocada y se prueba que es así, el beneficio que recibe es evitar que su niño(a) sea marcado con el diagnóstico inexacto de disturbio emocional severo.

Una vez que usted ha examinado los costos y beneficios potenciales de una audiencia y ha pesado las oportunidades de triunfo, está listo(a) para hacer una decisión final. Si los beneficios potenciales son mayores que los costos potenciales entonces puede ir a una audiencia. Si los beneficios y costos potenciales son iguales, considere otras alternativas para proveer a su niño(a) con un buen programa educacional. Por ejemplo, usted puede obtener una ubicación o servicios privados pagados de su propio bolsillo. Si los costos son más grandes que los posibles beneficios, tendrá que decidir si puede pagar por ellos, en el caso que se juzgue en contra suya.

La decisión de ir a una audiencia de debido proceso no es fácil de hacer. Al examinar cada uno de los asuntos anteriores, comprenderá completamente las implicaciones de su elección y tendrá más confianza en su decisión final. Una última sugerencia es que una vez que usted ha considerado todos los pro y los contras que puede imaginar, discútalos con sus amigos, profesionales y otras personas familiarizadas con esta situación. Verá que alguien completamente fuera del caso puede ver las cosas desde una perspectiva diferente y detectar costos y beneficios potenciales que usted ha pasado por alto.

■ IDEAS FINALES ■

La audiencia imparcial de debido proceso ha promovido los objetivos del Acta de Educación para Individuos con Impedimentos en dos respectos muy importantes. Primero, la existencia de este proceso ha alertado a los oficiales escolares de que sus acciones pueden ser examinadas por terceras partes imparciales, cuando los padres creen que se han cometido errores. Por consiguiente, estos oficiales se han vueltos más cuidadosos, discretos, objetivos y más abiertos en su trabajo con niño(a)s especiales y con sus padres. En años previos, al no tener la nube negra de una audiencia de debido proceso sobre sus cabezas, muchas escuelas se descuidaron acerca de las prácticas correctas y las preocupaciones de los padres fueron ignoradas o simplemente toleradas.

El segundo modo como las audiencias de debido proceso han hecho progresar los objetivos de IDEA es realmente al corregir los errores cometidos por las escuelas. Considerando los cientos y miles de niño(a)s con impedimentos que las escuelas atienden cada año, no es difícil de imaginar que se cometan errores. Sin embargo, hoy en día estos errores no deben dejarse sin corregir. A medida que los padres aprenden a ejercitar sus propios derechos y los de sus niño(a)s, se ilustran cada vez más y se convierten en defensores educacionales influyentes. Este capítulo ha tratado de informarle cómo y cuándo utilizar la audiencia de debido proceso, y ahora como análisis final, la audiencia de debido proceso debiera usarse como un último recurso para corregir los errores escolares. Pero debido a que la audiencia de debido proceso existe para ser usada por los padres, su uso se hace cada vez menos necesario. Y así es como debiera ser.

II. Protección contra la Discriminación

Senderos Alternos del Laberinto

Además de IDEA, dos otras leyes federales han llegado a ser muy importantes y beneficiosas en el progreso de los derechos educacionales de niños(as) con impedimentos. Estas leyes son la Sección 504 del Acta de Rehabilitación Federal de 1973 y el Acta de Americanos con Impedimentos (ADA) de 1990. Ambas leyes se han usado con frecuencia para obtener el mismo acceso a los servicios educacionales para estudiantes que califican para la educación especial bajo IDEA. Igualmente importante, estas leyes han sido también usadas para obtener el mismo acceso a los servicios educacionales para estudiantes con impedimentos y que no han calificado para los servicios bajo IDEA. Este capítulo discute las características centrales de estas leyes y cómo los padres pueden utilizarlas para garantizar a sus niños(as) con impedimentos que no sean injustamente discriminados al proveerles su educación.

La Sección 504 tiene un propósito muy diferente que IDEA. La Sección 504 no crea nuevos derechos para estudiantes con impedimentos ni respalda esos derechos con fondos federales. Más bien, la Sección 504 prohibe a las agencias y organizaciones que reciben financiamiento federal discriminar en contra de personas que tienen impedimentos pero califican. No pueden excluir estudiantes con impedimentos de participar u obtener los beneficios de cualquier programa preescolar, elemental o de enseñanza secundaria, o actividad que recibe asistencia financiera federal.

Si se ha encontrado que su niño(a) tiene un impedimento bajo Sección 504, debe dársele las ayudas, equipo y acomodaciones que le permitirán disfrutar de los beneficios del programa escolar. Por ejemplo, podría tener un asiento especial en la sala de clases o instrucciones simplificadas en asignaciones o proyectos de la clase.

Una limitación a este requisito es que estas acomodaciones tienen que ser razonables y no deben imponer una carga financiera o administrativa excesiva al sistema de educación. Esta ley también prohibe a las escuelas técnicas y los colegios universitarios pequeños y mayores de discriminar contra estudiantes con impedimentos, cuando aquellas instituciones reciban asistencia financiera federal.

El Acta de Americanos con Impedimentos (ADA) prohibe asimismo, tal discriminación en las escuelas, a través del Título II de esta Acta. Por lo tanto, la Sección 504 y el Título II del ADA son descritas como estatutos no discriminatorios más bien que como estatutos que otorgan derechos, tales como IDEA. Éstas proveen procedimientos para garantizar que las personas con impedimentos disfruten de los mismos derechos que las personas sin impedimentos. Y cuando se crea que aquellos derechos están siendo violados, estas leyes proporcionen un procedimiento para proceder en cuanto a las violaciones alegadas, como se describe posteriormente en este capítulo.

Para ilustrar cómo la Sección 504 y el ADA pueden usarse para evitar una discriminación ilegal contra estudiantes con impedimentos, he aquí dos ejemplos:

Elena es una estudiante de educación general. Ella está impedida en su habilidad para caminar y muy frecuentemente usa una silla de ruedas. Cuando su clase fue en un viaje corto, la clase fue en un autobús escolar amarillo. La maestra no permitió que Elena fuera con sus condiscípulos, aun cuando el conductor dijo que estaba bien y que podrían poner la silla de ruedas en la parte trasera del autobús. Como consecuencia, la mamá de Elena tuvo que llevarla en su auto para que participara de su viaje con los otros.

Después del viaje, la mamá de Elena puso un reclamo en la Oficina de Derechos Civiles (OCR) del Departamento de Educación de los EE.UU. La Oficina OCR investigó la situación. Decidieron que el distrito escolar había violado la Sección 504 y los reglamentos de ADA cuando omitió hacer arreglos de transportación que darían a Elena igualdad de oportunidades en participar en el viaje de su clase. Como resultado final, el distrito escolar desarrolló un plan para acomodar las necesidades de Elena de viajar con sus condiscípulos, así como también aconsejó a la maestra concerniente a los derechos que Elena comparte con otros estudiantes. De esta manera, el distrito cumplió en remediar la violación de la Sección 504.

Eduardo estaba recibiendo educación especial con servicios de educación física adaptable (EF). Los padres de Eduardo decidieron que se le estaba negando la misma educación que a los otros, porque tenía que faltar al final de su clase de matemáticas para asistir a su clase especial de EF. Después que los padres de Eduardo contactaron la Oficina de Derechos Civiles, se condujo una investigación. OCR encontró que el distrito escolar violó la Sección 504 al requerirle que faltara al final de su clase de matemáticas para recibir los servicios de educación física adaptable. El distrito escolar tuvo que modificar el horario de clases de Eduardo para que pudiera asistir a su clase de educación física adaptable y también asistir a su clase completa de matemáticas.

Estos casos demuestran cómo la Sección 504 y el Título II del ADA pueden usarse para beneficiar a los niños(as), tanto los de educación especial como los que tienen un impedimento pero que no requieren educación especial. Debido a su similaridad y puntos en común, el Departamento de Educación generalmente usa los reglamentos de la Sección 504 para interpretar el Título II del ADA. Por esta razón, las siguientes páginas mencionan principalmente los derechos educacionales y protecciones de procedimiento provistos para niños(as) con impedimentos, bajo la Sección 504 del Acta de Rehabilitación.

■ ESTUDIANTES CUYOS DERECHOS ESTÁN ■ PROTEGIDOS BAJO LA SECCIÓN 504

Para calificar bajo la protección contra discriminación de la Sección 504 y ser provisto(a) de acomodaciones razonables necesarias, su niño(a) tiene que reunir tres criterios.

Primero, tiene que tener un deterioro físico o mental demostrable. También se protege a las personas que son víctimas de discriminación porque han tenido previamente un deterioro o impedimento y existe un registro de dicho impedimento. Además, las personas percibidas como individuos con impedimentos, por tener una prueba positiva de HIV por ejemplo, también tienen las protecciones de la Sección 504 aunque no tengan un impedimento que afectara su educación.

El segundo criterio requiere que su niño(a) demuestre que este impedimento "substancialmente limita una o más actividades vitales mayores como valerse por sí mismo, ejecutar tareas manuales, caminar, ver, oír, hablar, respirar, aprender y trabajar."

Y tercero, deben ser identificados los servicios u otras acomodaciones necesarias para permitir a su niño(a) el disfrutar de los beneficios del programa escolar. Una discusión detallada sobre estos criterios se encuentra más abajo.

1. IMPEDIMENTOS POTENCIALES QUE CALIFICAN PARA LA PROTECCIÓN BAJO LA SECCIÓN 514, PERO NO BAJO IDEA

Todos los niños(as) que califican para la educación especial y los servicios relacionados bajo IDEA, también califican para las protecciones contra discrimi-nación de la Sección 504. Este factor es importante especialmente cuando hay problemas con el acceso a servicios y programas no académicos, como transportación de autobús, cuidado después de la escuela y participació en actividades extracurriculares. Además, hay muchos niños(as) que no califican para los servicios bajo IDEA pero que sí califican para la protección bajo la Sección 504. Aunque todas las determinaciones de calificación deben hacerse en base individual, la siguiente lista ilustra situaciones en que los estudiantes frecuentemente califican para acomodaciones razonables bajo la Sección 504 en la provisión de servicios educacionales:

- Los estudiantes con Desorden de Déficit de Atención (DDA/ADD) o Desorden Hiperactivo de Déficit de Atención (DHDA/ADHD), los cuales se han encontrado que no califican bajo IDEA en las categorías de impedimentos de aprendizaje específicos, desorden emocional serio u otro impedimento de salud.
- Los estudiantes que tengan problemas de salud, incluso diabetes dependiente de insulina, asma crónica, alergias serias, o impedimentos temporales después de un accidente.
- Los estudiantes con impedimentos de aprendizaje que no reúnen los criterios más exigentes de IDEA pero que sí reúnen los criterios más amplios de tener un impedimento bajo 504.
- Los estudiantes que hayan contraído enfermedades comunicables, incluyendo a los que se les encontró HIV positivo.
- Los estudiantes identificados como socialmente inadaptados pero que no se les encuentra como "seria y emocionalmente disturbados" bajo IDEA.
- Los estudiantes que ya no pueden registrarse para educación especial porque ya no reúnen los requisitos de calificación de IDEA.
- Los estudiantes con dependencias a drogas y/o alcohol, siempre que los estudiantes no estén actualmente haciendo uso de éstos de manera ilegal.

Estos ejemplos ilustran cómo la Sección 504 y el ADA aumentan la cantidad de impedimentos calificativos para protección bajo estas leyes. Así, mientras su niño(a) puede que no califique para los servicios educacionales bajo IDEA, los derechos y protecciones educacionales pueden estar disponibles para su niño(a) bajo la Sección 504 y el ADA.

Pero recuerde, la sola presencia de cualquiera de las condiciones antes mencionadas, no significa que califica para las protecciones de la ley 504. Usted también tiene que: 1) demostrar que el impedimento de su niño(a) limita substancialmente una actividad mayor de vida y 2) identificar las ayudas, equipo o acomodaciones que permitirán a su niño(a) a disfrutar de los beneficios del programa escolar.

2. ESTABLECIENDO QUE LOS IMPEDIMENTOS LIMITAN SUBSTANCIALMENTE LAS ACTIVIDADES VITALES

Para calificar bajo las protecciones de Sección 504, su niño(a) tiene que también mostrar que la condición deshabilitante suya "substancialmente limita" una actividad mayor de vida. Los reglamentos describen las actividades vitales mayores como: caminar, ver, oír, hablar, aprender, trabajar, valerse por sí mismo, respirar y ejecutar tareas manuales.

Los reglamentos bajo ADA definen el término "limitan substancialmente las actividades mayores de vida" de la siguiente manera:

> "Una persona es considerada un individuo con un impedimento (para propósitos de la definición) cuando las actividades vitales importantes del individuo están restringidas con respecto a las condiciones, manera o duración bajo las cuales la mayoría de la gente puede desempeñarlas ...tomando en consideración la duración (o duración proyectada) del impedimento y cuánto éste realmente limita una actividad importante de vida de la persona afectada."

> "La cuestión de que si una persona tiene o no un impedimento, debería ser evaluada sin considerar la disponibilidad de medidas mitigantes, como modificaciones razonables o las ayudas y servicios auxiliares. Por ejemplo, una persona con pérdida del oído está limitada substancialmente en la actividad vital mayor de oír, aun cuando la pérdida puede haberse mejorado con el uso de una aparato auditivo. Asimismo, las personas con impedimentos que limitan substancialmente una actividad mayor, como epilepsia o diabetes, están cubiertas bajo la primera parte de la definición de impedimento, aunque los efectos del deterioro son controlados por medicinas."

La definición del ADA no es obligatoria bajo la Sección 504, pero ilustra el amplio rango de impedimentos abarcado por el término "limita substancialmente una actividad mayor de vida." Por ejemplo, un niño(a) con fibrosis cística podría calificar para las protecciones de la 504 porque no puede respirar bien en un aula que esté contaminada con moho o que sea muy húmeda. En la práctica, las decisiones se toman en base al individuo, en cuanto a si el impedimento del estudiante le "limita substancialmente" a aprender, ya sea en actividades académicas o no académicas. Las agencias de educación estatales y locales deben publicar por escrito los criterios que se usan para determinar la definición de "limita substancialmente a las actividades académicas o no académicas" por lo que los padres debieran obtener estas definiciones escritas lo antes posible del director de educación especial.

3. Acomodaciones Razonables: Ayudas, Equipo, Acomodaciones y Servicios

Si a su niño(a) se le ha encontrado que tiene un impedimento bajo la Sección 504, usted deberá identificar la clase de ayudas, equipo y otras acomodaciones necesarias para participar en el programa educacional. Los reglamentos de la Sección 504 definen una educación adecuada para un niño(a) que califica como: "educación corriente o especial y las ayudas o servicios relacionados que son ... diseñados para atender las necesidades especiales de educación de la persona con impedimentos, tan adecuadamente como se cumple con las necesidades de personas sin impedimentos." Los tipos de ayudas, equipo y acomodaciones que se requieren bajo la Sección 504 incluyen, pero no se limitan a:

- El uso de un procesador de palabras para las clases y/o tareas en casa
- Tiempo extra para todos los tareas escritos
- Observaciones y recomendaciones del terapista ocupacional
- Sentarse en el frente de la clase, lejos de distracciones
- Instrucciones que se repitan y que sean simples ya sea dentro de la clase o para tareas en casa
- Uso de grabadoras
- Modificar la toma de pruebas, por ejemplo, oralmente en vez de escritas

Los padres y el personal de la escuela deben reconocer la importancia de la Sección 504, especialmente cómo difiere de los derechos y protecciones educacionales bajo IDEA. Primero, la Sección 504 cubre un rango más amplio y más inclusive de los impedimentos que IDEA. Sus protecciones aplican tanto a los estudiantes que están recibiendo servicios de educación especial, como a los estudiantes con impedimentos que no califican para ella, pero que caen dentro de los criterios más amplios de la 504. Segundo, la eficacia de los servicios provistos bajo 504 no están supuestos a mantener un estándar tan alto como los de IDEA. Bajo IDEA, los servicios tienen que cumplir en permitirle al estudiante *beneficiarse* de su instrucción elemental. Bajo la Sección 504, los servicios tienen que ser simplemente *comparables* con los que reciben los estudiantes sin impedimentos, sin necesidad que el estudiante se mejore con los servicios. Finalmente, la Sección 504 da a las escuelas el deber de asegurar que los estudiantes con impedimentos no sean discriminados por cualquier programa que reciba fondos federales.

■ LIMITACIONES EN LA PROVISIÓN DE ■ ACOMODACIONES RAZONABLES

Los siguientes factores serán pesados y balanceados al decidir si las acomodaciones propuestas requieren cumplimiento por la agencia de educación local (de su ciudad, etc.) o del estado.

1. ¿Se provee el equipo, ayuda o servicio a todos los estudiantes de educación general?
2. ¿Es el equipo, ayuda o servicio necesario al estudiante para gozar de una actividad específica, dentro del programa de instrucción?
3. ¿Podrá el estudiante, con las acomodaciones razonables, cumplir con todos los requisitos del programa o actividad, a pesar de impedimentos existentes?
4. ¿Pueden proporcionarse las acomodaciones sin imponer una "carga financiera y administrativa indebida" a la agencia de educación?

Si los oficiales escolares responden con un "sí" a la primera y segunda pregunta, ellos generalmente proveerán la ayuda, equipo o servicio solicitado. Si la respuesta a la pregunta uno es "no" pero las respuestas a las preguntas dos, tres y cuatro son todas "sí", generalmente las escuelas proveerán las acomodaciones solicitadas. Sin embargo, el personal escolar responde con un "no" a cualesquiera de estas preguntas, generalmente van a rehusar en proveer estas acomodaciones. Las opciones de los padres para responder a un rechazo serán discutidas posteriormente en este capítulo.

■ PROHIBICIONES DE PRÁCTICAS DISCRIMINATORIAS ■

Además de requerir que las escuelas provean una educación apropiada y disponible para estudiantes con impedimentos, la Sección 504 y la ley ADA prohiben a las agencias escolares discriminar en contra de estos estudiantes, en la provisión de servicios de educación general. Los siguientes ejemplos de prácticas se juzgaron discriminatorias por el Departamento de Educación de los Estados Unidos, y en cada caso se requirió al sistema escolar corregir la práctica.

- El padre de un estudiante que usaba una silla de ruedas se quejó que a su niño(a) le tomaba más tiempo viajar en el autobús, que a los niños(as) sin impedimentos. Además, el niño(a) llegaba tarde a la escuela, después que las clases habían comenzado, por viajar en el autobús. Se encontró que esta práctica estaba en violación de la Sección 504.

- Un distrito escolar decidió dar instrucción en casa a una estudiante con impedimentos. Se encontró una violación a la Sección 504, cuando el distrito escolar limitó la cantidad de horas de instrucción y la disponibilidad de servicios relacionados, sin una evaluación completa de las necesidades individuales de la niña. Se encontró una violación más cuando no había ningún plan para proveer a la estudiante en casa, oportunidades para participar en actividades no académicas y extracurriculares con los otros en la misma clase que no tenían impedimentos.

- Un distrito escolar programó ceremonias de graduación para los estudiantes con impedimentos serios, a una hora y lugar diferente que todos los demás estudiantes. Se encontró una violación bajo la Sección 504, porque no había ninguna necesidad educacional para tener ceremonias de graduación separadas.

- Un distrito escolar limitó su programa del año escolar extendido a los estudiantes con impedimentos serios. Los padres de otros niños(as) no fueron notificados de la disponibilidad de tales servicios y algunos que los obtuvieron, tuvieron que pagar honorarios. Las violaciones encontradas incluyeron: Los servicios se limitaron sólo a estudiantes con impedimentos serios, en vez de limitar considerando las necesidades individuales de cada estudiante; el sistema escolar no tenía un reglamento ni procedimientos escritos para determinar la necesidad de servicios del año escolar extendido; y el sistema escolar no dio entrenamiento a sus maestros para proveer servicios del año escolar extendido.

- Un distrito escolar rehusó hacer modificaciones al programa para un estudiante que tenía un desorden de déficit de atención. Se encontró una violación bajo la Sección 504, debido a que el estudiante fue considerado "en desventaja" dentro de la definición de la Sección 504.

Bajo la Sección 504, cualquier organización o persona que haya sido contratada por las escuelas públicas para proveer servicios a estudiantes con impedimentos también tiene que cumplir con los requisitos no discriminatorios de la Sección 504. Por ejemplo, un sistema escolar contrató a una escuela privada para proporcionar servicios a estudiantes con impedimentos. Los padres de los niños(as) ubicados en esa escuela se quejaron a la Oficina de Derechos Civiles que la escuela no tenía baños accesibles, fuentes de agua para beber y rampas o elevadores para permitir a los estudiantes en sillas de ruedas acceso a programas o actividades conducidas en el nivel superior o inferior del edificio de dos pisos. Cuando OCR investigó, encontraron que el sistema escolar había violado la Sección 504 y ADA, al contratar una organización que discriminaba contra personas con impedimentos. Si una escuela pública está pagando para que su niño(a) pueda asistir a una escuela privada, una facilidad residencial u otro programa especial, él o ella tiene derecho a acomodaciones razonables y a tratársele en forma no discriminatoria por las organizaciones contratadas y por las personas que trabajan allí. Si ocurriera una discriminación, usted tiene el derecho de reclamar esta violación. Los procedimientos a seguir se discuten posteriormente en este capítulo.

■ REQUISITOS DE LOS PROCEDIMIENTOS ■ DE LA SECCIÓN 504

La Oficina de Derechos Civiles (OCR) del Departamento de Educación de los Estados Unidos tiene el deber de garantizar que las escuelas cumplan con los requisitos de la Sección 504. Al imponer estos requisitos en las escuelas, OCR tiende a concentrarse en revisar las políticas y procedimientos para ejercer esta ley en las escuelas, más bien que en las violaciones de casos individuales. ¿Cuáles son los procedimientos que las escuelas públicas deben seguir?

1. AUTOEVALUACIÓN Y GARANTÍAS FIRMADAS

Tanto bajo la Sección 504 como bajo el ADA, se requiere que los sistemas escolares hayan completado una autoevaluación para el 26 de enero de 1993, para determinar si sus políticas, prácticas y procedimientos discriminan en base a impedimentos. Si se encuentra discriminación con respecto a las políticas, prácticas o procedimientos, se deberán tomar los pasos para corregirla y hacer las modificaciones necesarias. Durante el mismo proceso de evaluación, organizaciones que tratan con impedimentos se les debe haber dado una oportunidad para presentar sus comentarios. La evaluación final debería incluir: una lista de las personas interesadas que se consultaron; una descripción de las áreas que se examinaron y cualquier problema identificado; más la descripción de cualquier modificación que se hizo.

En el caso de los sistemas escolares que emplean 50 o más empleados, el ADA requiere que la autoevaluación se archive y esté disponible para inspección pública, por lo menos tres años después de completarse. Además, los sistemas escolares deben firmar un certificado anual de que han leído los reglamentos de la Sección 504 y que prometen cumplir ampliamente con éstos. Los padres pueden obtener una copia de la autoevaluación de su sistema escolar de 1993, o una más reciente, para verificar los resultados, procedimientos y amplitud con que se hizo dicha evaluación. Su director local de educación especial podrá informarle como obtener una copia de ésta.

2. Avisos Requeridos

Las escuelas deben poner un *aviso general* de la disponibilidad de educación especial y los servicios relacionados para estudiantes que califican para servicios bajo la Sección 504. El aviso generalmente se publicará en periódicos, en cartas generales enviadas a todos los estudiantes, en manuales para el estudiante, o en cartas-boletines para los padres. La escuela no debe esperar a que se determine la calificación de un estudiante para recibir servicios especiales para notificar a los padres o custodios de la disponibilidad de estos servicios bajo la Sección 504.

Bajo los requisitos de IDEA, cada escuela debe planear y seguir los procedimientos para identificar, localizar y evaluar a niño(a)s dentro del distrito que tengan impedimentos y necesiten educación especial. Cuando las escuelas llevan a cabo sus actividades anuales del programa *Child Find*, se les requiere también describir qué provisiones han desarrollado en sus procedimientos para cumplir con sus responsabilidades bajo la Sección 504. Ya que los derechos y procedimientos bajo la Sección 504 son diferentes a los que se siguen bajo IDEA, los padres deberán pedir información a los oficiales escolares acerca de los derechos, responsabilidades y procedimientos bajo la Sección 504.

Las escuelas tienen que identificar una o más personas responsables de recibir los reclamos o querellas y coordinar los procesos de queja requeridos por Sección 504 y el ADA. Además, las escuelas tienen que adoptar y publicar los procedimientos escritos que rigen el proceso de queja bajo ambas leyes la Sección 504 y el ADA y que expliquen los derechos de los padres en ese proceso de queja. Estos procedimientos tienen que publicarse junto con el nombre, dirección de la oficina y el número de teléfono del coordinador de quejas.

3. EVALUACIONES, DECISIONES DE CALIFICACIÓN Y EL PLAN INDIVIDUALIZADO

Como se discutió anteriormente, la definición de impedimento, bajo la Sección 504 y el ADA, es más amplio y cubre más niños(as) y circunstancias que la definición de IDEA. Por lo tanto, las escuelas frecuentemente tienen que evaluar a los estudiantes bajo la Sección 504 aun cuando estos mismos niños(as) aparecerían no calificables para la educación especial bajo IDEA.

Lamentablemente, muchas de las escuelas en el pasado no han ofrecido evaluaciones bajo la Sección 504 y han restringido las evaluaciones solamente para los estudiantes que creían calificables para servicios bajo IDEA. Asimismo, cuando los estudiantes fueron evaluados y no reunían completamente los requisitos para servicios bajo IDEA, la escuela decía a los padres que no podían legalmente proveer servicios educacionales adicionales a sus niños(as). Ambas prácticas están claramente equivocadas.

La Sección 504 requiere *específicamente* que las escuelas evalúen a niños(as) que se cree tengan un impedimento que significativamente limita su habilidad para aprender. Y cuando se encuentra que estos estudiantes están impedidos bajo la definición de la Sección 504 y el ADA, las escuelas deben proveer una educación adecuada para estos estudiantes aunque no califiquen para los servicios de educación especial bajo IDEA.

Las escuelas que ejerzan la Sección 504, deben tener procedimientos escritos que provean por lo siguiente:

a. determinar la calificación de estudiantes bajo la Sección 504;

b. asegurar que los procedimientos de evaluación tengan pruebas no prejuiciosas y materiales que reflejen exactamente las habilidades del estudiante; que las evaluaciones sean administradas por personal entrenado; que las evaluaciones prueben áreas específicas de necesidad educacional; y que las pruebas sean seleccionadas y administradas para reflejar exactamente los factores que la prueba está supuesta a medir;

c. Identificar las personas que tengan que asistir a la reunión de evaluación para discutir la evaluación y determinar la calificación del estudiante para servicios y/o acomodaciones y

d. describir los elementos del plan individualizado (llamado también el Plan 504, o el Plan de Determinación Individualizado) diseñado para instrumentar una educación apropiada como requerida bajo Sección 504.

La sección 504 no exige que las escuelas permitan a los padres participar activamente en los procesos de evaluación o calificación. Si su escuela no le da oportunidad para participar, usted puede seguir los pasos descritos anteriormente en este libro, para contribuir con el conocimiento especial que usted tiene de su niño(a), para la adopción de decisiones de evaluación y calificación. Si su escuela no le permite una participación substancial, entonces debiera usted proveer tanta información como sea posible para los procesos de decisión; examine los procedimientos e información usada en alcanzar las decisiones finales, y hasta llegue a utilizar el proceso de apelar si se han tomado malas decisiones.

Cuando las escuelas tienen que interpretar la información de la evaluación y decidir en la calificación bajo la Sección 504, deben recurrir a una variedad de fuentes. Además, las escuelas tienen que establecer procedimientos documentados que muestren que la información de la evaluación se ha considerado al hacer la decisión. La documentación debería contener cosas como notas o minutas de reuniones y informes o sumarios de evaluación. Los reglamentos exigen que las escuelas informen a los padres en cuanto a los resultados de las evaluaciones de sus niños(as) bajo la Sección 504. A pesar de que la notificación por escrito no es requerida, los padres pueden solicitar una confirmación escrita. Asimismo, los padres tienen el derecho de examinar todos los documentos, registros e información pertinente, respecto a las decisiones de las evaluaciones de sus niños(as) y su calificación para servicios. Finalmente, a pesar de que los reglamentos no especifican plazos para terminar con las evaluaciones de la Sección 504, la Oficina de Derechos Civiles ha dirigido a las escuelas a seguir los plazos bajo las reglas estatales de educación especial, a menos que otros procedimientos locales se hayan establecido.

4. Las Decisiones de Ubicación

La Sección 504 no especifica cuántos miembros tendrá el equipo que hará la decisión final para la ubicación de aula y escuela de su niño(a). En la práctica, el equipo de ubicación y el equipo de evaluación/calificación son frecuentemente los mismos. De todas maneras, como mínimo, el equipo de ubicación debe estar compuesto de personas que conocen al estudiante, que entienden lo que significa la información para la evaluación y que conocen las opciones de ubicación disponibles para el estudiante. Queda a discreción de la escuela el que los padres puedan formar parte del equipo de ubicación. Por lo tanto, los padres deberían averiguar al inicio si su sistema escolar local les permite su participación y deberían, de ser posible, tratar de ser incluidos como parte del equipo de ubicación.

Las decisiones de ubicación bajo la Sección 504 tienen que cumplir con los mismos requisitos del ambiente menos restrictivo que tiene IDEA. Asimismo, los estudiantes protegidos bajo la Sección 504 tienen derecho a ciertas protecciones de procedimiento antes de que éstos puedan ser expulsados o suspendidos por más de diez días. Estas protecciones requieren que el equipo de ubicación de la escuela determine si la mala conducta del estudiante es debido a su impedimento. Si así fuera, el estudiante no puede ser suspendido por más de diez días o ser expulsado.

Si la mala conducta no fuera relacionada con su impedimento, la escuela puede emplear sus procedimientos disciplinarios regulares.**★

Hay una excepción a las protecciones anteriores relacionadas con los procedimientos de disciplina que involucran un cambio en la ubicación. Si se sorprende a un estudiante con impedimentos con un arma de fuego en la escuela, puede colocársele inmediatamente, de forma interina, por 45 días en un lugar educacional alternativo. Lo antes posible después de que esta acción se haya tomado, el distrito escolar debería citar a un comité (el comité del IEP u otro apropiado) para determinar si traer el arma de fuego estaba relacionado con el impedimento del estudiante. Si los padres solicitaran una audiencia de debido proceso durante este tiempo, el estudiante permanecerá en el lugar educacional alternativo hasta que el comité alcance una decisión.

5. Aviso a los Padres y Su Consentimiento

Lo mismo que IDEA, la Sección 504 requiere que las escuelas notifiquen a los padres acerca de la identificación, evaluación y ubicación de sus niños(as). En contraste a IDEA, sin embargo, la Sección 504 no requiere que los padres den su consentimiento por escrito antes de la evaluación o ubicación inicial del niño(a).

6. Audiencias Imparciales

Para resolver problemas que surgen bajo la Sección 504, las agencias de educación del estado tienen que proporcionar audiencias imparciales y revisiones con la participación de los padres y su abogado o defensor. Muchos de los estados han autorizado a los oficiales de audiencia de IDEA del estado, para oír y regir sobre reclamos de la Sección 504. En otros estados, procedimientos alternativos para audiencias imparciales se han establecido para acatar este requisito.

Los padres pueden utilizar el proceso de audiencia imparcial para formular cualquier pregunta que tengan acerca de si la escuela cumple con las protecciones y los derechos de procedimiento de su niño(a), bajo la Sección 504. Por ejemplo, usted puede solicitar una revisión del proceso de evaluación del niño(a), la decisión de calificación, la decisión de ubicación, la ejecución del plan individualizado o lo adecuado de las acomodaciones educacionales. Además, usted puede utilizar el proceso de audiencia imparcial para averiguar si su niño(a) está siendo injustamente discriminado en la provisión de programas de educación regular y/ o actividades extracurriculares.

Así como en IDEA, el solicitar una audiencia debe ser su último recurso para garantizar los derechos educacionales del niño(a) bajo la Sección 504. Sin embargo, si es necesario, siga los pasos descritos en el Capítulo 10 para prepararse para ella y para participar en una audiencia de debido proceso. Algunos cambios en estos pasos serán necesarios para ajustarse a los requisitos legales de la Sección 504 y los

---

**Cuando este libro fue a la prensa, el Congreso de los Estados Unidos estaba considerando una revisión a las reglas de disciplina y de expulsión. Sírvase ver el anexo con los cambios a la ley, al final del libro.

procedimientos específicos para esta Sección desarrollados por la escuela. No obstante, estos pasos deberán proveerle con una base sólida para enfrentar los elementos legales, de hechos y de procedimientos que surgirán en esta audiencia.

■ Ejercitando los Derechos de los Estudiantes ■ Bajo la Sección 504 y el ADA

Los estudiantes y los padres pueden seguir varias trayectorias para corregir errores que ellos creen se han cometido en el cumplimiento de sus derechos bajo la Sección 504 y el ADA. Primero, los padres pueden contactar al coordinador de reclamos de la Sección 504, dentro del sistema escolar local. El coordinador va a seguir los procedimientos existentes determinados para resolver informalmente cualquier conflicto o malentendido que surja en la ejecución de estas leyes. Segundo, los estudiantes o los padres pueden solicitar una audiencia imparcial en la que un oficial de audiencia, otra persona imparcial o una junta de personas tomarán una decisión acerca del reclamo existente. Aún más, una tercera opción para el estudiante o el padre es de presentar una queja a la Oficina de Derechos Civiles (OCR) del Departamento de Educación de los EE.UU.

Reclamos en la Oficina de los Derechos Civiles (OCR)

Cualquier persona u organización que cree que una escuela o una persona de la escuela ha violado los derechos del estudiante o de los padres bajo la Sección 504 o ADA puede poner un reclamo formal con una oficina regional de OCR. Las direcciones de estas oficinas se encuentran en el Apéndice A. La queja puede relacionarse con violaciones de los derechos individuales del estudiante o de los padres, clases de individuos o padres, o las prácticas generales de una agencia de educación local o estatal. Estas quejas tienen que presentarse en un plazo de 180 días de la acción discriminatoria alegada. OCR entonces investigará las circunstancias de la queja y entregará una Carta de Hallazgo. La Carta de Hallazgo determinará ya sea que ninguna violación ha ocurrido, o identificará las violaciones específicas y las acciones correctivas que la escuela deberá ejecutar. Solamente bajo circunstancias extraordinarias OCR va a examinar violaciones alegadas de ubicación individual u otras decisiones de la escuela, y esto solamente cuando se trate de un niño(a) que ha sido excluido(a) de recibir servicios o pareciera que la escuela se está envolviendo en un creciente patrón de prácticas discriminatorias.

La Acción Judicial

Una última alternativa que tienen los estudiantes y los padres para lograr el cumplimiento de la Sección 504 y el ADA es a través de una acción en la corte. Los padres y estudiantes que ponen una demanda bajo la Sección 504 y que ganan sus casos tienen derecho a acciones correctivas por el sistema escolar y al reembolso de todos los gastos de corte. Bajo algunas circunstancias, los estudiantes y los padres pueden también recibir recompensas monetarias por daños compensatorios debido a reclamos de dolor y sufrimiento, incertidumbre emocional, angustia mental y gastos médicos—aunque muy rara vez estas recompensas se otorgan por las cortes. Finalmente, cuando los padres toman acción legal exclusivamente bajo la Sección 504, pueden inmediatamente poner una demanda en la corte sin tener primero que seguir un proceso de revisión informal o procedimiento de debido proceso.

Debido al tiempo, esfuerzo, tensión y los costos de la acción judicial, este sendero debería ser su última alternativa para imponer los derechos de su niño(a) bajo la Sección 504 y el ADA. No obstante, la seriedad de la acción discriminatoria, el daño que su niño(a) tenga que soportar, y/o la ineficacia de otros remedios, todo esto puede justificar esta acción final. Fue por estas razones que el Congreso dejó disponible esta opción de cumplimiento.

▪ LA SECCIÓN 504 Y EL ADA: DOS LEYES ▪ CRUCIALES QUE COMPLEMENTAN LA EDUCACIÓN ESPECIAL

Bajo el Acta de Educación para Individuos con Impedimentos (IDEA), los estudiantes cuyos impedimentos caen bajo ciertas rígidas especificaciones tienen garantizada una educación pública adecuada, gratuita y en el ambiente menos restrictivo. La Sección 504 y el ADA añaden a estas garantías asegurando que estos estudiantes, así como otros estudiantes con impedimentos que no califican para recibir las protecciones de IDEA, no sean discriminados en la provisión de programas y servicios escolares. Al comprender los requisitos que las escuelas deben reunir al cumplir con sus deberes bajo la Sección 504 y el ADA, usted puede asegurarse que su niño(a) obtenga los beneficios educacionales completos a los cuales tiene derecho. Y esos beneficios educacionales promoverán, a su vez, los objetivos de la Sección 504 y el ADA permitiendo a su niño(a) participar y contribuir en su comunidad tan completamente como sea posible.

12. Controlando y Monitoreando

Puntos de Verificación

Usted ha viajado un largo camino desde que entró por primera vez al laberinto de educación especial. La determinación de referido, evaluación y elegibilidad son como sombras lejanas. Incluso las decisiones para considerar una ubicación y el IEP están menos claras que el día que se hicieron. Pero ahora su niño(a) está en el aula adecuada, con los servicios apropiados y programados. ¡El laberinto ya está completo, ya ha caminado por esta intrincada senda!

Pero espere, ¡no tan rápido! Todo lo que usted ha hecho hasta el momento ha sido esencial para su jornada. Pero su tarea no está completa. Colocando un niño(a) en una clase, estableciendo metas y objetivos educacionales y planeando los servicios en un IEP no es lo mismo que lograr esas metas y objetivos y recibir esos servicios. El paso siguiente consiste en comprobar periódicamente el progreso del niño(a). Por ejemplo, usted querrá saber si está en camino de alcanzar los objetivos y las metas que usted estableció. ¿Está recibiendo los servicios relacionados que se acordaron? ¿Está pasando tiempo en la sala de clases con otros estudiantes de educación general y participando en clase de música o arte, yendo al recreo y almuerzando con amigos en la cafetería?

Usted ha completado su viaje a través del laberinto solamente cuando su niño(a) comienza a darse cuenta del potencial que tiene, como resultado de la educación que recibe. Este viaje se termina solamente cuando usted vigila el plan individualizado de su niño(a) y el crecimiento y desarrollo educacional que se determinó en ese documento. Puede que tenga un niño(a) pequeño(a) y ha desarrollado un Plan de Servicio Familiar Individualizado (IFSP) bajo la Parte H; o su niño(a) puede tener un plan individualizado bajo la Sección 504; o su niño(a) puede tener un Plan Educativo Individualizado (IEP) y un Plan Individual de Transición. No importa cuál tipo de plan tenga su niño(a), los principios y técnicas descritos en este capítulo le guiarán a asegurar que el programa que usted ayudó a desarrollar se cumpla como se planeó. Este capítulo le da sugerencias para controlar el programa especializado (o educacional) de su niño(a) utilizando el Programa Educativo Individualizado (IEP) como ejemplo.

■ ¿POR QUÉ CONTROLAR? ■

¿Pero por qué tiene usted que controlar o monitorear su programa y el progreso de su niño(a)? ¿No puede usted confiar que las escuelas cumplirán con lo prometido? ¿No llega un momento cuando uno tiene que pasar el desarrollo educacional del niño(a) a los "expertos"? ¿Y no llegó ya ese momento?

Lamentablemente, los intentos de la escuela de llevar a cabo el IEP se puede quedar atrás por muchas razones: La carencia de fondos para contratar terapistas ocupacionales, un maestro que cae enfermo por varios meses, o un aumento repentino en matrículas que dejan menos tiempo para trabajar con su niño(a). Estos y otros factores pueden resultar en que el IEP de su niño(a) no se lleve a cabo. Pero no son razones suficientes como para no llevar a cabo las metas, los objetivos y los servicios relacionados designados en el IEP. Si usted llegara a saber que el IEP no se está ejecutando, solicite una reunión con los maestros de su niño(a) para volver a ponerlo en práctica. Asimismo, si el IEP acordado se está llevando a cabo al pié de la letra, pero resulta ineficaz, usted puede también pedir cambios. Pero si usted no hubiera controlado o monitoreado el IEP, se puede encontrar en las misma situación que el Señor Iglesias y su señora:

> El hijo de los Iglesias, Juan, tenía un impedimento mayor del habla. El IEP de Juan incluía terapia individual del habla, por treinta minutos, dos veces a la semana. A medida que el año iba progresando, los Iglesias vieron poco adelanto en las destrezas del habla de su hijo. Pero aún así, todavía sentían la esperanza de ver algo de progreso en el futuro. Hacia fines del año escolar, los Iglesias se reunieron con la maestra de Juan, la señorita Manríquez. Durante su conferencia, la Srta. Manríquez les mostró orgullosamente al Sr. Iglesias y su señora, el tablero (o pizarra) de lenguaje de Juan. El tablero contenía las letras del alfabeto, letreros simples de palabras que se usan con frecuencia, por ejemplo, Yo, voy, abre, cierra, y otros símbolos de comunicación. La Srta. Manríquez explicó que Juan lo llevaba consigo a través del día. Cuando él quería comunicarse con alguien apuntaba a los símbolos apropiados en su tablero. Los Iglesias estaban impresionados con esta innovación, aunque sorprendidos que nunca fueron notificados de este cambio. Cuando le preguntaron a la Srta. Manríquez cómo se usaba el tablero en la terapia del habla de Juan, se dieron cuenta de que había todavía otra innovación en el programa (IEP) de su hijo. "¡Oh!" dijo la Srta. Manríquez, "Juan no ha tenido terapia del habla desde hace siete meses. Cuando no mostró progreso después de dos meses de terapia,

decidimos utilizar el tablero de lenguaje como una alternativa para la terapia del habla y así mejorar sus destrezas de comunicación."

Quizás el tablero de lenguaje fue más útil que la terapia del habla, pero ese no es el punto. Ningún cambio en el IEP de su niño(a) debe hacerse sin ser usted notificado(a) por el personal escolar. Por eso, le recomendamos que a menos que usted no esté supervisando el IEP de su niño(a) no sabrá si se hacen cambios al programa. Sí, es cierto que una vez se escribe el IEP usted entrega las riendas educacionales a los "expertos". Pero usted debe seguir de cerca o monitoreando el progreso educacional y de desarrollo de su niño(a).

■ CONTROLANDO LAS PRÁCTICAS Y TÉCNICAS ■

Es común que los padres sientan aprehensión cuando se trata de supervisar o monitorear el IEP. Ellos piensan, "¿Quién soy yo para preguntar a los maestros qué están haciendo?" "¿Cómo puedo saber yo si están ejecutando bien el IEP?" "¿Qué debo hacer si veo que el IEP no se está cumpliendo?" Desafortunadamente, esta incertidumbre se entrelaza con la tendencia de confiar en las "autoridades", lo que produce que los padres se sientan incómodos en dudar de los administradores y maestros.

¿Qué puede hacer usted para vencer estos temores normales y comunes? Su primera preocupación debería ser seleccionar y concentrarse en algunos aspectos del IEP para determinar:

 1. ¿Se está llevando a cabo el plan educativo?
  a. ¿Está siguiendo la instrucción en el aula el IEP?
  b. ¿Le están proporcionando los servicios relacionados requeridos?
 2. ¿Está funcionando bien el plan para su niño(a)?
  a. ¿Es el ambiente del aula adecuado para las necesidades de su niño(a)?
  b. ¿Está teniendo su niño(a) progreso educativo y/o de desarrollo?

Después de haber identificado las preguntas que quiere hacer, el segundo paso es encontrar las respuestas a esas preguntas. Los padres con experiencia han encontrado varias técnicas que sirven de gran ayuda cuando quieren controlar el programa educacional IEP de su niño(a). Los métodos más utilizados son los siguientes:

Teniendo reuniones o conferencias. Reúnase individualmente con los maestros, administradores escolares, tutores, terapistas y otros profesionales regularmente, o siempre que haya un asunto que discutir. Mantenga un registro escrito de las fechas de reuniones, tópicos discutidos y resultados.

Haciendo observaciones en la sala de clases. Visite el aula con la intención específica de observar algún aspecto de las actividades de aprendizaje del niño(a), u ofrézcase como voluntario(a) en la clase o en la escuela y utilice esas oportunidades para observar a su niño(a) y su programa. Mantenga un registro escrito de las fechas de cada observación y una descripción detallada de lo que usted observa.

Intercambiando un cuaderno. Comparta comentarios, sugerencias, observaciones y cosas por el estilo con el/la maestro(a), a través de un cuaderno de notas que el niño(a) pueda llevar a la escuela. También se puede incluir una lista de las metas y objetivos más importantes de su IEP.

Participando en grupos. Participe en la Asociación de Padres y Maestros de su escuela y en grupos de padres de su ciudad, como la Asociación de Impedimentos de Aprendizaje (LDA) y "The Arc" (El Arco, previamente llamada la Asociación de Ciudadanos Retardados). Generalmente, estos grupos proveen excelente información actualizada acerca de los programas y servicios escolares pertinentes al IEP de su niño(a).

Hablando con su niño(a). Pregúntele a su niño(a) cómo le está yendo en la escuela, cuáles actividades le gustan más y cuánto tiempo pasa en terapia del habla o en matemáticas. Escriba en detalle en su cuaderno las respuestas del niño(a). Revise sus tareas, lo que tiene que hacer y lo que ya ha hecho. Ayúdelo(a) con su tarea. Anote el tiempo que pasa haciendo su tarea y cuánto tuvo usted que ayudarle.

Éstas son sólo algunas de las técnicas que usted podría usar para evaluar el programa y el progreso de su niño(a) durante el año escolar. Aunque se le puede agregar más a la lista, esto es un punto de partida para que usted puede comenzar a desarrollar su propio plan de control.

▪ USTED Y LA MAESTRA(O) DE SU NIÑO(A) ▪

La fuente más importante de información en el progreso de su niño(a) es su maestra(o). La maestra(o) conversa con usted después de la escuela, en la reunión del IEP y en las conferencias regularmente programadas. La maestra(o) completa la libreta de notas (report card) y también escribe notas en el cuaderno que usted le manda, y luego le devuelve. La maestra(o) conversa con el sicólogo escolar, el terapista físico y los administradores acerca de las necesidades y el progreso de su niño(a); después la maestra(o) conversa con usted.

El libre flujo de información entre usted y la maestra(o) dependerá principalmente de la relación entre ustedes dos. Si la maestra(o) le percibe como un padre interesado pero que también entiende las necesidades y problemas de los maestros y si usted cree que ella o él puede efectivamente enseñar a su niño(a), entonces va a recibir toda la información específica y actualizada del progreso del niño(a), que usted necesita. Pero, ¿cómo usted puede desarrollar esta buena relación de cooperación con la maestra(o)? Quizás debiera intentar algunas de las siguientes sugerencias:

1. Trate de desarrollar una relación personal con la maestra(o) del niño(a). Algunas familias se sienten en confianza como para invitar a la maestra(o) a su casa a cenar. Otras encuentran que las conversaciones regulares por teléfono regulares ayudan mucho.

2. Dé bastante tiempo a los maestros y especialistas para llegar a conocer a su niño(a), antes de pedirles opiniones acerca del progreso, problemas o lo adecuado que es el programa.

3. Demuestre que usted entiende las dificultades que frecuentemente enfrentan los maestros y especialistas al hacer sus trabajos, ¡simpatice con sus necesidades, también!

4. Prepárese para sus reuniones o conferencias con anterioridad, desarrollando una lista de preguntas, aclaraciones que necesita y comentarios. Esto ahorra mucho tiempo a todo el mundo y usted se asegura que nada importante se pase por alto.

5. Indique a los maestros y especialistas cuáles aspectos de la educación y el desarrollo de su niño(a) son importantes para usted.

6. Discuta y comparta el plan que usted tiene para monitorear y controlar el IEP de su niño(a), y siga firme con ese plan.

7. Discuta los problemas que usted cree que han surgido al ejecutar el IEP con los maestros y especialistas involucrados. No comience por ir directamente al principal o los administradores escolares.

8. Considere modos de cómo usted podría contribuir, ya sea como voluntaria(o) o con materiales para el aula.

Cada una de las actividades anteriores le ofrece una excelente ocasión para que usted forme una relación de confianza y apertura con los maestros y otros especialistas que trabajan con su niño(a). A medida que estas relaciones se desarrollan y se fortalecen, usted experimentará más confianza en saber y entender el progreso de su niño(a) y hasta dónde realmente se va ejecutando el programa del IEP.

■ OBSERVANDO EN LA SALA DE CLASES ■

Además de su comunicación con la maestra(o), otro modo útil de controlar el progreso educacional del niño(a) es la observación en el aula. Las escuelas varían en sus reglamentos en cuanto a permitir a los padres observar actividades del aula; como también difiere si a los maestros les gusta que los padres visiten el aula (otra buena razón para desarrollar una relación abierta con la maestra o maestro). En todo caso, antes de visitar el aula, verifique primero con la maestra(o) y después con el director o principal para saber cuál es la política específica de la escuela en esta área.

Una vez que usted conoce cuál es la política escolar en relación a visitar las aulas, se puede preparar para controlar esta actividad. Más abajo se dan diferentes sugerencias para ser más eficaz al visitar el aula.

1. Notifique a la maestra acerca de su deseo de visitar el aula con bastante anterioridad.

2. Antes de visitar la clase, obtenga información general acerca del aula. (¿Cuándo tienen matemáticas? ¿Cuándo tienen el recreo? ¿Qué libros están usando?)

3. Decida lo que usted quiere observar (por ejemplo, un grupo de lectura, recreo en el patio de juegos, clase de matemáticas) y después avísele a la maestra de su deseo o plan.

4. Infórmele a la maestra(o) cuánto tiempo usted cree que va a pasar en el aula.

5. Respete las rutinas de la maestra o maestro y ajuste su tiempo para hacer sus observaciones dentro de ellas.

6. Observe las acciones sólo de su niño(a) o sus interacciones con otros niños(as) o adultos.

7. Mantenga sus conversaciones con los profesionales u otros adultos a un mínimo durante el tiempo de su observación.

8. Después de la visita al aula, escriba notas que describan sus observaciones, impresiones y/o preocupaciones.

9. Complete sus observaciones con una reunión breve (o una llamada telefónica o nota) para agradecerle al maestro(a) la oportunidad de poder observar y compartir ideas, preocupaciones y preguntas con este(a).

10. Comunique a los maestra(o)s y especialistas lo que le gustó de sus estilos de enseñanza o manera de actuar; ellos se sentirán agradablemente sorprendidos de que usted lo notó.

Siempre que vaya de visita a una escuela, recuerde que mucha gente, incluyendo a los maestros, se sienten incómodos cuando saben que se les está observando. Se crea cierta tensión cuando no se sabe exactamente por qué usted ha venido a observar y puede provocar una ansiedad innecesaria y hasta puede haber un malentendido entre usted y la maestra(o). Pero, al avisar a la maestra(o) de su deseo de observar a su niño(a) y explicar el propósito de su visita y llamarlos después para agradecerles puede aliviar mucha tensión. Estos pasos deberían suavizar el camino a una observación y a una relación abierta con la maestra(o) del niño(a). Usted también debe explicar a su niño(a) las razones de su visita, y contarle de manera que él o ella sientan el interés que usted tiene en sus actividades escolares, sus maestros y sus condiscípulos.

■ ESTANDO AL TANTO, COMO UN CONSUMIDOR ■ INFORMADO

Además de hacer visitas al aula y de comunicarse con la maestra(o) del niño(a), otra estrategia de gran ayuda para el monitoreo o control es convertirse en un consumidor informado. Aunque no se espera que usted se convierta en un maestro de educación especial, un terapista físico u otro profesional de educación especial, usted puede aprender muchas ideas importantes y básicas para controlar la educación del niño(a). Por ejemplo, usted puede informarse acerca de los métodos corrientes de enseñanza o las técnicas terapéuticas que usan en los impedimentos de su niño(a). Esta información puede obtenerse de muchas maneras: por ejemplo, de los grupos y asociaciones de padres que conducen seminarios, incluyendo el Centro Estatal de Entrenamiento e Información para Padres (Vea el Apéndice A); de reuniones, conferencias o presentaciones especiales; de profesionales en la materia que estén dispuestos a compartir su conocimiento; de la PTA (asociación de padres y maestros) de su escuela; de las clases de educación continuada para adultos en las escuelas y universidades cerca de usted; y en libros, revistas y panfletos. De estos y muchos otros modos, usted se puede convertir en un consumidor informado, conocedor de los servicios de educación especial en su sistema escolar local. Y, como un consumidor que sabe lo que quiere, se puede convertir en una persona que puede controlar eficazmente el programa educacional y progreso de su niño(a).

■ RESUMIENDO ■

El monitoreo o control del programa educacional de su niño(a) es un trabajo duro. Sólo el tiempo, la energía y la cuidadosa planificación que usted invierta en este proceso puede lograr que su esfuerzo pague con creces. El lenguaje propio de los maestros, la jerga educativa que frecuentemente se encuentra en el IEP, es muchas veces imposible de descifrar. Por ejemplo, los educadores saben lo que significa "calidad vocal" o "intensidad vocal", pero los padres no. Por lo tanto, no se olvide de preguntar en la reunión del IEP el significado de los términos que no entienda, de modo que usted sepa cada cosa y lo que significa. Esto es básico para poder controlar en forma eficaz.

Al no saber si las metas y objetivos son apropiados puede provocar dificultades también. Su propio sentido de las necesidades educacionales de su niño(a) le va a ayudar. El completar los Ejercicios para Fortalecerse descritos en Capítulo 2, le dará la confianza para evaluar las metas anuales y los objetivos a corto plazo sugeridos en el IEP para su niño(a). Controlando y comprobando que se cumplan con las fechas para los objetivos a corto plazo, puede ayudarle además a evaluar si todavía son adecuados las metas y objetivos de su niño(a). ¿Está cumpliéndose con los objetivos a tiempo? ¿Antes de tiempo? ¿O no se cumplen en absoluto? Las respuestas a estas preguntas le guiarán a otras. Por ejemplo, si los resultados son positivos o negativos, ¿cómo se explican esos resultados? ¿Se debe al programa, a la maestra(o), o al ambiente del aula? Las respuestas a estas preguntas pueden resultar en proponer cambios al IEP de su niño(a).

■ HACIENDO LOS CAMBIOS ■

¿Qué ocurre cuando usted detecta algo, durante las actividades de control o monitoria, que le convence que deben hacerse cambios? ¿Por dónde comienza el proceso de un cambio?

Los elementos del IEP de su niño(a) pueden cambiarse en cualquier momento, a través de un acuerdo mutuo entre los miembros del equipo del IEP. Pero una vez que usted ha aprobado un IEP, deberá esperar un tiempo razonable antes de querer cambiarlo otra vez porque no funciona.

¿Cuál sería un tiempo razonable? En parte, esto depende de la edad del niño(a), el término de desarrollo y las destrezas educacionales que se le están enseñando. Si su niño(a) se desarrolla naturalmente más lentamente o le toma más tiempo en adquirir una habilidad educacional, pasarán unos tres a cinco meses antes que pueda notar el progreso. Si el desarrollo fuera rápido o aprende una habilidad más rápidamente, puede sentir que esos cambios comienzan entre uno a tres meses. De todos modos, una manera útil sería esperar por el período que se ha especificado en el IEP de su niño(a) para evaluar el progreso de los objetivos iniciales a corto plazo. Si estos objetivos claramente no se están cumpliendo, un cambio en el programa, servicios, maestras(os) o alguna combinación de estos tres debiera hacerse.

Grupos Defensores

Los círculos en la figura superior sugieren que el mejor lugar para comenzar sus esfuerzos para cambiar el IEP de su niño(a) es con su maestro u otros especialistas. Si los problemas se resuelven a este nivel inicial, los cambios apropiados se harán rápidamente. En este primer nivel de cambio, el proceso para corregir problemas es el menos complicado, a pesar de que no parece ser así. Si sus esfuerzos para alterar el IEP son infructuosos a este nivel, muévase al próximo círculo hacia afuera y trate de conseguir el cambio en este nivel administrativo.

Su primer intento para trabajar con administradores escolares para cambiar el IEP de su niño(a) debería hacerse informalmente. Una solicitud informal para pedir un cambio en el IEP puede enviarse a la maestra(o) o al principal de la escuela; por lo general, esto sería todo lo que tendría que hacer. Su solicitud debe estar acompañada de una explicación por escrito con toda la información acerca de las razones de su pedido (esta es la información que usted obtuvo al controlar y al observar). Si ésta no fuera suficiente, entonces puede comenzar la revisión administrativa o los procedimientos de conferencia conciliatoria disponibles en muchas escuelas. También hay que considerar que en varios estados tienen un sistema de mediación formal, que puede ayudar a las familias y a las escuelas a resolver sus desacuerdos. El Capítulo 8 explica el proceso de mediación.

Si usted aún así no obtiene resultados satisfactorios a través del proceso administrativo, el siguiente paso es de solicitar una audiencia de debido proceso. Pero recuerde, en el Capítulo 10 se señaló que usted debe tomar este paso con mucha cautela. En algunos casos, sin embargo, usted no tiene otra alternativa. Por lo tanto, aun cuando toma varios meses para la orden final de cambiar el IEP de su niño(a), la audiencia continúa siendo un método viable para conseguir un cambio potencial. Por supuesto, si todos los procedimientos de audiencia parecen futiles o sus resultados parecen prejuiciados e inexactos, usted también puede buscar cambios a través de una acción en la corte. Considerando el tiempo y costo involucrados en esta acción, sin embargo, su uso debería estar reservado solamente para desacuerdos extremos acerca del IEP.

¿Pero, dónde entra entonces el último círculo del perímetro, la defensa política y legal, en el proceso de cambio del IEP? Este círculo exterior se activa frecuentemente para forzar a las escuelas a cumplir con algo que están evadiendo, como no ofrecer servicios de terapia fisica o servicios de consejeria sicológica. La defensa política y legal también puede ser empleada para forzar a las escuelas el mejorar u ofrecer servicios o cosas en una forma más extensiva, los que ahora se ofrecen en una escala limitada; por ejemplo, ofreciendo entrenamiento vocacional o terapia del habla. En ambos casos, los padres trabajan individual y conjuntamente para persuadir a los administradores escolares, las juntas de educación, consejos urbanos, las municipalidades y a los legisladores del estado para extender fondos adicionales para estas actividades. En otros casos, los padres demandan en corte para forzar a las jurisdicciones escolares, e indirectamente al cuerpo legislativo, a adherirse a la ley y proveer servicios apropiados. Idealmente, tanto la defensa política como la legal pueden producir los mismos resultados, o sea, los niños(as) reciben los programas y servicios, en las clases y cantidades adecuadas y atendiendo sus necesidades educacionales.

Aunque tanto la defensa política y legal como la audiencia de debido proceso pueden ser altamente efectivas al obtener cambios educacionales, recuerde: mientras más se aleja del centro del círculo, menos se orientan a las necesidades educacionales individuales de su niño. Los cambios que hace la maestra se aplican de inmediato y emplean información actualizada y en un ambiente comprensivo. Cuando los cambios en el IEP se generan en puntos más lejanos a su niño(a), las decisiones llegan muy lentamente, están casi obsoletas y fuera de contexto. Por eso, le repetimos, hay una necesidad de tener y mantener buenas relaciones con las maestras(os) del niño(a). Conserve en lo que pueda a una maestra(o), desde el comienzo hasta el fin. Usted llevará millas de ventaja.

▪ LA ESCUELA VERIFICA: LA ESCUELA ▪ TAMBIÉN CONTROLA

La escuela tiene que conducir una revisión formal del programa de su niño(a) que se escribió en su IEP, por lo menos una vez al año.* Este proceso se conoce como la revisión anual. La revisión anual es una oportunidad para usted, los maestros del niño(a) y otros profesionales escolares para examinar las metas y objetivos del IEP del año pasado y evaluar qué tal se han cumplido. La revisión anual no es solamente una oportunidad para verificar el progreso ya hecho sino también para considerar las metas y objetivos del IEP del próximo año.

A veces los maestros u otro personal escolar pueden decidir antes de la revisión anual que el progreso del niño(a) no es satisfactorio. Si es así, generalmente le notificarán, buscando nueva información o hasta sugiriendo una conferencia. En algunos casos ellos podrán solicitar incluso evaluaciones formales del niño(a). Si esto ocurriera, el material que usted leyó en el Capítulo 3 sobre procedimientos de evaluación le vendrá muy bien y será pertinente para negociar este aspecto del laberinto de educación especial.

Como se discutió en el Capítulo 3, la ley IDEA requiere que la escuela conduzca una evaluación completa de su niño(a) de edad escolar, una vez cada tres años. Esta revisión se llama *la evaluación trienal*. La escuela puede escoger, por razones legítimas, reevaluar a su niño(a) más frecuentemente que las que son requeridas por ley, pero en general, las escuelas tienen pocos recursos para evaluar a su niño(a) más frecuentemente.

Hay ciertas consecuencias prácticas en controlar la evaluación trienal, que valen la pena recordar. En primer lugar, en los tres años que transcurren entre las evaluaciones formales solamente la maestra(o), otros profesionales que trabajan con su niño(a) y usted, serán los únicos que están vigilando y controlando el progreso del niño(a). Ya que aun los maestros y otros profesionales escolares que son cumplidores tienen un tiempo limitado para proveer sus servicios, a veces no se preocupan de vigilar o controlar los resultados de su trabajo. Por lo tanto, si usted no controla el IEP cuidadosamente, se pasarán tres años antes de que usted descubra si hay progreso o no, o muy poco. Su niño(a) no puede estar allí desperdiciando todo este tiempo.

Hay otra implicación importante en el requisito de una evaluación trienal y que usted no debería pasar por alto. Cada tres años usted estará enfrentado una nueva decisión en la determinación de elegibilidad. Las presiones en las escuelas están aumentado para reducir los costos de educación especial. En vista de estas presiones, usted tiene que estar preparada(o) para presentar un caso claro y convincente acerca de qué significa para su niño(a) una educación apropiada y en un ambiente menos restrictivo. Al controlar el programa del IEP para su niño(a) cuidadosa y consistentemente y al seguir los pasos que se determinaron anterior-mente en este libro, usted debería estar ya bien preparada para presentar un estupendo caso acerca de su niño(a), cada vez que vuelva la evaluación trienal.

---

* Para más información acerca del control del Plan de Servicios Individualizado de la Familia, sírvase ver el Capítulo 8.

13. Un Repaso a la Intrincada Senda de la Educación Especial

¿Se Termina Alguna Vez este Laberinto?

A través de los años, los padres se han sentido a veces confusos, frustrados y por lo general, inciertos en sus intentos de entender cómo llegan a tomarse las decisiones acerca de la educación de sus niños(as), por el personal de la escuela. A medida que los padres hablan con los maestros y administradores y entienden términos tales como procedimientos de evaluación y calificación, IEP, impedimentos del aprendizaje y audiencias de debido proceso, empiezan a pensar que las escuelas han hecho un laberinto complejo de la educación especial, y que sólo los educadores saben encontrar la salida. Los padres no han sabido cómo tomar el primer paso para negociar este laberinto.

Bueno, este libro se escribió para los padres—y sus niños. Se han presentado los diferentes pasillos del laberinto en páginas anteriores. Se ha hablado de los procesos cíclicos de solicitud, evaluación, calificación, IEP, ubicación, controlando/monitoreando y cuando ha sido necesario, los procedimientos de debido proceso. Al comprender estos procesos se abren las puertas para entrar al laberinto. Al tener las reglas y normas se puede viajar a través del laberinto; y al saber practicar diferentes estrategias podrá negociar, podrá saber cómo obtener los beneficios y ejercer los derechos en el laberinto. El resultado final de su jornada será que su niño(a) reciba una educación apropiada, pública, gratuita y en el ambiente menos restrictivo posible.

Las leyes federales y estatales han creado la base legal para asegurar que los niños con impedimentos reciban una educación apropiada, pública y gratuita. Las escuelas locales y sus maestros y administradores tienen el conocimiento, la dedicación y los recursos potenciales para llevar a cabo estas leyes. Ustedes, como padres, poseen, sin embargo, el único ingrediente adicional que se necesita para unir estas leyes y recursos y producir una educación efectiva para su niño(a). Este ingrediente es el conocimiento especial que usted tiene de su niño(a), lo que él o ella sabe y cómo aprende mejor. Sin este conocimiento tan especial y esencial en la planificación de su educación, el programa desarrollado podría ser inadecuado y posiblemente ineficaz. Su niño(a) no puede exponerse a perder días, meses y años en un programa inútil y usted, viendo las necesidades de su hijo(a), no quiere perder tiempo, de lo contrario no estaría leyendo este libro.

El énfasis de este libro es hacerle ver la importancia que tiene el adquirir estas destrezas, conocimiento y valores que serán esenciales en convertirse en un defensor(a) eficaz para la educación de su niño(a).

La defensa educacional es uno de los medios donde los padres pueden participar inteligentemente y en colaboración para tomar las decisiones que van a afectar la educación de sus hijos. La defensa educacional le ofrece una orientación para asegurar que el conocimiento especial que usted tiene de su niño(a) esté reflejado en los programas educacionales y en el ambiente educacional que él o ella encuentre. La defensa educacional le provee un plan de acción para negociar exitosamente el laberinto de educación especial.

■ UNA NUEVA EXPERIENCIA CON CADA VIAJE ■ A TRAVÉS DEL LABERINTO

El ciclo de planificación y programación de la educación especial descrito en el Capítulo 1, se va a repetir cada vez. Cada año las metas y objetivos educacionales y los servicios programados en el IEP de su niño, se examinan y se revisan para cambiarlos según sea necesario. Cada vez que usted viaja por el laberinto, ya sea para la revisión anual o la trienal, habrán ocurrido cambios. Va a encontrar nueva gente en la escuela trabajando con su niño(a); cambios en las leyes, reglamentos y políticas, y en las estrategias que ahora serán diferentes para cumplir con estas leyes. El hecho de que cada viaje a través del laberinto es una nueva experiencia, tiene repercusiones importantes para los padres defensores de esta educación.

Primero, cada vez que el ciclo comienza, usted tiene que reunir nueva información acerca de su niño(a); tiene que analizar esta información; tiene que organizarla y ver cómo la va a usar, para propósitos de la evaluación, calificación, IEP y/o decisiones de ubicación; así como también para prepararse y participar en reuniones donde se harán estas decisiones. Pero recuerde, todo esto se hará más fácil si usted ha estado controlando y velando cuidadosamente el programa del niño(a).

Segundo, ya que las leyes, reglamentos, políticas y prácticas cambian rápidamente en el campo de educación especial, usted deberá revisar anualmente los cambios que se han hecho por el Departamento de Educación de su estado y de su ciudad. Al seguir estas sugerencias no desperdiciará tiempo usando procedimientos obsoletos, y aun todavía más importante, usted no pasará por alto los nuevos derechos o beneficios que su niño(a) ahora pueda tener.

Tercero, debido a que el personal escolar cambia con frecuencia así también como las reglas y normas, también usted tendrá que actualizar su tabla o lista de gente importante (de que se habló anteriormente en este libro.) Preguntando por ahí, puede llegar a saber de los antecedentes y experiencia educacional de esta nueva gente. Así podrá mantener su información actualizada acerca de los educadores y esto ayudará a fortalecer la confianza y respeto necesarios para una exitosa colaboración.

Cuarto, como se sabe, cada año trae nuevos problemas y nuevas oportunidades y lo mismo pasa con las escuelas. Estos problemas y oportunidades puede que estén vinculados a cambios en los fondos, ya sean positivos o negativos y por lo tanto, pueden tener una repercusión en los programas educacionales. En el lado negativo, usted podría encontrar menos servicios, más estudiantes por maestro y notar que los viajes en el autobús escolar son más largos. En el lado positivo, algunas escuelas están reconociendo el valor de fortalecer la relación entre los padres y maestros. Una manera de demostrarlo es que están estableciendo centros de recursos para padres. Estos centros ofrecen cursos de entrenamiento en la defensa educacional para los padres y proveen información y solicitud a servicios en la comunidad y en la escuela. Pero, tanto los cambios positivos como los negativos dentro de las escuelas alterarán los modos en que los profesionales cumplirán con sus tareas para educar a los niños(as) con impedimentos, de acuerdo a las leyes estatales y federales. Al conocer los problemas y oportunidades particulares de su sistema escolar, se sentirá mejor preparado(a) para enfrentar cualquier cambio que el personal de la escuela necesite implementar.

Finalmente, ya que cada viaje por el laberinto es uno nuevo, tendrá que formular nuevas estrategias y tácticas para ajustarlas a los cambios que se han hecho. Aunque usted puede haber tenido éxito en obtener un programa educacional apropiado anteriormente, no garantiza que lo consiga ahora. Solamente su arduo y cuidadoso trabajo, puede prepararle para seguir siendo un defensor educacional eficaz para su niño(a). Desgraciadamente, no se puede substituir la preparación diligente para negociar este laberinto.

■ CAMBIANDO EL LABERINTO Y SUS REGLAS ■

Usted puede encontrar que no importa cuán hábil e informado(a) usted es en negociar el laberinto, todavía parece ser que el programa de su niño(a) no es apropiado en atender sus necesidades. Las clases pueden ser demasiado grandes, los servicios relacionados no están disponibles, no hay instrucción especializada y la transportación es inconveniente. Cuando surgen estos problemas, y los procedimientos de debido proceso fallan en corregirlos, entonces quiere decir que la defensa educacional ha alcanzado sus límites de eficacia. La defensa legal y política tienen entonces que emplearse para causar los cambios necesarios.

La defensa legal se usa mejor en casos en que el personal escolar interpreta la ley de una manera y usted de otra. Aunque los oficiales de audiencia pueden concordar con las interpretaciones de los oficiales escolares, su palabra no es final.

Solamente las cortes pueden responder definitivamente a preguntas acerca de la interpretación de las leyes. Las cortes clarifican el significado de leyes federales o estatales; las cortes rigen en forma autoritativa si los reglamentos y políticas estatales o locales de educación se conforman con las leyes federales y estatales. Cuando usted siente que las leyes del estado están en conflicto con leyes federales y los oficiales escolares no cambian sus procedimientos para cumplir con sus objeciones, las cortes ofrecen una alternativa para cambiar tanto el sistema mismo como los reglamentos y políticas que lo gobiernan.

Además hay otra opción para alterar el sistema de educación especial que es la defensa política. En este tipo de defensa, el cambio se procura a través de grupos que influencian (lobbying) al cuerpo legislativo, ejecutivo y/o administrativo, en un intento de cambiar presupuestos, políticas y procedimientos específicos del gobierno. El Consejo de Niños Excepcionales, El Arco, el Consejo Nacional de Padres sobre Impedimentos y el grupo Parálisis Cerebral Unida son algunos ejemplos de los diversos grupos que se envuelven o intervienen para influir en la política. La característica especial de este tipo de defensa o influencia política es que se orienta más a cambiar elementos específicos de educación especial, por ejemplo, procedimientos para evaluar, cómo determinar la calificación, asignar presupuestos para la educación especial, y ciertas reglas de la educación especial, tales como los derechos de los padres a participar en reuniones. En contraste a la defensa educacional, donde el defensor está orientado solamente al bienestar de un niño(a), la defensa política busca cambios en beneficios para todos los niños(as) con impedimentos ya sea en el proceso general o en los reglamentos y políticas que lo componen.

La defensa política es esencial cuando el proceso mismo está siendo reexaminado y revisado o cuando los reglamentos y normas parecen inherentemente injustos o poco prácticos. En estas situaciones la defensa educacional puede ser insuficiente y sólo la defensa política, al influenciar a los legisladores, asegurará una educación adecuada, pública y gratuita para los niños(as) con impedimentos.

En 1997, por ejemplo, el Congreso emprendió la re-autorización de IDEA, considerando cambios mayores en los requisitos de la ley. Muchos de los grupos de padres, así como asociaciones profesionales tanto de educación especial como de educación general, se lanzaron a la tarea y se involucraron en proveer información y sugerencias respecto a como la ley podría mejorarse. Los cambios a la ley se incluyen en el Apéndice E de este libro.

La defensa legal y política tienen su lugar en abogar por los niños(as), aunque sus efectos no son apreciables de inmediato como los de la defensa educacional. Pero al momento, su niño(a) necesita un programa educacional así como servicios que atiendan sus necesidades. Por lo tanto la defensa educacional, descrita en este libro, está diseñada para ayudarle a conseguir un programa que atiendan estas necesidades. A medida que los padres posean las destrezas y la experiencia en usar la defensa educacional, legal y política, aprenderán dónde aplicar cada una de ellas, cuál es más eficaz en cada situación y a hacer un buen uso de ellas. En ultima instancia, va a depender de la habilidad que tengan ustedes, los padres, para poder negociar los nuevos sistemas y reglamentos, cuando la educación especial y los reglamentos han sido cambiados por la defensa legal y política.

▪ A TRAVÉS DEL LABERINTO CON LOS OTROS ▪

En varios puntos del ciclo de planificación de educación especial se le ha pedido que consulte o pregunte a un amigo que le ayude y acompañe a defender a su niño(a). Esto es muy recomendable para los procedimientos de evaluación, calificación y audiencias de debido proceso. El propósito de esta sugerencia tiene un doble significado. Primero, otra persona puede aumentar su eficacia como defensor(a) educacional, sirviéndole como una fuente de ideas y sugerencias y como un segundo par de ojos y oídos. Segundo, otra persona puede proveer el apoyo personal y emocional que la mayoría de los padres necesitan para manejar la tensión de viajar por este laberinto de educación especial.

Aunque la ayuda y asistencia de uno o dos amigo(a)s pueden hacerle un defensor(a) educacional más efectivo, los esfuerzos y el apoyo combinados de muchos otros padres pueden aumentar su efectividad aún más. Al formar un grupo de padres decididos a comprometerse en la defensa educacional de sus niños(as), usted aumentará instantáneamente su conocimiento del laberinto, en forma colectiva, disminuyendo la sensación de soledad o aislamiento, que tantas veces provoca el batallar solo con estas complejas reglas y frustraciones del laberinto.

¿Cómo se empieza a formar un grupo de gente interesada que quieren convertirse en defensores educacionales? Un buen punto de partida es que los padres interesados lean y estudien juntos este libro. Quizás usted podría pedirle a uno de los maestro(a)s de educación especial, sicólogos escolares u otros profesionales que prestaran su asistencia y experiencia técnica en seleccionar tópicos para explorar con más profundidad, como por ejemplo, evaluación, calificación, IEP, o la audiencia de debido proceso. Pero recuerde, este libro se escribió para usted, el padre/madre. La intención de un grupo de estudio es ayudarle como defensor educacional para su niño(a). La asistencia profesional siempre debería estar orientada a ayudarle a incorporar el conocimiento especial (que usted tiene de su hijo) en los programas y planes de educación especial del niño(a).

Otro paso que usted puede tomar es el de comunicarse con el Centro de Entrenamiento e Información para Padres (PTI) en su estado. Estos centros son financiados por el Departamento de Educación de los EE.UU. para dar entrenamiento e información a los padres de niños(as) con impedimentos. Su PTI estatal puede ayudarle con estrategias para: participar en el proceso educacional de la toma de decisiones; de comunicarse con maestros y otros profesionales involucrados en la educación del niño(a), y obtener programas, recursos y servicios apropiados para el niño(a). El Apéndice A le indica cómo se puede comunicar con el PTI de su estado.

Los autores de este libro fundaron el Centro de Entrenamiento para la Defensa Educacional de Padres (en inglés, Parent Educational Advocacy Training Center, PEATC) en Alexandria, Virginia, un centro de entrenamiento e información financiado en parte por el Departamento de Educación de los EE.UU. La experiencia de este centro PEATC ha demostrado lo eficaces que estos grupos de padres, pueden llegar a ser en la defensa educacional. Desde 1978, el PEATC ha entrenado, directa e indirectamente, miles de padres para servir como defensores educacionales de sus niños(as). Estos padres se reúnen para asistir a seminarios o talleres, en los cuales se habla de las ideas discutidas en este libro. En estos talleres, los padres adquieren conocimiento referente al proceso de educación especial en su jurisdicción escolar, también adquieren las destrezas necesarias para trabajar dentro de ese proceso y un importante sentido de identidad y solidaridad con otros padres que tienen niños(as) con impedimentos.

Al asistir al curso, los padres se comunican con otros padres para conversar e intercambiar ideas, conocimiento, apoyo psicológico y moral. Esta comunicación es necesaria para apoyarse el uno en el otro y así seguir la jornada a través del laberinto. A medida que estos padres van adquiriendo experiencia y conocimiento como defensores educacionales, van ansiosos de prestar ayuda a otros padres que no han asistido al curso y ayudarlos en su jornada. Este apoyo y asistencia mutua es esencial para que los padres se aseguren que el sistema responda a las necesidades de sus niños(as).

Al aprender lo básico de la defensa educacional y abogar así por los derechos de su niño(a), usted puede ayudar a forjar una fuerte alianza entre padres y profesionales escolares. Al estrechar sus relaciones con otros y abogar por los derechos de sus niños(as) con impedimentos donde quiera que sea, los padres a través de los Estados Unidos pueden ayudar a hacer realidad la promesa de una educación pública, apropiada y gratuita para todos los niños(as) con impedimentos.

GLOSARIO

Este glosario incluye términos de educación especial que se han mencionado en el texto, y que los padres también escucharán en el ambiente escolar. También se definen aquellos impedimentos que hacen elegible a un niño(a) para los servicios de educación especial, pero no contiene otros términos relacionados con impedimentos específicos.

A riesgo: El término utilizado para describir aquellos niños(as) que podrían tener dificultades debido a circunstancias en su hogar, dificultades médicas a la hora del nacimiento u otros factores, y que puedan necesitar los servicios de intervención temprana, para evitar dificultades futuras.

AAI Acta de Americanos con Impedimentos: Ley que otorga la protección de los derechos civiles a las personas con impedimentos, similares a aquellos que gozan todas las personas en base a raza, sexo, origen nacional o religión.

Acomodaciones razonables: La modificación de programas, de modo que estos permitan a los estudiantes con impedimentos participar en programas educacionales que reciben fondos federales. El concepto también aplica a la modificación de requisitos de trabajo y equipo para trabajadores con impedimentos.

Acta de Educación para Individuos con Impedimentos (IDEA): La ley federal que autoriza y manda que todos los niños(as) con impedimentos obtengan una educación apropiada, pública y gratuita. Anteriormente, se le conocía como el Acta para la Educación de Todos los Niños en Desventaja. La **Parte B** del Acta se refiere a los servicios de educación especial para niños(as) de tres a veintiun años de edad. La **Parte H** se refiere a los programas de intervención temprana para infantes y niños(as) pequeños con impedimentos desde el nacimiento hasta los dos años, y sus familias.

Actividad Mayor de Vida: Aquellas actividades tales como cuidar de sí mismo, ejecutar tareas manuales, caminar, ver, oír, hablar, aprender y trabajar.

Administrador del Caso: *Vea* **Coordinador de Servicios**

Adultos, programas diurnos: Son los programas que proveen a adultos con impedimentos entrenamiento en las destrezas de vida diaria, destrezas sociales, destrezas recreacionales y destrezas "pre-vocacionales".

Agencia Líder: Es la agencia estatal que ha sido designada por el gobernador para administrar e instrumentar a nivel estatal, el sistema coordinado, intra-agencia y

multidisciplinario para la provisión de servicios a infantes y niños(as) pequeños con impedimentos y sus familias.

Ambiente menos restrictivo (LRE): La ubicación de un estudiante con impedimentos en un ambiente que le permite el contacto máximo con estudiantes que no tienen impedimentos, mientras se cumple adecuadamente con las necesidades de educación especial del estudiante.

Año escolar extendido: Se refiere a la educación especial que se proporciona durante los meses de verano a estudiantes que necesitan servicios durante todo el año en orden de recibir una educación apropiada.

Aprendizaje, estilo de: El modo único en que una persona aprende mejor, por ejemplo, jugando juegos, imitando, leyendo un libro, escuchando una conferencia o jugando con materiales. Muchos niños(as) aprenden a través de una combinación de procesos.

Aprendizaje, impedimento de: El trastorno en uno o más de los procesos involucrados en la comprensión o el uso del lenguaje hablado o escrito, resultando en la dificultad en escuchar, pensar, hablar, escribir, deletrear o hacer cálculos matemáticos. Este término no incluye niños(as) con otros problemas de aprendizaje relacionados con otros impedimentos, como la retardación mental.

Apropiado: En la descripción de una educación apropiada, pública y gratis, provista en el Acta de Educación para Individuos con Impedimentos (IDEA), "apropiado" se refiere a un plan educacional que atienda las necesidades individuales de un estudiante con impedimentos.

Aptitud, prueba de: Es una prueba que mide el potencial de un individuo en una área de destreza específica, tal como velocidad oficinista, habilidad numérica o pensamiento abstracto.

Archivo Acumulativo: Es el archivo que contiene las tarjetas de notas (report cards), los resultados de las pruebas normalizadas de conocimiento, informes de maestros y otros registros del progreso escolar del estudiante.

Archivo Confidencial: Es el archivo privado de un niño(a), cuyo acceso es restringido, y que contiene los registros escolares de evaluación y otros materiales relacionados a educación especial, tales como informes médicos, evaluaciones independientes, informes de reuniones de elegibilidad, etc.

Archivo de Cumplimiento: Son los registros escolares que contienen todos los informes de reuniones, correspondencia y otros contactos entre los padres y los oficiales escolares.

Archivo de educación especial: Vea *Archivo Confidencial*

Arreglos de vivienda supervisados: Los hogares o apartamentos para personas con impedimentos que son manejados por agencias públicas o privadas. Un personal pagado supervisa los residentes y los ayudan a presupuestar, a la preparación de alimentos, transportación, etc.

Atraso en el desarrollo: El término que se usa para describir el desarrollo más lento que el desarrollo normal de un infante o un niño(a) en una o más áreas.

Audiencia de debido proceso: Una sesión formal conducida por un oficial imparcial de audiencia para resolver desacuerdos de educación especial entre los padres y las escuelas.

Audiólogo: Es un profesional especialista, no médico, que mide los niveles de audición y evalúan la pérdida del oído.

Auditiva, discriminación: La habilidad para identificar y distinguir entre los distintos sonidos del lenguaje, como la diferencia entre el sonido de la "a" en "say" y "sad."

Autismo: Es el impedimento del desarrollo que afecta seriamente la comunicación verbal, no-verbal y la interacción social, normalmente evidente antes de cumplir los 3 años de edad.

Buckley, Enmienda: Es el nombre común dado a la ley de los Derechos Educacionales de la Familia y el Acta de Privacidad de 1974. La ley da a los padres y a los estudiantes (mayores de 18 años) el derecho de ver, corregir y controlar el acceso a sus registros escolares.

Calificación: La determinación de si un niño(a) es elegible o no para recibir intervención temprana o los servicios de educación especial, basada en criterios ya establecidos.

Carrera, educación para una: Es un programa progresivo de actividades con la intención de ayudar a los estudiantes a adquirir el conocimiento, destrezas y actitudes que hacen el trabajo una parte importante de la vida. Esta educación tiene cuatro etapas: 1) orientación/información, 2) exploración, 3) preparación, incluyendo educación vocacional y 4) ubicación en el trabajo/seguimiento.

Centro de actividades: Es un programa diurno donde el personal ayuda a adultos con impedimentos en actividades que enfatizan el entrenamiento de las destrezas para desenvolverse en la comunidad (por ej., aprendiendo a utilizar la transportación pública) y el desarrollo de destrezas vocacionales.

Cerebral, lesión traumática: Una lesión al cerebro causada por una fuerza física exterior provocando un impedimento que afecta el desempeño educacional del niño(a), por ej., conocimiento, memoria, lenguaje, destrezas motoras.

Ciego, Ceguera: Pérdida completa de la vista. En cuanto a la educación, son consideradas ciegas las personas que están seriamente impedidas de la visión, no tengan visión y que tengan que aprender a leer en Braille. Vea también *Legalmente Ciego*.

Coeficiente de inteligencia (I.Q.): Es una medida de la capacidad de pensar (cognoscitiva) que compara una persona con otros en su grupo de edad.

Comité de Selección: Un comité basado en la escuela local, cuyos miembros determinan si un estudiante debería ser evaluado(a) completamente para elegibilidad de educación especial.

Comité de Selección basado en la escuela: *Vea* *Comité de Selección*

Competencia mínima: Para recibir un diploma de secundaria regular, muchos estados requieren que los estudiantes pasen una prueba de aptitud mínima, demostrando que sus destrezas académicas están al nivel de conocimiento definido por el estado.

Comportamiento adaptativo: La extensión a la cual una persona es capaz de ajustarse y de aplicar sus destrezas a nuevos ambientes, tareas, objetos y gente.

Comportamiento, observación del: Es el modo sistemático de observar, anotar e interpretar el comportamiento de un estudiante, a medida que él o ella trabaja en una ocupación, con el objeto de crearse una imagen amplia de los intereses y destrezas del estudiante. Es parte de una evaluación vocacional.

Comportamiento, trastornos del (BD): Trastornos caracterizados por un comportamiento indeseado en la escuela, hogar y en otros ambientes. Estos pueden incluir los trastornos de hiperactividad del déficit de atención (ADHD), trastorno de conducta, dificultad de aprendizaje e incapacidad para establecer relaciones satisfactorias con otros. Tal comportamiento está considerado como impropio, excesivo, crónico y anormal.

Comunicación, trastorno de: Es el término general dado para cualquier impedimento del habla.

Comunidad, participación en la: Aquellas actividades en la comunidad que realiza una persona con impedimentos, las cuales contribuyen al bienestar y mejora de la comunidad en general, tales como voluntarios en un hospital, plantando árboles o trabajando en una sociedad sin fines de lucro.

Conferencia conciliatoria: *Vea* **la Revisión Administrativa**.

Confidencialidad: La limitación al acceso de los registros del niño(a) y su familia, al personal que tiene participación directa con el niño(a).

Congénito: Es el término que se usa para hacer referencia a una condición presente o que existía en el momento del nacimiento.

Consejo de Coordinación de Interagencias (ICC): Es un grupo federal, estatal o local que consiste de padres, partidarios y profesionales que sirven en una capacidad de asesoría para planear e instrumentar los servicios de intervención temprana para infantes y pequeños con impedimentos y sus familias.

Consentimiento: Es el permiso de los padres, el cual generalmente se da al firmar una carta o forma, accediendo a que las escuelas tomen una acción, la cual afecta la educación del niño(a). El consentimiento se requiere para que un niño(a) puede ser evaluado(a) o para recibir servicios de educación especial, bajo la ley IDEA.

Contrato, Servicios por: Los servicios prestados a estudiantes con impedimentos por proveedores de servicios privados (escuelas privadas, instituciones, terapistas, etc.) cuando el sistema escolar no puede proporcionar los servicios necesarios.

Coordinador de servicios: Alguien que actúa como coordinador de los servicios del niño(a) y su familia y trabaja en asociación con la familia y otros proveedores de servicios.

Corriente, en el medio de la (mainstreaming): El concepto de que estudiantes con impedimentos deberían ser educados con estudiantes sin impedimentos en la extensión máxima posible.

Cuidado familiar: Es el cuidado suministrado por personas que estén autorizadas por el estado para proveer ambientes casi familiares para adultos con impedimentos.

Debido proceso: Es un sistema de procedimientos para asegurar que una persona será notificada y que tenga la oportunidad de contender decisiones hechas acerca de él o ella. Como sucede con la intervención temprana (Parte H) y la educación especial (Parte B) de la ley IDEA, el debido proceso se refiere al derecho legal de apelar respecto a una decisión de cualquier parte del proceso (evaluación, elegibilidad, IEP, IFPS, ubicación, etc.).

Defensa de sí mismo: Las destrezas requeridas para ser los principales responsables de tomar decisiones y acciones que afectan nuestras acciones, libre de interferencia indebida. También se le llama *determinación propia*.

Defensa, defender: Hablando o actuando a nombre de otro grupo o persona para causar un cambio.

Defensor: Una persona que hable o actúe con conocimiento a nombre de otro grupo o persona para causar un cambio.

Defensor Educacional: Una persona que habla o actúa con conocimiento, a favor de las necesidades educacionales de otra persona.

Desarrollo, del: Tiene que ver con los pasos o etapas del crecimiento y desarrollo antes de los 18 años.

Desarrollo, trastorno del (DD): Cualquier trastorno grave, mente y/o físico, que está presente antes de que la persona cumpla los dieciocho años de edad, que limita substancialmente sus actividades, que probablemente continuará indefinidamente y que requiere cuidado, tratamiento u otros servicios de por vida. Ejemplos de trastornos del desarrollo son el síndrome de Down, autismo y parálisis cerebral.

Destrezas motoras finas: Representan movimientos que utilizan músculos pequeños; por ejemplo: recoger un objeto pequeño, escribir o comer.

Destrezas motoras generales: Representan movimientos que utilizan músculos más grandes; por ejemplo, sentarse, caminar o trepar.

Destrezas para vivir independientemente: Las destrezas básicas necesarias para las personas con impedimentos para funcionar por sí mismos, con la menor ayuda que sea posible. Las destrezas incluyen ayudarse a sí mismo (por ejemplo, bañarse o vestirse), o hacer quehaceres de casa y vida de comunidad (por ejemplo, ir a comprar, usar la transportación pública), etc.

Diagnosticador Educacional: Un profesional que esté certificado para conducir evaluaciones educacionales y diseñar programas para estudiantes en forma de instrucción.

Diploma de Educación General (GED): El método de obtener un diploma para adultos que no terminaron la secundaria. La prueba GED, que mide el conocimiento de destrezas en composición, estudios sociales, ciencia, literatura y matemáticas, permite a estas personas demostrar que han adquirido un nivel de aprendizaje comparable a estudiantes que se han graduado de la escuela secundaria.

Educación de Personas en Desventaja, Acta de (EHA): *Vea Acta de Educación para Individuos con Impedimentos (IDEA)*

Educación especial: La instrucción especialmente diseñada para atender las necesidades únicas de un niño(a) con un impedimento, como se define en el Acta de Educación de Individuos con Impedimentos.

Educación física adaptativa: Es un programa de educación física que se ha modificado para cumplir con las necesidades específicas de un estudiante con impedimentos, por ej., la inclusión de actividades para desarrollar fortaleza del torso en un estudiante con movimiento limitado en sus brazos.

Educación pública, apropiada y gratuita: Las palabras utilizadas en la ley federal Acta de Educación para Individuos con Impedimentos (IDEA), para describir el derecho del estudiante a un programa de educación especial que atenderá sus necesidades personales e individuales de aprender, sin ningún costo alguno para la familia.

Emocionales, trastornos (ED): Son trastornos caracterizados por su efecto en el estado emocional de un individuo. Pueden producir ansiedad, tales como ansiedad de separación, fobias y trastornos de tensión post-traumática. Otros trastornos emocionales son los desórdenes anímicos o afectivos, como depresión infantil, o el desorden bipolar.

Empleo competitivo: Ocupaciones de trabajo abiertas a todas las personas y pagadas con sueldos a la tasa corriente en el mercado de trabajo. Los trabajos pueden ser de jornada completa o de medio tiempo.

Empleo con apoyos: Empleo pagado para trabajadores con impedimentos en posiciones con gente sin impedimentos. Un empleado-entrenador del trabajo provee apoyo ayudando al empleado a mejorar sus destrezas de trabajo, relaciones interpersonales o cualesquier otra necesidad relacionada al trabajo.

Empleo, destrezas para un: Los hábitos personales y cuidados, como limpieza, responsabilidad y puntualidad que son necesarios para un buen empleo; a veces llamadas "destrezas laborales de ajuste".

En casa, instrucción: Es la instrucción educacional que se proporciona en el hogar del estudiante cuando éste es incapaz de asistir a la escuela por razones médicas u otras.

En casa, servicios: Los servicios de intervención temprana proporcionados a un niño(a) y su familia en su propio hogar.

Encontrar al Niño(a) ("Child Find"): Es un programa estatal y local establecido por el Acta de Educación de Individuos con Impedimentos (IDEA) para identificar a personas con impedimentos entre las edades desde el nacimiento hasta los veintiuno, y dirigirlos a los programas adecuados de educación o de intervención temprana.

Entendimiento (cognoscitivo): Es un término que describe el proceso que usa la gente para recordar, razonar, entender y juzgar.

Entrenador de empleo: Es el profesional de una agencia de servicio que trabaja con una persona con impedimentos en el sitio del trabajo, ofreciendo apoyo, ayudando al empleado para mejorar sus destrezas de trabajo, relaciones interpersonales, o cualquier otra necesidad relacionada al trabajo.

Entrenamiento en el Trabajo (OJT): Es el entrenamiento a corto plazo que permite a una persona ayudar en un lugar de trabajo mientras aprende las diferentes tareas laborales.

Equipo de Estudio del Niño(a) o Comité de Selección: Es el comité basado en la escuela local, cuyos miembros determinan si un estudiante debe ser evaluado para determinar si califica para la educación especial.

Escuelas Técnicas y de Comercio: Las escuelas que preparan estudiantes para empleo en ocupaciones reconocidas tales como técnico de aire acondicionado, secretario(a), asistente de belleza, electricista, soldador, carpintero(a), etc.

Estimulación del infante: El programa diseñado para ofrecer actividades específicas que estimulan el crecimiento en las áreas del desarrollo, como movimiento, hablar y lenguaje, etc., en niños(as) con atraso o demoras en el desarrollo.

Evaluación: El proceso de recopilar información acerca de las maneras de aprender del estudiante a través de una serie de pruebas individuales, observaciones y conversaciones con el estudiante, la familia y otros. También, el proceso de obtener información detallada acerca de un infante o niveles del desarrollo de un pequeño y sus necesidades de servicios.

Evaluación Educacional independiente: Es la evaluación de un estudiante conducida por uno o más profesionales no empleados por el sistema escolar. Las personas que están haciendo la evaluación deben tener un entrenamiento completo y calificar para hacer toda clase de pruebas que se requieran.

Evaluación no discriminatoria: Una evaluación en que los materiales y procedimientos utilizados no son prejuiciados ya sea racial o culturalmente. Además, el impedimento de una persona debe tomarse en consideración, como permitiendo más tiempo, utilizando una computadora, etc.

Evaluación trienal: Cada tres años, un estudiante de educación especial debe tener una evaluación completamente nueva para determinar el progreso del estudiante y para hacer una nueva determinación de elegibilidad para los servicios continuados de educación especial.

Evaluación Vocacional Funcional: *Vea **Vocacional**, **evaluación***

Facilidades del Cuidado intermedio: Las facilidades autorizadas que operan bajo regulaciones estrictas y que dan el apoyo intensivo para gente con impedimentos en las áreas de cuidado personal, comunicación, manejo del comportamiento, etc.

Fuera de la edad (para el programa): Se refiere a estudiantes con necesidades especiales que han alcanzado el límite de edad máximo autorizado en su estado para recibir la educación especial y los servicios relacionados.

Habilitación: El proceso de ayudar a una persona a desarrollar capacidades y destrezas específicas (por ej., vestirse, comer, manejar una silla de ruedas) para llegar a ser tan independiente y productivo(a), como sea posible.

Habla o lenguaje, impedimento del: Es un trastorno de comunicación que causa la producción de sonidos deficientes o anormales del lenguaje.

Hogares Especializados de Cuidado: Las facilidades autorizadas que operan bajo regulaciones estrictas y que ofrecen apoyo intensivo para gente con impedimentos en las áreas de cuidado personal, comunicación, manejo del comportamiento, etc.

Hogares naturales: Lugares que se conocen generalmente como vivienda para la gente, tales como apartamentos, casas, condominios, casas rodantes, etc.

IEP: *Vea **Programa Educativo Individualizado***

IFSP: *Vea **Plan de Servicio Familiar Individualizado***

I.Q.: *Vea **Coeficiente de Inteligencia**.*

Impedimento: Un problema o condición que le hace difícil a un estudiante el aprender o hacer cosas de la misma manera que la mayoría de los otros estudiantes. El impedimento puede ser de corto plazo o permanente.

Impedimentos de salud, otros (OHI): El término utilizado en IDEA para describir condiciones que afectan adversamente el desempeño educacional del niño(a) y no están cubiertos en otras definiciones de impedimentos (por ej., Impedimentos del Aprendizaje, Retardación Mental, etc.). Este término se usa frecuentemente para las diversas condiciones médicas, como afecciones al corazón, diabetes, fibrosis cística, leucemia, etc.

Impedimento específico de aprendizaje (SLD): Vea *Aprendizaje, impedimento de*

Impedimentos múltiples: Un nombre que se usa en educación para estudiantes que tienen una combinación de impedimentos, como retardación mental y ceguera, o impedimento ortopédico y sordera, que causan tales problemas educacionales que no pueden participar en programas para los que tienen uno u otro impedimento. Este término no incluye niños(as) sordo-ciegos.

Inclusión: Asegurar que los servicios y apoyo necesarios sean provistos para que los niños(as) con impedimentos pueden participar con niños(as) que no los tienen en la escuela, en la comunidad y en las actividades de recreación.

Informe histórico-social: La parte de la evaluación global del niño(a) para educación especial que describe un antecedente y comportamiento del niño(a) en casa y en la escuela. Se completa generalmente por un trabajador social.

Ingreso Suplementario del Seguro (SSI): Un programa federal administrado a través de la Administración del Seguro Social que provee pagos a personas que son mayores y/o tienen impedimentos. Los niños(as) pueden ser elegibles para el SSI, si tienen impedimentos y son de familias de bajos ingresos. Además, los niños(as) que estén hospitalizados por 30 días o más y tienen un impedimento que se espera dure 12 meses o más, pueden recibir el SSI.

Integración Visual-Motora: La extensión a la cual una persona puede coordinar visión con movimiento del cuerpo o partes del cuerpo; por ej., ser capaz de copiar palabras de la pizarra.

Intervención temprana: Es la oferta de servicios y programas para infantes y pequeños (menores de 3 años) con impedimentos para reducir o eliminar los impedimentos a medida que crecen.

Legalmente ciego(a): Una persona se considera ciega legalmente si su visión, aun con lentes correctivos, es de 20/200 o menos, lo cual significa es capaz de ver a 20 pies, lo que una persona con visión normal ve a 200 pies.

Lenguaje expresivo: La habilidad para comunicarse a través del habla, escritura, comunicación amplificada o gesticulada.

Lenguaje receptivo: El proceso de recibir y comprender el lenguaje hablado, escrito o gesticulado.

Limita substancialmente (una actividad mayor de vida): Se refiere al impedimento que restringe las condiciones, manera o duración bajo la cual las actividades podrían desempeñarse en comparación a la mayoría de la gente, como se define en el Acta de Americanos con Impedimentos.

Maestro ambulante: El maestro que provee servicios a estudiantes en una variedad de lugares.

Mediación: La intervención oficial entre padres y personal de intervención temprana o sistemas escolares para lograr una reconciliación, acuerdo o compromiso.

Medicaid: El programa federal/estatal que provee servicios médicos principalmente para individuos con bajos ingresos.

Medio-sordo: El oído que ha sido afectado pero que puede ser restablecido suficientemente con una ayuda auditiva para permitir a una persona de oír y procesar los sonidos. También se usa para describir la ocurrencia de pérdida del oído después de que una persona ha desarrollado el lenguaje hablado.

Meta: *Vea **Meta anual.***

Meta anual: Es el planteamiento para describir el crecimiento anticipado de una habilidad o el conocimiento de un estudiante escrito en un Programa Educativo Individualizado IEP.

Multidisciplinaria, Evaluación: Las pruebas de un niño(a) hechas por un grupo de profesionales, como sicólogos, maestros, trabajadores sociales, terapistas del habla, enfermeras, etc.

Necesidades especiales: Un término para describir un niño(a) que tiene impedimentos, enfermedades crónicas o está en peligro de desarrollar un impedimento y que necesita servicios educacionales u otro tratamiento especial para progresar.

No Categórico: Es el término referente a programas basados en la necesidad de una forma de instrucción, más bien que en categorías de impedimentos. Muchos estados tienen sólo programas no categóricos; por ej., Maryland, Massachusetts, Minnesota, y otros.

Objetivo: Un objetivo es tomarse un paso a corto plazo para alcanzar una meta anual. Los objetivos del IEP son los pasos entre el nivel actual de desempeño del estudiante y una meta anual.

Oficial Imparcial de Audiencia: Es la persona que preside una audiencia de debido proceso, asignada por la agencia de educación del estado y no conectada de ningún modo con ninguna de las partes en el desacuerdo.

Oído, impedimento del: Este término incluye personas que son sordas y que son medio-sordas. La diferencia entre sordera y medio-sorda se define por la cantidad de pérdida auditiva.

Ortopédico, impedimento: Un impedimento físico suficientemente serio como para afectar el desempeño educacional del niño(a). Los impedimentos ortopédicos pueden ser congénitos o provocados por una enfermedad o lesión.

P.L. 101-476, P.L. 94-242, y P.L. 99-457: *Vea Acta de Educación para Individuos con Impedimentos*

Parte B o Parte H: *Vea Acta de Educación para Individuos con Impedimentos*

Patólogo del habla o lenguaje, : Son los profesionales que evalúan y desarrollan programas para personas con problemas del habla o lenguaje.

Perkins, Carl D, Acta de Educación Vocacional y de Tecnología Aplicada (1990): Es una ley federal que estipula garantizar la oportunidad de participar a los estudiantes con impedimentos, en programas vocacionales, financiados con fondos federales y que sean iguales a aquellos proporcionados a la masa general de estudiantes.

Plan de Determinación Individualizado: Un plan escrito para cada estudiante que reciba servicios, modificaciones y acomodaciones bajo la Sección 504 del Acta de Rehabilitación de 1973. En algunas escuelas se le refiere como el "Plan 504".

Plan de Servicio Familiar Individualizado (IFSP): El planteamiento escrito para cada infante o niño(a) pequeño para recibir los servicios de intervención temprana que incluyan metas y resultados para el niño(a) y su familia. También incluye un plan para hacer la transición de servicios para los niños(as) mayores de 2 años.

Post-secundaria, educación: Los programas de educación para estudiantes que hayan completado la secundaria, como universidades de cuatro años, y colegios universitarios en la comunidad y junior.

Programa Educativo Individualizado (IEP): El programa escrito para cada estudiante de educación especial que describe los niveles actuales de su desempeño, las metas anuales incluyendo los objetivos a corto plazo, la educación especial específica y los servicios relacionados, fechas a comenzar, duración de los servicios y cuándo el IEP será re-evaluado.

Protección de Niño(a)s en Desventaja, Acta de: La ley que autoriza el reembolso por honorarios razonables de abogados, a aquellos padres que ganen sus casos en los procesos de corte administrativos bajo IDEA.

Prueba de conocimiento (Achievement test): Es una prueba que mide el nivel de desarrollo del estudiante en áreas académicas, tales como matemáticas, lectura y ortografía.

Pruebas normalizadas (estándar): En una evaluación vocacional, las pruebas normalizadas se usan para predecir como un estudiante se podría desempeñar en trabajos que requieren ciertos intereses y destrezas.

Re-evaluación: *Vea Evaluación Trienal*

Rehabilitación de 1973 (Sección 504), Acta de: Un estatuto no discriminatorio. La Sección 504 del Acta estipula que las personas con impedimentos no deben ser excluidas de participar en programas y servicios que reciben fondos federales. También prohibe la discriminación en el trabajo contra la gente con impedimentos en cualquier programa que reciba asistencia financiera federal.

Rehabilitación de 1992, Enmiendas al Acta de: La ley federal que requiere que las agencias de rehabilitación vocacional del estado trabajen en cooperación con las agencias locales, incluyendo las escuelas, para crear un sistema unificado para servir a personas con impedimentos.

Retardación mental: Un término amplio para describir un atraso o demora en el desarrollo intelectual que resultan en demoras en otras áreas, como aprendizaje académico, comunicación, destrezas sociales, tasa de maduración y coordinación física.

Revisión administrativa: Es un proceso de revisión donde los desacuerdos entre los padres y las escuelas pueden resolverse por un comité de personal escolar pero no directamente involucrado con el caso. También se le llama conferencia conciliatoria.

Revisión anual: Es la reunión que se hace al menos una vez al año, para examinar, discutir y estudiar el Programa Educativo Individualizado (IEP) de un estudiante. El propósito de la revisión es para tomar decisiones si hay cambios que hacer en el IEP, examinar la ubicación y desarrollar un nuevo IEP para el año entrante.

Salón de Recursos: Un ambiente en la escuela donde un estudiante recibe instrucción una parte del día escolar, de parte de un maestro de educación especial.

Salón restringida (self-contained): Un salón en que un grupo de estudiantes con impedimentos reciben su programa completo de instrucción sin o con poca interacción con estudiantes sin impedimentos.

Sección 504: *Vea **Rehabilitación de 1973, Acta de***

Selección (screening): Un examen breve diseñado para detectar dificultades potenciales e identificar a niños(as) que necesitan una evaluación y diagnóstico posteriores.

Servicios relacionados: Los servicios que un estudiante tiene que recibir para beneficiarse de educación especial; por ejemplo, transportación, consejo, terapia del habla, intervención en crisis, etc.

Servicios residenciales: La ubicación de un estudiante en un ambiente que provee instrucción educacional y el cuidado por 24 horas al día.

Sicológica, evaluación: La porción de la evaluación global del niño(a) para la educación especial que prueban sus aptitudes y destrezas generales: coordinación de ojo a mano, destrezas sociales, desarrollo emocional y destrezas de pensar.

Sicólogo: Un profesional, no un médico, con entrenamiento avanzado en el estudio de procesos mentales y el comportamiento humano. Un sicólogo escolar conduce diversas evaluaciones, especialmente pruebas de aptitud y habilidad, y puede trabajar con estudiantes, maestros de salón, padres y los administradores escolares en las evaluaciones y programas del manejo del comportamiento.

Siquiatra: Un doctor en medicina con entrenamiento avanzado que se especializa en el diagnóstico y tratamiento de enfermedades mentales, trastornos emocionales y de comportamiento.

Solicitud: Una notificación formal al sistema de intervención temprana o a la escuela local, de un niño(a) que está experimentando dificultades, las cuales requieren una evaluación completa para la intervención temprana o educación especial. Esta solicitud puede ser hecha por la familia, maestro u otro profesional.

Sordo, Sordera: Es el deterioro auditivo tan severo que una persona no puede procesar sonidos ni con amplificación, tales como ayudas auditivas.

Sordo-ciego: La combinación de impedimentos de audición y visión que causan problemas serios de comunicación y otros problemas de desarrollo y de educación, de manera que un programa de educación especial exclusivamente para niños(as) sordos o ciegos no es adecuado.

Taller especial: Un ambiente de trabajo en que los empleados con impedimentos hacen trabajo a contrato, generalmente con pago por pieza, tales como preparar grandes cantidades de correo o rebarnizar muebles.

Tecnología, asistencia: Cualquier artículo, pieza de equipo o sistema de productos que se usan para aumentar, mantener o mejorar las destrezas funcionales de niños(as) con impedimentos; por ejemplo, tableros de comunicación aumentada, dispositivos de entrada de computadora, interruptores especiales.

Terapia física (PT): Actividades o rutinas diseñadas para incrementar las destrezas motoras generales.

Terapia del habla o lenguaje: Las actividades o rutinas diseñadas para mejorar e incrementar las destrezas de comunicación.

Terapia ocupacional, ergoterapia (OT): Actividades enfocadas en destrezas motoras finas y perceptuales que ayuden a mejorar el desarrollo físico, social, sicológico y/o el desarrollo intelectual; por ejemplo, hacer rodar una pelota, pintura con los dedos, ordenando objetos.

Trabajador social: Son los profesionales que pueden proveer servicios a la familia, incluyendo: coordinando o asistiendo a conferencias de padres con estudiantes; ofrecer consejo familiar, educación familiar, información y referido: escribiendo una historia social de desarrollo y/o conducir una evaluación de comportamiento. Los trabajadores sociales conducen a veces educación para los padres en la comunidad y en la escuela.

Trabajo o Empleo, Destrezas de Ajuste al: *Vea Destrezas para un Empleo*

Trabajo, Centros de Actividad de: Los programas para adultos con impedimentos que ofrecen entrenamiento en destrezas vocacionales, así como destrezas del diario vivir, destrezas sociales, y las destrezas recreacionales.

Trabajo, Muestras de: La porción de una evaluación vocacional que prueba el desempeño real del estudiante en ambientes de trabajo simulados y reales.

Trabajo, Programas de Estudio de: Los programas de educación en que el estudiante recibe entrenamiento del empleo y a la vez gana créditos para su graduación, a través del empleo.

Transición: El proceso de moverse de una situación a otra. Se usa frecuentemente para indicar movimiento entre programas, de pre-escolares a escuela primaria o de escuela a trabajar y a la comunidad.

Transición, coordinador de: El personal escolar elegido para conseguir los servicios de transición para estudiantes con impedimentos.

Transición, equipo de planificación de la: La gente involucrada en la planeación de transición para un estudiante, incluyendo el estudiante, los padres, el personal escolar (maestros, guía consejero, coordinador vocacional, administrador escolar) y el representante de la agencia de servicios para adultos (consejero de rehabilitación vocacional, personal del centro de vida independiente).

Transición, planificación de la: La preparación cuidadosa por el estudiante, padres, educadores y otros proveedores de servicios, para el momento cuando el estudiante termina la secundaria. El plan está escrito en el Plan de Transición Individualizado.

Transición, servicios de: Las actividades coordinadas para un estudiante que promuevan el movimiento de la escuela a las actividades post-escolares, incluyendo educación post-secundaria, entrenamiento vocacional, empleo integrado, educación continuada y para adultos, servicios para adultos, vida independiente o participación de la comunidad.

Transitorio, empleo: Un programa relativamente corto diseñado para ayudar a una persona a obtener un trabajo, o para desarrollar los hábitos de trabajo y aprender las destrezas necesarias para un trabajo particular.

Ubicación: El ambiente en que un niño(a) con impedimentos es educado. La ubicación incluye la escuela, el salón, servicios relacionados, servicios de la comunidad, y la cantidad de tiempo que el estudiante va a pasar con sus compañeros con o sin impedimentos.

Visión, impedimento de la: Tener un impedimento de la visión el cual es entre moderado a severo, y que afecta adversamente el desempeño educacional del niño(a).

Vivienda supervisados, Arreglos de: *Vea **Arreglos de Vivienda supervisados**.*

Vocacional, educación: Entrenamiento formal diseñado para preparar a personas a trabajar en una ocupación específica, o área ocupacional, como construcción, cosmetología, servir alimentos o electrónica. También se le llama entrenamiento vocacional y programa vocacional.

Vocacional, evaluación: Un proceso sistemático de evaluar las destrezas de un individuo, sus aptitudes e intereses en cuanto se relacionan con la selección y preparación para un trabajo. Las evaluaciones incluyen el uso de muestras de trabajo, pruebas normalizadas y observación del comportamiento.

Vocacional, rehabilitación: Un sistema total que ayuda a personas con impedimentos temporales o permanentes, en las áreas de evaluación, consejería, entrenamiento, rehabilitación física y la ubicación de trabajo.

Apéndice A
Programas para Padres

Entrenamiento e Información de Programas para Padres (PTIs)

Los PTI's están financiados por la División de Preparación de Personal, Oficina de Programas de Educación Especial en el Departamento de Educación de los EE.UU. La meta del Departamento es de tener los servicios de un PTI disponibles a todos los padres en cada estado. Los PTI's ayudan a los padres a entender las necesidades específicas de sus niños(as), a comunicarse más efectivamente con los profesionales, participar en el proceso de planificación educacional y obtener información acerca de programas pertinentes, servicios y recursos. Para averiguar acerca de los centros de entrenamiento para padres en su estado, póngase en contacto con los siguientes grupos:

The Technical Assistance to Parent Projects (TAPP)
(Proyectos de Asistencia Técnica para Padres)
Federation for Children with Special Needs
(Federación para Niños(as) con Necesidades Especiales)
95 Berkeley Street, Suite 104
Boston, MA 02116
(617) 482-2915

West Regional Center
(Centro Regional del Oeste)
Washington PAVE
6316 S. 12th St.
Tacoma, WA 98645
(206) 565-2266

South Regional Center
(Centro Regional del Sur)
Parents Educating Parents
(Padres Educando a Padres)
ARC/Georgia
1851 Ram Runway, Ste. 104
College Park, GA 30337
(404) 761-3150

Mid West Regional Center
(Centro Regional del Medio Oeste)
PACER Center
4826 Chicago Ave. South
Minneapolis, MN 55417
(612) 827-2966

Northeast Regional Center
(Centro Regional del Noreste)
Parent Information Center
(Centro de Información para Padres)
P.O. Box 2405
Concord, NH 03302-2405
(603) 224-7005

Technical Assistance Alliance for Parent Centers
(Centros de la Alianza de Asistencia Técnica para Padres)
PACER Center
4826 Chicago Avenue South
Minneapolis, MN 55417
(612) 827-2966

West Regional Center
(Centro Regional del Oeste)
Matrix Parent Network and Resource Center
(Red Maestra de Padres y Centro de Recursos)
555 Northgate Drive, Suite A
San Rafael, CA 94903
(415) 499-3877

South Regional Center
(Centro Regional del Sur)
Partners Resource Network, Inc.
(Red de Recursos para Asociados, Inc.)
1090 Longfellow Drive, Suite B
Beaumont, TX 77706-4819
(409) 898-4684

Mid West Regional Center
(Centro Regional del Medio Oeste)
OCECD
165 West Center Street, Suite 302
Marion, OH 43302-3741
(614) 382-5452

PROGRAMAS DE PADRE A PADRE

Los programas de Padre a Padre ofrecen apoyo a padres, de otros padres que tienen niños con necesidades o impedimentos especiales. Los programas incluyen típicamente a padres experimentados que han sido entrenados especialmente para proveer apoyo a padres que han sido referidos recientemente al programa. Muchos de estos programas también incluyen grupos y actividades de apoyo para los otros miembros de la familia. El Centro Beach en Lawrence, Kansas, ha conducido investigaciones de los programas de padre a padre y tienen la lista más extensiva de estos programas. Si usted no pudiera localizar uno de estos programas a través de las fuentes locales en su área, póngase en contacto con :

> The Beach Center on Families and Disabilities
> (El Centro Beach sobre Familias e Impedimentos)
> University of Kansas
> 3111 Haworth Hall
> Lawrence, KS 66045
> (785) 864-7600

CENTRO DE INFORMACIÓN NACIONAL PARA NIÑOS Y JÓVENES CON IMPEDIMENTOS (NATIONAL INFORMATION CENTER FOR CHILDREN AND YOUTH WITH DISABILITIES—NICHCY)

NICHCY es como un almacén de información acerca de niños(as) y jóvenes con necesidades especiales. Tiene una variedad de información para padres, incluyendo información acerca de impedimentos específicos, "listas estatales" que ofrecen puntos de contacto para organizaciones y agencias en cada estado y artículos o informes escritos sobre los temas más importantes respecto a la educación de niños(as) con impedimentos.

> NICHCY
> P.O. Box 1492
> Washington, D.C. 20013-1492
> (800) 695-0285

APÉNDICE B
OFICINAS ESTATALES

A continuación ofrecemos una lista de información y contactos por estado de las siguientes oficinas:

1. Solicitudes e información acerca de servicios de Intervención Temprana
2. Director de Educación Especial
3. Protección y Defensa (Advocacy)(P&A)
4. Programa de Asistencia al Cliente (CAP) para Rehabilitación Vocacional.

ALABAMA
Early Intervention–800/543-3098

Director of Special Education
Alabama Department of Education
Division of Special Education Services
P.O. Box 302101
Montgomery, AL 36130-2101
334/242-8114

Program Director
Alabama Disabilities Advocacy Program
P.O. Drawer 870395
Tuscaloosa, AL 35487-0395
205/348-4928
800/826-1675

Director
Rehabilitation and Crippled Children Service
2129 E. South Blvd.
P.O. Box 11586
Montgomery, AL 36116
205/281-8780

ALASKA
Early Intervention–800/478-2221

Director of Special Education
Office of Special Services
Alaska Department of Education
Office of Special and Supplemental Services
801 West 10th St., Suite 200
Juneau, AK 99801-1894
907/465-2971

Director
Disability Law Center of Alaska
615 E. 82nd Avenue, Suite 101
Anchorage, AK 99518
907/344-1002
800/478-1234

Director
ASIST
2900 Boniface Parkway, #100
Anchorage, AK 99504-3195
907/333-2211

AMERICAN SAMOA
Early Intervention–800/633-4929

Director of Special Education
Special Education
Department of Education
Pago Pago, American Samoa 96799
684/633-1323

P&A and CAP
Client Assistance Program
P.O. Box 3937
Pago Pago, American Samoa 96799
684/633-2441

ARIZONA
Early Intervention–800/232-1676

Director of Special Education
Special Education Section
Department of Education

1535 W. Jefferson
Phoenix, AZ 85007-3280
602/542-3084

P&A and CAP
Arizona Center for Law in the Public Interest
3724 N. 3rd Street, Suite 300
Phoenix, AZ 85012
602/274-6287

ARKANSAS
Early Intervention–800/752-2160

Director of Special Education
Special Education Section
Arkansas Department of Education
Education Bldg., Room 105-C
#4 State Capitol Mall
Little Rock, AR 72201-1071
501/682-4221

P&A and CAP
Executive Director
Advocacy Services, Inc.
1100 N. University
Suite 201, Evergreen Place
Little Rock, AR 72207
501/324-9215
800/482-1174

CALIFORNIA
Early Intervention–800/515-2229

Director of Special Education
California Department of Education
515 L Street, Suite 270
Sacramento, CA 95814
916/445-4602

Executive Director
Protection & Advocacy, Inc.
100 Howe Avenue, Suite 185N
Sacramento, CA 95825
916/488-9950
800/952-5746

Client Assistance Program
830 K St. Mall
Sacramento, CA 95814
916/322-5066

COLORADO
Early Intervention–800/288-3444

Director of Special Education
Special Education Services Unit
Colorado Department of Education
201 E. Colfax
. Denver, CO 80203
303/866-6695

P&A and CAP
Executive Director
The Legal Center
455 Sherman Street, Suite 130
Denver, CO 80203
303/722-0300

CONNECTICUT
Early Intervention–800/505-7000

Bureau Chief
Bureau of Special Education and
Pupil Personnel Services
Connecticut Department of Education
25 Industrial Park Rd.
Middletown, CT 06457
860/638-4265

Executive Director
Office of Protection & Advocacy for Persons
with Disabilities
60 Weston Street
Hartford, CT 06120-1551
203/297-4300
800/842-7303

DELAWARE
Early Intervention–302/577-4643

Director of Special Education
Exceptional Children/Special Programs Division
Department of Public Instruction
P.O. Box 1402
Dover, DE 19903-1402
302/739-5471

Administrator
Disabilities Law Program
144 E. Market St.
Georgetown, DE 19947
302/856-0038

Director
Client Assistance Program
United Cerebral Palsy, Inc.
254 Camden-Wyoming Ave.
Camden, DE 19934
302/698-9336

Department of Defense/Dependents Services
Department of Defense
Office of Dependents' Education
4040 Fairfax Drive
Arlington, VA 22203
703/696-4493

DISTRICT OF COLUMBIA
Early Intervention–202/727-8300

Director of Special Education
Goding School
10th and F St. NE
Washington, DC 20002
202/724-4800

Executive Director
Information, Protection, and Advocacy
Center for Handicapped Individuals, Inc.
4455 Connecticut Ave., NW, Suite B-100
Washington DC 20008
202/966-8081

Administrator
Client Assistance Program
D.C. Rehabilitation Services Administration
Commission on Social Services
Department of Human Services
605 G St., NW, Room 1101
Washington, DC 20001
202/727-0977

FLORIDA
Early Intervention–800/654-4440

Director of Special Education
Bureau of Student Services/Exceptional
    Education
Florida Education Center
325 Gaines Street, Suite 614
Tallahassee, FL 32399-0400
904/488-1570

P&A and CAP
Executive Director
Advocacy Center for Persons with
    Disabilities, Inc.

2671 Executive Center, Circle West
Webster Bldg., Suite 100
Tallahassee, FL 32301-5024
904/488-9070
800/342-0823

GEORGIA
Early Intervention–800/229-2038

Director of Special Education
Division for Exceptional Children
Georgia Department of Education
1952 Twin Towers East
205 Butler Street
Atlanta, GA 30334-5040
404/656-3963

Executive Director
Georgia Advocacy Office, Inc.
999 Peachtree Street NW, Suite 870
Atlanta, GA 30309
404/885-1234
800/282-4538

Director
Division of Rehabilitation Services
2 Peachtree St., NW, 23rd floor
Atlanta, GA 30303
404/657-3009

GUAM
Early Intervention–671/475-0549

Director of Special Education
Department of Education
P.O. Box DE
Agana, Guam 96910
671/647-4400

Administrator
The Advocacy Office
Micronesia Mall, Office A
West Marine Drive
Dededo, Guam 96912
671/632-7233

Director
Client Assistance Program
Parent Agencies Network
P.O. Box 23474
GMF, Guam 96921
671/649-1948

HAWAII

Early Intervention–800/235-5477
808/955-7273 (Oahu only);

Director of Special Education
Special Needs Branch
Hawaii Department of Education
Special Education Section
3430 Leahi Avenue
Honolulu, HI 96815
808/733-4990

P&A and CAP
Executive Director
Protection & Advocacy Agency of Hawaii
1580 Makaloa St., Suite 1060
Honolulu, HI 96814
808/949-2922

IDAHO

Early Intervention–800/962-2588

Supervisor
Special Education Section
Idaho Department of Education
P.O. Box 83720
Boise, ID 83720-0027
208/334-3940

P&A and CAP
Idaho's Coalition of Advocates for
the Disabled, Inc.
447 Emerald, Suite B100
Boise, ID 83706
208/336-5353

ILLINOIS

Early Intervention–800/323-4679

Director of Special Education
Center on Policy, Planning, Resource
Illinois State Board of Education
Mail Code E-216
100 North First Street
Springfield, IL 62777-0001
217/782-6601

Director
Equip for Quality, Inc.
11 E. Adams, Suite 1200
Chicago, IL 60603
312/341-0022

Director
Illinois Client Assistance Program
100 N. First Street, 1st floor W
Springfield, IL 62702
217/782-5374

INDIANA

Early Intervention–800/964-4746

Director of Special Education
Division of Special Education
Indiana Department of Education
229 State House
Indianapolis, IN 46204-2798
317/232-0570

P&A and CAP
Indiana Advocacy Services
850 North Meridian, Suite 2-C
Indianapolis, IN 46204
317/232-1150
800/622-4845

IOWA

Early Intervention–800/779-2001

Chief
Bureau of Special Education
Iowa Department of Public Instruction
Grimes State Office Building
Des Moines, IA 50319-0146
515/281-3176

Director
Iowa Protection & Advocacy Services, Inc.
3015 Merle Hay Rd., Suite 6
Des Moines, IA 50310
515/278-2502
800/779-2502

Administrator
Client Assistance Program
Lucas State Office Bldg.
Des Moines, IA 50319
515/281-3957

KANSAS

Early Intervention–800/332-6262

Director of Special Education
Student Support Services
Kansas Department of Education

120 S.E. Tenth Street
Topeka, KS 66612-1182
913/296-0946

Executive Director
Kansas Advocacy & Protection Services
2601 Anderson Avenue, Suite 200
Manhattan, KS 66502
913/776-1541
800/432-8276

Client Assistance Program
Biddle Bldg., 2nd Floor
2700 West 6th Street
Topeka, KS 66606
913/296-1491

KENTUCKY
Early Intervention–800/442-0087

Director of Special Education
Kentucky Department of Education
Division of Exceptional Children's Services
500 Mero Street
Room 805
Frankfort, KY 40601
502/564-4970

Director
Office for Public Advocacy
Division for Protection and Advocacy
100 Fair Oaks Lane, 3rd Floor
Frankfort, KY 40601
502/564-2967
800/372-2988

Administrator
Client Assistance Program
Capitol Plaza Tower
Frankfort, KY 40601
502/564-8035

LOUISIANA
Early Intervention–800/922-3425

Director of Special Education
Louisiana Department of Education
Special Education Services
P.O. Box 94064, 9th Floor
Baton Rouge, LA 70804-9064
504/342-3633

P&A and CAP
Executive Director
Advocate Center for the Elderly & Disabled
210 O'Keefe, Suite 700
New Orleans, LA 70112
504/522-2337
800-662-7705

MAINE
Early Intervention–207/278-3272

Director of Special Education
Division of Special Services
Maine Department of Educational and Cultural Services
23 State House Station
Augusta, ME 04333
207/287-5950

Director
Maine Advocacy Services
32 Winthrop Street
P.O. Box 2007
Augusta, ME 04338-2007
207/626-2774
800/452-1948

CARES, Inc.
4-C Winter Street
Augusta, ME 04330
207/622-7055

MARYLAND
Early Intervention–800/535-0182

Director of Special Education
Division of Special Education
Maryland State Department of Education
200 W. Baltimore Street
Baltimore, MD 21201-2595
410/767-0238

Director
Maryland Disability Law Center
2510 St. Paul St.
Baltimore, MD 21218
410/235-4700
800/233-7201

Client Assistance Program
Division of Vocational Rehabilitation
2301 Argonne Drive
Baltimore, MD 21218-1696
410/554-3224

MASSACHUSETTS
Early Intervention–800/462-5015

Administrator
Program Quality Assurance
Massachusetts Department of Education
350 Main Street
Malden, MA 02148-5023
617/388-3300

Executive Director
Disability Law Center of Massachusetts
11 Beacon Street, Suite 925
Boston, MA 02108
617/723-8455

MA Office of Disability
Client Assistance Program
One Ashburton Place, Room 1305
Boston, MA 02108
617/7440

MICHIGAN
Early Intervention–800/327-5966

Director of Special Education
Special Education Services
Michigan Department of Education
P.O. Box 30008
Lansing, MI 48909-7508
517/373-9433

Executive Director
Michigan Protection & Advocacy
    Service, Inc.
106 W. Allegan, Suite 210
Lansing, MI 48933
517/487-1755

State Director
Client Assistance Program
P.O. Box 30018
Lansing, MI 48909
517/373-8193

MINNESOTA
Early Intervention–800/728-5420

Director of Special Education
Department of Children, Families,
    and Learning
811 Capitol Square Bldg.
550 Cedar Street

St. Paul, MN 55101-2233
612/296-1793

Protection and Advocacy and CAP
Minnesota Disability Law Center
430 First Avenue N, Suite 300
Minneapolis, MN 55401-1780
612/334-5785

MISSISSIPPI
Early Intervention–800/451-3903

Director of Special Education
Office of Education
State Department of Education
P.O. Box 771
Jackson, MS 39205-0771
601/359-3498

Executive Director
Mississippi Protection & Advocacy
    System for DD, Inc.
5330 Executive Place, Suite A
Jackson, MS 39206
601/981-8207

Client Assistance Program
Easter Seal Society
3226 N. State Street
Jackson, MS 39216
601/362-2585
601/982-7051

MISSOURI
Early Intervention–800/873-6623

Director of Special Education
Special Education Programs
Department of Elementary and Secondary
Education
P.O. Box 480
Jefferson City, MO 65102-0480
314/751-2965

Protection and Advocacy and CAP
Missouri Protection & Advocacy Services
925 S. Country Club Drive, Unit B-1
Jefferson City, MO 65109
314/893-3333

MONTANA
Early Intervention–800/222-7585

Director
Office of Public Instruction
Division of Special Education
P.O. Box 202501
State Capitol
Helena, MT 59620-2501
406/444-4429

Protection and Advocacy and CAP
Executive Director
Montana Advocacy Program
316 N. Park, Room 211
P.O. Box 1680
Helena, MT 59623
406/444-3889
800/245-4743

NATIVE AMERICAN INDIAN AFFAIRS
Early Intervention–202/208-6675

Branch of Exceptional Education/BIA
Mail Stop #3530
1951 Constitution Ave., NW
Washington, DC 20245
202/208-6675

Protection and Advocacy
DNA People's Legal Service, Inc.
P.O. Box 306
Window Rock, AZ 86515
602/871-4151

NEBRASKA
Early Intervention–800/742-7594

Director of Special Education
Office of Special Education
Nebraska Department of Education
301 Centennial Mall S.
Box 94987
Lincoln, NE 68509-4987
402/471-2471

Executive Director
Nebraska Advocacy Services, Inc.
522 Lincoln Center Bldg.
215 Centennial Mall South
Lincoln, NE 68508
402/474-3183

Client Assistance Program
Division of Rehabilitative Services
State Department of Education
301 Centennial Mall South, 6th Floor
Lincoln, NE 68509
402/471-3656

NEVADA
Early Intervention–800/522-0066

Director of Special Education
Special Education Branch
Nevada Department of Education
400 W. King Street
Capitol Complex
Carson City, NV 89710-0004
702/687-3140

Director
Office of Protection & Advocacy, Inc.
Financial Plaza
1135 Terminal Way, Suite 105
Reno, NV 89502
702/688-1233
800/922-5715

Client Assistance Program
1755 East Plumb Lane, #128
Reno, NV 89502
702/688-1440
800/633-9879

NEW HAMPSHIRE
Early Intervention–800/298-4321

Director of Special Education
Special Education Bureau
New Hampshire Department of Education
101 Pleasant Street
Concord, NH 03301-3860
603/271-6693

Executive Director
Disabilities Rights Center, Inc.
P.O. Box 3660
18 Low Avenue
Concord, NH 03302-3660
603/228-0432

Director Client Assistance Program
Governors Commission for the Handicapped
57 Regional Drive
Concord, NH 03301-0686
603/271-2773

NEW JERSEY
Early Intervention–800/792-8858

Director of Special Education
Office of Special Education
New Jersey Department of Education
P.O. Box CN 500
225 W. State St.
Trenton, NJ 08625-0050
609/633-6833

Protection and Advocacy and CAP
NJ Department of Protection and Advocate
210 S. Broad, 3rd Floor
Trenton, NJ 08608
609/292-9742
800/792-8600

NEW MEXICO
Early Intervention–800/552-8195

Director of Special Education
State Department of Education
300 Don Gasper Ave.
Santa Fe, NM 87501-2786
505/827-6541

Protection and Advocacy and CAP
Protection & Advocacy System
1720 Louisiana Blvd. NE, Suite 204
Albuquerque, NM 87110
505/256-3100
800/432-4682

NEW YORK
Early Intervention–800/522-4369

Assistant Commissioner
Office for Special Education
New York State Education Department
1 Commerce Plaza, Room 1624
Albany, NY 12234-0001
518/474-5548

Protection and Advocacy and CAP
    Commissioner
New York Commission on Quality of
    Care for the Mentally Disabled
99 Washington Ave., Suite 1002
Albany, NY 12210
518/473-7378

NORTH CAROLINA
Early Intervention–800/852-0042

Director of Special Education
Division of Exceptional Children's Services
North Carolina Department of Public
    Instruction
301 N. Wilmington Street
Raleigh, NC 27601-2825
919/715-1565

Director
Governor's Advocacy Council for
    Persons with Disabilities
2113 Cameron Street, Suite 218
Raleigh, NC 27605-1344
919/733-9250
800/821-6922

Director
Client Assistance Program
Division of Vocational Rehabilitation
    Services
P.O. Box 26053
Raleigh, NC 27611
919/733-3364

NORTH DAKOTA
Early Intervention–800/472-8529

Director of Special Education
Special Education
Department of Public Instruction
600 E Blvd.
Bismarck, ND 58505-0440
701/328-2277

Director
Protection & Advocacy
400 E. Broadway, Suite 616
Bismarck, ND 58501-4038
701/328-2972
800/472-2670

Associate Director
Client Assistance Program
400 E. Broadway, Suite 303
Bismarck, ND 58501-4038
701/328-3970

NORTHERN MARIANA ISLANDS

Director
Special Education Programs
CNMI Public School System
P.O. Box 1370
Saipan, MP 96950
670/322-9956

Protection and Advocacy and CAP
Karidat
P.O. Box 745
Saipan, MP 96950
670/234-6981

OHIO

Early Intervention–800/374-2806

Director of Special Education
Ohio Department of Education
Division of Special Education
933 High Street
Worthington, OH 43085-4087
614/466-4859

Executive Director
Ohio Legal Rights Service
8 E. Long St., 6th Floor
Columbus, OH 43215
614/466-7264
800/282-9181

Client Assistance Program
Governor's Office of Advocacy for People
with Disabilities
30 E. Broad Street, Suite 1201
Columbus, OH 43215
614/466-9956

OKLAHOMA

Early Intervention–800/426-2747

Executive Director
Special Education Section
State Department of Education
2500 N. Lincoln Blvd., Suite 411
Oklahoma City, OK 73105-4599
405/521-4859

Director
Oklahoma Disability Law Center, Inc.
4150 S. 100 East Avenue
210 Cherokee Bldg.,
Tulsa, OK 74146-3661
918/664-5883

Client Assistance Program
Oklahoma Office of Hndcp. Concerns
4300 N. Lincoln Blvd., Suite 200
Oklahoma City, OK 73105
405/521-3756

OREGON

Early Intervention–800/322-2588

Director of Special Education
Special Education and Student Services
Division
Oregon Department of Education
700 Pringle Pkwy. SE
Salem, OR 97310-0290
503/378-3598

Executive Director
Oregon Advocacy Center
620 S.W. 5th Avenue, 5th Floor
Portland, OR 97204
503/243-2081

Oregon Advocacy Center
1257 Ferry Street S.E.
Salem, OR 97310
503/378-3142

PALAU

Early Intervention–670/664-3754

Special Education Coordinator
P.O. Box 278
Koror Palau, 96940
680/488-2568

PENNSYLVANIA

Early Intervention–800/692-7288

Director of Special Education
Bureau of Special Education
Pennsylvania Department of Education
333 Market Street
Harrisburg, PA 17126-0333
717/783-6913

Pennsylvania Protection & Advocacy, Inc.
116 Pine St.
Harrisburg, PA 17101
717/236-8110
800/692-7443

Client Assistance Program (SEPLS)
1617 JFK Blvd., Suite 800
Philadelphia, PA 19103
215/557-7112

Client Assistance Program (Western PA)
211 N. Whitfield Street, Suite 215
Pittsburgh, PA 15206
412/363-7223

PUERTO RICO
Early Intervention–800/981-8492

Assistant Secretary of Special Education
Department of Education
P.O. Box 190759
San Juan, PR 00919-0759
809/759-2000

Director
Planning Research and Special Projects
Ombudsman for the Disabled
Governor's Office
P.O. Box 5163
Hato Rey, PR 00936
809/766-2338

Assistant Secretary for Vocational Rehabilitation
Department of Social Services
P.O. Box 118
Hato Rey, PR 00919
809/725-1792

RHODE ISLAND
Early Intervention–800/464-3399

Director of Special Education
Roger Williams Bldg., Room 209
22 Hayes Street
Providence, RI 02908-5025
401/277-3505

Protection and Advocacy and CAP
Executive Director
Rhode Island Protection & Advocacy System
151 Broadway, 3rd Floor
Providence, RI 02903
401/831-3150

SOUTH CAROLINA
Early Intervention–800/922-1107

Director
Office of Programs for Exceptional Children
State Department of Education
Room 808
Rutledge Bldg. 1429 Senate
Columbia, SC 29201
803/739-8806

Executive Director
South Carolina Protection & Advocacy System for the Handicapped, Inc.
3710 Landmark Drive, Suite 208
Columbia, SC 29204
803/782-0639
800/922-5225

Office of the Governor
Division of Ombudsman and Citizen Services
P.O. Box 11369
Columbia, SC 29211
803/734-0457

SOUTH DAKOTA
Early Intervention–800/529-5000

Director
Office of Special Education
Department of Education and Cultural Affairs
700 Governors Drive
Pierre, SD 57501-2291
605/773-3678

Protection and Advocacy and CAP
Executive Director
South Dakota Advocacy Services
221 S. Central Ave.
Pierre, SD 57501
605/224-8294
800/742-8108

TENNESSEE
Early Intervention–800/852-7157

Assistant Commissioner
Division of Special Education
Tennessee Department of Education
Gateway Plaza, 8th Floor
710 James Robertson Pkwy.

Nashville, TN 37243-0380
615/741-2851

Protection and Advocacy and CAP
Director
Tennessee Protection and Advocacy, Inc.
P.O. Box 121257
Nashville, TN 37212
615/298-1080
800/342-1660

TEXAS
Early Intervention–512/502-4920

Director of Special Education
Special Education Unit
Texas Education Agency
WB Travis Bldg. Room 5-120
1701 N. Congress Ave.
Austin, TX 78701-2486
512/463-9414

Protection and Advocacy and CAP
Executive Director
Advocacy, Inc.
7800 Shoal Creek Blvd., Suite 171-E
Austin, TX 78757
512/454-4816
800/252-9108

UTAH
Early Intervention–800/333-8824

Director
Special Education Services Unit
Utah State Office of Education
250 E. 500 South
Salt Lake City, UT 84111-3204
801/538-7587

Protection and Advocacy and CAP
Executive Director
Legal Center for People with Disabilities
455 East 400 South, Suite 201
Salt Lake City, UT 84111
801/363-1347
800/662-9080

VERMONT
Early Intervention–800/727-3687

Director
Division of Special Education
Vermont Department of Education
State Office Bldg.
120 State Street
Montpelier, VT 05602-3403
802/828-3141

Director
Vermont DD Law Project
264 Winoosk Avenue
P.O. Box 1367
Burlington, VT 05401
802/863-2881

Client Assistance Program
Ladd Hall
103 South Main Street
Waterbury, VT 05676

VIRGIN ISLANDS
Early Intervention–809/773-8804

Director of Special Education
Department of Education
State Office of Special Education
P.O. Box 6640
Charlotte Amalie, St. Thomas
Virgin Islands 00801
809/776-5802

Protection and Advocacy and CAP
Director
Virgin Islands Advocacy Agency
7A Whim Street, Suite 2
Frederiksted, VI 00840
809/772-1200

VIRGINIA
Early Intervention–800/234-1448

Director of Special Education
Virginia Department of Education
P.O. Box 2120
Richmond, VA 23216-2120
804/225-2402

Protection and Advocacy and CAP
Director
Department of Rights of Virginians
    with Disabilities
James Monroe Bldg.
101 N. 14th St., 17th Floor
Richmond, VA 23219
804/225-2042
800/552-3962

WASHINGTON
Early Intervention–800/322-2588

Director of Special Education
Special Education Section
Superintendent of Public Instruction
Old Capital Bldg.
Olympia, WA 98502-0001
206/753-6733

Washington Protection & Advocacy System
1401 E. Jefferson Street, Suite 506
Seattle, WA 98122
206/324-1521

Client Assistance Program
P.O. Box 22510
Seattle, WA 98122
206/721-4049

WEST VIRGINIA
Early Intervention–800/734-2319

Director
Office of Special Education
West Virginia Department of Education
Bldg. #6, Room B-304
1800 Kanawha Blvd.
Charleston, WV 25305
304/558-2696

Executive Director
West Virginia Advocates, Inc.
Litton Building, 4th Floor
1207 Quarrier St.
Charleston, WV 25301
304/346-0847
800/950-5250

WISCONSIN
Early Intervention–800/642-7837

Assistant Superintendent
Division of Learning Support: Equity
    and Advocacy
Department of Public Instruction
125 S. Webster
P.O. Box 7841
Madison, WI 53707-7841
608/266-1649

Executive Director
Wisconsin Coalition for Advocacy, Inc.
16 N. Carroll Street, Suite 400
Madison, WI 53703
608/267-0214

Governors Commission for People
    with Disabilities
1 W. Wilson Street, Room 558
P.O. Box 7852
608/267-7422
800/362-1290

WYOMING
Early Intervention–800/438-5791

Federal Programs Unit
State Department of Education
Hathaway Bldg.
2300 Capitol Avenue
Cheyenne, WY 82002-0050
307/777-7417

Executive Director
Protection & Advocacy System, Inc.
2424 Pioneer Ave., No. 101
Cheyenne, WY 82001
307/638-7668
800/624-7648

Apéndice C
Organizaciones Nacionales que Sirven a Personas con Impedimentos

Las organizaciones que aparecen mencionadas en este apéndice ofrecen una amplia gama de información y servicios. Ciertas organizaciones tienen sucursales a nivel estatal o local, a través de los Estados Unidos. Muchas de ellas publican revistas o boletines de tipo profesional que son de interés para los padres, profesionales y personas con impedimentos. Esta lista no pretende incluir todo, más bien es un lugar que usted puede consultar y que le ayudará a recopilar información.

Organizaciones que Sirven a la Población General

Abledata (Assistive Technology)
8455 Colesville Road, Suite 935
Silver Spring, MD 20910
302/588-9284 (voice/TDD)
800/227-0216 (voice:TDD)

ARCH National Resource Center
(Respite Care)
800 Eastowne Drive, Suite 105
Chapel Hill, NC 27514
800/773-5433 (voice)

Association for Persons with Severe
Handicaps (TASH)
29 Mlest Susquehanna Avenue, Suite 210
Baltimore, MD 22204
410/828-8274 (voice)
410/828-1306 (TDD)

Center for Law and Education
Larsen Hall, 6th Floor
14 Appian Way
Cambridge, MA 02238
627/876-6611

Children's Defense Fund
25 E Street, NW
Washington, DC 20001
202/628-8787 (voice)
800/233-1200 (voice)

Clearinghouse an Disability Information
Office of Special Education and
Rehabilitation Services
U.S. Department of Education
330 C Street, SW
Switzer Building, Room 3132
Washington, DC 20202
202/205-8242 (voice/TDD)

Council for Exceptional Children (CEC)
3920 Association Drive
Reston, VA 22091
703/620-3660 (voice)

Disability Rights Education and Defense
Fund (DREDF)
2212 Sixth Street
Berkeley, CA 94710
510/644-2555 (voice/TDD)
800/466-4232 (voice/TDD)

EKIC Clearinghouse on Disabililies and
    Gifted Education
Council for Exceptional Children
1920 Association Drive
Reston, VA 22091
703/264-9474 (voice)
800/328-0272 (voice)

Independent Living Research Utilization
    Project (ILRU)
Institute for Rehabilitation and Research
2323 South Shepherd, Suite 1000
Houston, TX 77019
713/520-0232

National Association of Protection and
    Advocacy Systems
900 Second Street, NE, Suite 211
Washington, DC 20002
202/408-9514 (voice)
202/408-9522 (TDD)

National Clearinghouse on
    Postsecondary Education for
    Individuals with Disabilities
HEATH Resource Center
One Dupont Circle, NW, Suite 800
Washington, DC 20036
202/939-9320 (voice/TDD)
800/544-3284 (voice/TDD)

National Easter Seal Society
230 West Monroe
Chicago, Ii, 60606
312/726-6200 (voice)
312/726-4258 (TDD)

National Information Center for Children
    and Youth with Disabilities (NICHCY)
P.O. Box 1492
Washington, DC 20013
202/884-8200 (voice/TDD)
800/695-0285

National Library Service for the Blind
    and Physically Handicapped
Library of Congress
1291 Taylor Street, NW
Washington, DC 20542
202/707-5100 (voice)
202/707-0744 (TDD)

National Maternal and Child
Health Clearinghouse
8201 Greensboro Drive, Suite 600
McLean, VA 22102
703/821-8955, ext. 254 (voice)

National Rehabilitation Information
    Center (NARIC)
8455 Colesville Road, Suite 935
Silver Spring, MD 20910
301/588-9284
800/346-2746

National Self-Help Clearinghouse
CUNY Grad School, University Center
25 West 43rd Street, Room 620
New York, NY 10036
212/354-8525 (voice)

Pike Institute on Law and Disability
Boston University School of Law
765 Commonwealth Avenue
Boston, MA 02215
617/353-2904 (voice/TDD)

Sibling Information Network
The A.J. Pappanikou Center
University of Connecticut
249 Glenbrook Rd., U-64
Storrs, CT 06269-2064

Specialized Training of Military Parents
    (STOMP)
c/o Washington PAVE
12208 Pacific Highway, SW
Tacoma, WA 98499
206/588-1741
800/298-3543

Travel Information Service
Moss Rehab Hospital
1200 West Tabor Road
Philadelphia, PA 19141
215/456-9600 (voice)
215/456-9602 (TDD)

World Institute on Disability
510 Sixteenth Street, Suite 100
Oakland, CA 94612
510/763-4100 (voice/TDD)

ORGANIZACIONES PARA DOLENCIAS ESPECÍFICAS

Alergias
Asthma and Allergy Foundation of America
1125 Fifteenth Street, NW, Suite 502
Washington, DC 20005
202/466-7643
800/727-8462

National Institute of Allergy and
    Infectious Diseases
Office of Communication
Building 31, Room 7A50
9000 Rockville Pike
Bethesda, MD 20892
301/496-5717 (voice)

Trastorno de Deficiencia de Atención
Children and Adults with Attention
    Deficit Disorders (CHADD)
499 NW 70th Avenue, Suite 109
Plantation, FL 33317
305/587-3700
800/233-4050

Autismo
Autism Society of America
7910 Woodmont Avenue, Suite 650
Bethesda, MD 20814
301/657-0881
800/328-8476

Defectos de Nacimiento
Association of Birth Defect Children
827 Irma Avenue
Orlando, FL 32803
407/245-7035 (voice)
800/313-2232 (voice)

March of Dimes Birth Defects
    Foundation
1275 Mamaroneck Avenue
White Plains, NY 10605
914/428-7100 (voice)

Ceguera e Impedimentos Visuales
American Council of the Blind
1155 Fifteenth Street, NW, Suite 720
Washington, DC 20005
202/467-5081
800/424-8666

American Foundation for the Blind
11 Penn Plaza
New York NY 10001
212/507-7600
800/232-5463

National Association for Visually
    Handicapped
22 West 21st Street, 6th Floor
New York, NY 10010
212/889-3141

Recording for the Blind and Dyslexic
20 Roszel Road
Princeton, NJ 08540
609/452-0606

Parálisis cerebral
United Cerebral Palsy Associations (UCP)
1660 L Street, NW, Suite 700
Washington, DC 20036
202/776-0406 (voice/TDD)
800/872-5827

Enfermedades crónicas
Association for the Care of Children's
    Health (ACCH)
7910 Woodmont Avenue, Suite 300
Bethesda, MD 20814
301/654-6549, ext. 306 (voice)

Candlelighters Childhood Cancer
    Foundation
7910 Woodmont Avenue, Suite 460
Bethesda, MD 20814
800/366-2223

Center for Children with Chronic Illness
    and Disability
University of Minnesota
Box 721 UMHC
420 Delaware Street, SE
Minneapolis, MN 55455
612/626-4032 (voice)
612/624-3939 (TDD)

Children's Hospice International
700 Princess Street, Lower Level
Alexandria, VA 22314
703/684-0330
800/242-4453

Paladar dividido
Cleft Palate Foundation
1218 Grandview Ave.
Pittsburgh, PA 15211
800/242-5338

Diferencias craneo-faciales
AboutFace
P.O. Box 93
Limekiln, PA 19535
800/225-3223

FACES
The National Association for the
Craniofacially Handicapped
P.O. Box 11082
Chattanooga, TN 37401
800/332-2373

Impedidos del Oído y Sordos
Alexander Graham Bell Association for
    the Deaf
3417 Volta Place, NW
Washington, DC 20007
202/337-5220 (voice/TDD)

American Society for Deaf Children
2848 Arden Way, Suite 210
Sacramento, CA 95825
800/942-2732 (voice/TDD)

National Information Center on Deafness
Gallaudet University
800 Florida Avenue, NE
Washington, DC 20002
202/651-5051 (voice)
202/651-5052 (TDD)

Registry of Interpreters for the Deaf
8630 Fenton Street, Suite 324
Silver Spring, MD 20910
301/608-0050 (voice/TDD)

Sordo/Ciego
American Association of the Deaf/Blind
814 Thayer Avenue, Suite 302
Silver Spring, MD 20910
301/588-6545 (TDD)

National Information Clearinghouse on
    Children Who Are Deaf-Blind
345 N. Monmouth Avenue
Monmouth, OR 97361
800/438-9376 (voice)
800/854-7013 (TDD)

Diabetes
American Diabetes Assocation
National Service Center
1660 Duke Street
Alexandria, VA 22314
703/549-1500
800/232-3472

Juvenile Diabetes Foundation
    International
432 Park Avenue, S., 16th Floor
New York, NY 10016
212/889-7575
800/533-2873

National Diabetes Information
    Clearinghouse
One Information Way
Bethesda, MD 20892
301/654-3327 (voice)

Down Syndrome
National Down Syndrome Congress
1605 Chantilly Drive, Suite 250
Atlanta, GA 30324
404/633-1555
800/232-6372

National Down Syndrome Society
666 Broadway, 8th Floor
New York, NY 10012
212/460-9330
800/221-4602

Trastornos emocionales

Federation of Families for Children's
Mental Health
1021 Prince Street
Alexandria, VA 22314
703/684-7710

National Institute of Mental Health
Information Resources and Inquiries
Branch
5600 Fishers Lane, Room 7C-02
Rockville, MD 20857
301/443-4513 (voice)
301/443-8431 (TDD)

National Mental Health Association
1021 Prince Street
Alexandria, VA 22314
703/684-7722
800/969-6642

Epilepsia

Epilepsy Foundation of America
4351 Garden City Drive
Landover, MD 20785
301/459-3700
800/332-1000 (voice)
800/332-2070 (TDD)

Síndrome de Cromosoma X Frágil

National Fragile X Foundation
1441 York Street, Suite 303
Denver, CO 80206
303/333-6155
800/688-8765

Lesiones a la cabeza

National Head Injury Foundation
1776 Massachusetts Avenue, NW, Suite
100
Washington, DC 20036
202/296-6443
800/444-6443

Impedimentos del aprendizaje

Learning Disabilities Association of
America
4156 Library Road
Pittsburgh, PA 15234
412/341-1515

National Center for Learning Disabilities
381 Park Avenue, South, Suite 1420
New York, NY 20016
212/545-7510

Orton Dyslexia Society
Chester Building, Suite 382
8600 LaSalle Road
Baltimore, MD 21286
410/296-0232
800/222-3123

Retardo Mental

The Arc
National Headquarters
500 East Border Street, Suite 300
P.O. Box 1047
Arlington, TX 76010
817/261-6003
800/433-5255

Distrofia Muscular

Muscular Dystrophy Association
3300 East Sunrise Drive
Tucson, AZ 85718
602/529-2000
800/572-1717

Trastornos raros

National Health Information
Clearinghouse and National
Information Center for Orphan
Drugs and Rare Diseases
P.O. Box 1133
Washington, DC 20013
800/336-4797

National Organization for Rare Disorders
(NORD)
100 Route 37
P.O. Box 8923
New Fairfield, CT 06812
203/746-6518
800/999-6673

Enfermedades respiratorias

American Lung Association
1740 Broadway
New York, NY 10019
212/315-8700
800/586-4872

Cystic Fibrosis Foundation
6931 Arlington Road
Bethesda, MD 20814
301/951-4422
800/344-4823

Trastornos del Habla y Lenguaje

American Speech-Language-Hearing
  Association
10801 Rockville Pike
Rockville, MD 20850
301/897-5700 (voice/TDD)
800/638-8255 (voice/TDD)

Spina Bifida

Spina Bifida Association of America
4590 MacArthur Boulevard
Rockville, MD 20852
301/805-0213
800/621-3141

Síndrome de Tourette

Tourette Syndrome Association
42-40 Bell Boulevard
Bayside, NY 11361
718/224-2999
800/237-0717

Otros números para llamar gratis

American Association on Mental
  Retardation
800/424-3688

AMC Cancer Information Center
800/525-3777

American Cleft Palate Education
  Foundation
800/242-5338

American Diabetes Association
800/232-3472

American Foundation for the Blind
800/232-5463

American Kidney Fund
800/638-8299

American Liver Foundation
800/223-0179

American Paralysis Association
800/225-0292

ATT Accessible Products Center
800/1222

Cancer Information Service National Line
800/4-CANCER

Captioned Films for the Deaf
800/237-6213

Chrysler Corporation Assistance Line for
  the Disabled Driver
800/255-9877

Cornelia de Lange Syndrome Foundation
800/223-8355

International Shriners Headquarters
800/237-5055

Job Accommodation Network (JAN)
800/JAN-PCEH

Job Opportunities for the Blind
800/638-7516

Lung Disease
800/222-LUNG

Medicaid Hotline
800/638-6833

National Adoption Center
800/862-3678

National Association for Hearing and
  Speech Action
800/638-8255

National Association for Parents of the
  Visually Impaired
800/562-6265

National Center for Stuttering
800/221-2483

National Child Abuse Hotline
800/4-A-CHILD

National Crisis Center for the Deaf
800/446-9876 (TDD only)

National Hearing Aid Society
800/521-5247

National Information Center for
     Developmental Disabilities
800/922-9234

National Information System for Health
     Related Services
800/922-9234

National Multiple Sclerosis Society
800/344-4867

National Spinal Cord Injury Hotline
800/526-3456

National Tuberous Sclerosis Association
800/225-NTSA

Retinitis Pigmentosa Association
800/344-4877

Sickle Cell Disease Association of
     America
800/421-8453

Lecturas Selectas

Esta bibliografía contiene artículos que leer sobre educación especial y acerca de una variedad de asuntos sobre impedimentos. Los libros acerca de impedimentos específicos se han omitido a propósito; si usted necesitara estos materiales, póngase en contacto con las organizaciones de dichos impedimentos, como por ejemplo The Arc, la Asociación de Impedimentos del Aprendizaje o la Asociación del Síndrome de Tourette. Estas organizaciones, listadas en el Apéndice C, le podrán proveer bibliografías y materiales actualizados los cuales cubren estos temas a mayor profundidad.

Algunos de estos libros puede que se encuentren en su biblioteca pública local. Si le gustaría ordenar una copia de cualquier libro, examine la lista con las direcciones de las casas editoras en un libro llamado "Libros Impresos" (*Books in Print*), que se actualiza anualmente y está disponible en cualquier biblioteca o librería. "Libros Impresos" tiene un índice por tema para que así usted vea lo que está disponible bajo cualquier tópico.

De Interés General

Accardo, Pasquale J. & Barbara Y. Whitman, Ed. *Dictionary of Developmental Disabilities Terminology (Diccionario de la Terminología de los Impedimentos del Desarrollo)*. Baltimore, MD: Brookes Publishing Company, 1996.
Este diccionario provee más de 3,000 definiciones concisas y claras de los términos más comunes asociados con impedimentos.

Amado, Angela Novak. *Friendships and Community Connections between People with and without Developmental Disabilities (Amistades y Conexiones en la Comunidad entre Gente con o sin Impedimentos)*, Baltimore, MD: Brookes Publishing Company, 1993.
Este libro muestra modos prácticos de utilizar conexiones sociales corrientes como la base para formar amistades provechosas entre personas con impedimentos y otros miembros de la comunidad. Fue escrito por personas con impedimentos, sus familias, proveedores de servicio y defensores.

Bailey, Sally Dorothy. *Wings to Fly: Bringing Theatre Arts to Students with Special Needs (Alas para Volar: Trayendo las Artes del Teatro a Estudiantes con Necesidades Especiales)*. Bethesda, MD: Woodbine House, 1993.
Esta guía describe técnicas garantizadas para usar en la escuela elemental y a través de la secundaria, para enseñar drama a los estudiantes con una amplia gama de

necesidades especiales. También se incluyen sugerencias para utilizar técnicas dramáticas, como interpretar roles o papeles para enseñar destrezas funcionales y académicas en la aula.

Batshaw, Mark L. & Yvonne M. Perret. *Children with Disabilities: A Medical Primer (Niños con Impedimentos: Una Primicia Médica)*. Third Edition. Baltimore, MD: Brookes Publishing Company, 1992.
Esta referencia altamente aclamada provee descripciones a fondo de la mayoría de los tipos de impedimentos en un estilo que puede ser entendido tanto por los padres como por los profesionales. Tiene más que 200 ilustraciones detalladas, un glosario de gran ayuda y una lista completa de recursos.

Buck, Pearl S. *The Child Who Never Grew, Second Edition (El Niño que Nunca Creció, Segunda Edición)*. Bethesda, MD: Woodbine House, 1992.
Esta nueva edición nos devuelve un recuerdo especial de uno de los escritores más distinguidos de América. El nuevo material amplía la historia de su hija que tenía retardación mental, y provee una perspectiva histórica.

The Exceptional Parent (El Padre Excepcional). Publicación mensual de 12 veces al año. Editorial Office, 209 Harvard Street, Suite 303, Brookline, MA 02246.
Esta revista es una excelente fuente de información actualizada para padres de niños(as) con impedimentos. La *Guía Anual de Recursos Para los Padres Excepcionales* contiene directorios de distintas organizaciones nacionales, asociaciones, productos y servicios.

Flippo, Karen E, Katherine Inge & J. Michael Barcus, ed. *Assistive Technology: A Resource for School, Work, and Community (Asistencia Tecnológica: Un Recurso para la Escuela, el Trabajo y la Comunidad)*. Baltimore, MD: Brookes Publishing Company, 1995.
Esta amplia fuente cubre tanto el desarrollo legislativo como el de la tecnología de la asistencia tecnológica. Ofrece a los profesionales y usuarios información sobre la participación del consumidor, evaluación, financiamiento y entrenamiento.

Kroll, Ken & Erica Levy Klein. *Enabling Romance: A Guide to Love, Sex, and Relationships for the Disabled (Capacitándose para el Romance: Guía del Impedido Para el Amor, el Sexo y las Relaciones)*. Bethesda, MD: Woodbine House, 1995.
Esta guía ilustrada fue escrita por un equipo de marido y mujer y fue inspirado en su propia experiencia. Varios capítulos se han dedicado al vivir y amar con impedimentos físicos especiales, mientras que otros capítulos tratan de variaciones y alternativas sexuales, cuidados de contagio (safe sex), planificación familiar y manejándose con asistentes.

Leff, Patricia T. & Elaine Walitzer. *Building the Healing Partnership: Parents, Professionals & Children with Chronic Illnesses and Disabilities (Construyendo la Sociedad para Sanarse: Padres, Profesionales y Niños con Enfermedades e Impedimentos Crónicos)*. Cambridge, MA: Brookline Books, 1992.
Este libro pretende ayudar a los padres y profesionales a ver el "otro lado" de la asociación de la atención a la salud y para experimentar la unión al oír a otros compartir sus temores y sus esperanzas, alegría y dolor.

Marsh, Jayne D.B., ed. *From the Heart: On Being the Mother of a Child with Special Needs (Del Corazón: El Ser Madre de un Niño con Necesidades Especiales)*. Bethesda, MD: Woodbine House, 1995.

En sus propias palabras, nueve madres comparten los éxitos y luchas, tensiones y alegrías de criar un niño(a) con impedimentos. Se trata de asuntos de la vida familiar, problemas en la escuela y las relaciones con profesionales, familiares y amigos.

Meyer, Donald J., Ed. *Uncommon Fathers: Reflections on Raising a Child with a Disability (Padres Poco Comunes: Reflexiones Acerca de Criar a un Niño con un Impedimento).* Bethesda, MD: Woodbine House, 1995.
Diecinueve padres de diferentes culturas y situaciones de vida describen como criar a un niño con impedimentos ha alterado su vida—tanto para mejor como para peor. Sus hijos van desde los cuatro años a jóvenes adultos, y tienen necesidades especiales como síndrome Down, autismo, daño cerebral y retardación mental.

Miller, Nancy B., Susie Burmester, Diane G. Callahan, Janet Dieterle & Stephanie Niedermeyer. *Nobody's Perfect: Living and Growing with Children Who Have Special Needs (Nadie es Perfecto: Viviendo y Creciendo con Niños que Tienen Necesidades Especiales).* Baltimore, MD: Brookes Publishing Company, 1994.
Este libro ofrece a los padres una nueva perspectiva, un fuerte sentido de apoyo y pautas específicas a medida que se van integrando los desafíos de criar a un niño con necesidades especiales en cada aspecto de sus vidas. Los capítulos guían a los padres a través de las cuatro etapas de adaptación con franqueza, inspiración y hasta con las reflexiones humorísticas de cuatro madres criando a niños(as) con impedimentos.

Perske, Robert. *Circles of Friends: People with Disabilities and Their Friends Enrich the Lives of One Another (Círculo de Amigos: La Gente con Impedimentos y sus Amigos Enriquecen sus Vidas Mutuamente).* Nashville, TN: Abingdon Press, 1988.
Ilustrado por Martha Perske, describe este libro "verdaderas historias de amistades". Basado en la creencia de que toda la gente deberían ser miembros de la comunidad, *Círculos de Amigos* alterna entre los cuentos de amistades y puntos que se deben considerar. Los ambientes de amistades incluyen cooperativas de vivienda, escuelas y vecindarios.

Powell, Thomas H. & Peggy Ahrenhold Gallagher. *Brothers and Sisters: A Special Part of Exceptional Families, Second Edition, (Hermanos y Hermanas: Una Parte Especial de Familias Excepcionales, Segunda Edición).* Baltimore, MD: Brookes Publishing Company 1993.
Este libro mezcla la investigación seria con la sabia percepción de hermanos de niños(as) y adultos con impedimentos del desarrollo para explorar la afinidad única experimentada entre hermanos. Los hermanos hablan abiertamente acerca de las alegrías y desafíos que enfrentan diariamente en casa, en la escuela y en la comunidad. Ofrece sentimientos perceptivos y las estrategias prácticas para fortalecer tanto las relaciones de padre a niño como de hermano a hermano.

Rosenfeld, Lynn Robinson. *Your Child and Health Care: A "Dollars & Sense" Guide for Families with Special Needs (Su Niño y el Cuidado Médico: Una Guía Económica para la Familia con Necesidades Especiales).* Baltimore, MD: Brookes Publishing Company, 1994.
Esta guía fue diseñada para ayudar a las familias de niños(as) con impedimentos o enfermedades crónicas a planear estrategias financieras exitosas. Examina una amplia gama de servicios públicos y privados, junto con un número de modos eficaces para conseguir, pagar y evaluar aquellos servicios.

Simons, Robin. *After the Tears: Parents Talk about Raising a Child with a Disability (Después de las Lágrimas: Padres Hablan sobre Criar un Niño con Impedimentos).* New York: Harcourt Brace Jovanovich, 1987.
Este libro cuenta las historias de padres que con los años han luchado, aprendido y crecido desde que sus niños(as) nacieron y quieren alentar a otros padres en circunstancias similares.

Spiegle, Jan A. & Richard A. Van den Pol. *Making Changes: Family Voices on Living with Disabilities (Haciendo Cambios: Voces de la Familia al Vivir con Impedimentos).* Cambridge, MA: Brookline Books, 1993.
¿Cuál es la repercusión en las vidas diarias de la gente que desarrollan un impedimento a través de un accidente o una enfermedad progresiva? ¿Cuál es la repercusión en la familia cuando nace un niño con impedimentos? Los editores han recopilado informes que iluminan las condiciones cambiantes de las vidas de esta gente y han desarrollado un curso para ayudar a las personas que tienen un cuerpo sano, a entender y a dar más apoyo a los esfuerzos de las personas con impedimentos para vivir en su comunidad.

Sullivan, Tom. *Special Parent, Special Child (Padre Especial: Hijo(a) Especial).* New York: G. P. Putnam's Sons, 1995.
Estas son las historias de seis familias que tienen niños(as) con impedimentos. Describen sus luchas, pruebas, triunfos y la sabiduría que ganaron con la dura experiencia.

Thompson, Mary. *My Brother, Matthew (Mi Hermano Mateo).* Bethesda, MD: Woodbine House, 1992.
Esta es una historia realista y compasiva acerca de cómo la vida de una familia se ha centrado en las necesidades de un niño con impedimentos y los efectos que puede tener en los otros niños(as) de la familia.

Turnbull, Ann P., Joan M. Patterson, Shirley K. Behr, Douglas L. Murphy, Janet G. Marquis & Martha J. Blue-Banning. *Cognitive Coping, Families and Disability (Sobreviviendo Racionalmente, Familias y los Impedimentos).* Baltimore, MD: Brookes Publishing Company, 1993.
He aquí uno de los primeros intentos en el campo de impedimentos del desarrollo que se orienta en la teoría de sobrevivir cognoscitivamente, como medio para aumentar el bienestar de la familia. A través de un proceso participatorio, los miembros de la familia, proveedores de servicios, los teóricos y los investigadores revelan su experiencia personal y profesional con impedimentos y el sobrevivir cognitivo.

NIÑEZ TEMPRANA/INTERVENCIÓN TEMPRANA

Beckman Paula J. & Gayle Beckman Boyes. *Deciphering the System: A Guide for Families of Young Children with Disabilities (Descifrando el Sistema: Una Guía para Familias con Niños Pequeños con Impedimentos).* Cambridge, MA: Brookline Books, 1993.
Este libro provee información básica acerca de los derechos de los padres bajo las leyes que afectan a niños(as) pequeños con impedimentos, entre el nacimiento y los cinco años de edad. Tiene temas sobre la evaluación educacional, reuniones del IEP y del IFSP, el debido proceso y cómo conseguir el apoyo de otros padres. Incluye un glosario y una lista de recursos.

Bricker, Diane & Juliann J. Woods Cripe. *An Activity-Based Approach to Early Intervention (La Intervención Temprana a través de Actividades)*. Baltimore, MD: Brookes Publishing Company, 1992.
La intervención basada a través de actividades muestra cómo utilizar eventos naturales y pertinentes para enseñar a los infantes y niños(as) pequeños de una manera eficaz y eficiente. Este libro presenta un modelo de la intervención temprana que sintetiza no sólo las acciones que se usan en los procedimientos analíticos del comportamiento y de intervención temprana infantil, sino también es consistente con las reformas actuales de educación.

Coleman, Jeanine G. *The Early Intervention Dictionary: A Multidisciplinary Guide to Terminology (El Diccionario de la Intervención Temprana: Una Guía Multidisciplinaria de la Terminología)*. Bethesda, MD: Woodbine House, 1993.
Este libro define y clarifica los términos usados por muchos de los diferentes profesionales médicos, educacionales y terapistas que proveen servicios de intervención temprana a los niños(as), desde el nacimiento hasta los tres años de edad. Es una valiosa guía de entrenamiento y referencia para los profesionales. Los padres encontrarán que los ayuda a entender el proceso de intervención y a convertirse en expertos defensores para sus niños(as).

Johnson, Lawrence J., et al, ed. *Meeting Early Intervention Challenges: Issues from Birth to Three, Second Edition (Enfrentando los Desafíos de la Intervención Temprana: Problemas desde el Nacimiento a los Tres Años, Segunda Edición)*. Baltimore, MD: Brookes Publishing Company, 1994.
Líderes prominentes en el campo de la intervención temprana detallan nuevas e importantes maneras para la provisión de servicios y proveen estrategias concretas para el desarrollo del personal y aplicación de políticas. Una obra abarcadora, con información de investigaciones serias y normas fundamentales, este recurso será de interés vital para interventores y educadores de la niñez temprana, proveedores de servicios y defensores.

Pueschel, Siegfried M., Patricia S. Scola, Leslie E. Weidenman & James C. Bernier. *The Special Child: A Source Book for Parents of Children with Developmental Disabilities, Second Edition (El Niño Especial: Un Libro de Recursos para Padres de Niños con Impedimentos del Desarrollo)*. Baltimore, MD: Brookes Publishing Company, 1994.
Esta referencia para el hogar provee descripciones y explicaciones fáciles de entender, más las prognosis y tratamientos. Escrito con mucha sensibilidad y legibilidad, este libro es una fuente que ayuda a eliminar muchos de los errores conceptuales acerca de los impedimentos. También contiene respuestas a las preguntas acerca del papel de los profesionales, pruebas diagnósticas, tratamientos médicos, estrategias educacionales, asuntos legales y consejeria.

Rosenkoetter, Sharon E., Ann H. Hains & Susan A. Fowler. *Bridging Early Services for Children with Special Needs and Their Families: A Practical Guide for Transition Planning (Puente entre los Primeros Servicios para Niños con Necesidades Especiales y Sus Familias: Una Guía Práctica para Planear la Transición)*. Baltimore, MD: Brookes Publishing Company, 1993.
Esta referencia práctica provee estrategias para promover una buena transición para infantes, niños(as) pequeños y preescolares con necesidades especiales. Es un recurso útil para administradores, proveedores de servicios, padres y para los estudiantes.

Rosin, Peggy, Amy Whitehead, Linda Tuchman, George Jesien, Audrey Begun & Liz Irwin. *Partnerships in Family-Centered Care: A Guide to Collaborative Early Intervention (Sociedades en el Cuidado Centrado en la Familia: Una Guía para Colaborar en la Intervención Temprana)*. Baltimore, MD: Brookes Publishing Company, 1996.
Este amplio texto fue preparado con la asistencia de padres de niños(as) con necesidades especiales. Ilustra un enfoque directo basado en el trabajo de equipo de intervención temprana y centrada en la familia.

Schwartz, Sue & Joan E. Heller Miller. *The New Language of Toys: Teaching Communication Skills to Children with Special Needs (El Nuevo Lenguaje de los Juguetes: Enseñando las Habilidades de Comunicación a Niños con Necesidades Especiales)*. Bethesda, MD: Woodbine House, 1996.
Este libro está diseñado para los padres de niños(as) cuyas edades de desarrollo van desde el nacimiento a los seis, que estén experimentando atrasos o demoras en el lenguaje. Describe formas en que los padres pueden utilizar juguetes y juegos específicos para mejorar las destrezas de comunicación de sus niños(as), mientras juegan y se divierten.

Swan, William W. & Janet L. Morgan. *Collaborating for Comprehensive Services for Young Children and Their Families: The Local Interagency Coordinating Council (Colaborando para Servicios Completos para Niños Pequeños y sus Familias: El Consejo Coordinador de Intra-agencia Local)*. Baltimore, MD: Brookes Publishing Company, 1993.
Este libro tan útil muestra a los dirigentes escolares y de agencias como coordinar sus esfuerzos para hacer rendir los dólares de servicios humanos mientras ofrecen programas de alta calidad. Proporciona los primeros pasos necesarios para establecer un consejo de coordinación local de intra-agencia que sea eficiente, como también pautas generales prácticas para el desarrollo profesional del personal y participación de los padres.

LA EDUCACIÓN ESPECIAL Y LOS DERECHOS LEGALES

Cutler, Barbara Coyne. *You, Your Child and "Special" Education: A Guide to Making the System Work (Usted, Su Niño(a) y la Educación "Especial": Una Guía para hacer al Sistema Funcionar)*. Baltimore, MD: Brookes Publishing Company, 1993.
Este libro muestra a los padres de niños(as) con impedimentos cómo obtener servicios educacionales adecuados para su niño(a) con impedimentos. Incluye explicaciones de legislación pertinente, instrucciones para someter una querella y una lista de recursos.

Goldman, Charles D. *Disability Rights Guide: Practical Solutions to Problems Affecting People with Disabilities, Second Edition (Guía sobre Derechos de los Impedimentos: Soluciones Prácticas que Afectan a Personas con Impedimentos, Segunda Edición)*. Lincoln, NE: Media Publishing, 1991.
Este libro fue escrito para gente con impedimentos y para aquéllos que trabajan con ellos. Los capítulos cubren una variedad de situaciones que enfrenta la gente con impedimentos, como las barreras en el empleo, acceso, vivienda, educación y transportación. Las leyes que gobiernan estas áreas se explican y discuten en un lenguaje claro. También se incluye un glosario de términos y una lista de contactos a nivel estatal.

Guernsey, Thomas E. & Kathe Klare. *Special Education Law (La Ley de la Educación Especial)*. Durham, NC: Carolina Academic Press, 1993.
Este libro está diseñado para mostrar a los abogados, educadores y otros profesionales el proceso para proporcionar servicios de educación especial a los niños(as). Se supone que el lector no tiene ningún conocimiento y provee antecedentes sólidos en la ley de educación especial. Las notas al pié de la página serán de gran ayuda a los profesionales que desean hacer una investigación legal más detallada.

Henderson Anne T., Carl L. Marburger & Theodora Ooms. *Beyond the Bake Sale: An Educator's Guide to Working with Parents (Más Allá de la Venta de Bizcochos: Guía de un Educador para Trabajar con los Padres)*. Columbia, MD: The National Committee for Citizens in Education, 1986.
Los autores tratan sobre modos como formar buenas relaciones entre el hogar y la escuela. Demuestran que los padres pueden y producen una tremenda diferencia al promover las características positivas de las escuelas que son eficaces. Se incita a los padres a participar en lo que ocurre con sus niños(as) en la escuela; lo mismo con el personal escolar, se les alienta a nutrir relaciones positivas con los padres.

Martin, Reed. *Extraordinary Children—Ordinary Lives: Stories Behind Special Education Case Law (Niños Extraordinarios—Vidas Corrientes: Historias en Casos Legales de la Educación Especial)*. Champaign, IL: Research Press, 1991.
Muchos de los casos legales han redefinido y dado sentido a los reglamentos asociados con la ley de educación especial. Este libro narra estos casos, los casos de las familias cuyas resoluciones han afectado a todos los niños(as) con necesidades especiales. Entre los asuntos tratados están: Los servicios relacionados, ambiente menos restrictivo, año escolar extendido y honorarios de abogados reembolsados.

Mendelsohn, Steven B. *Tax Options and Strategies for People with Disabilities (Opciones y Estrategias en Impuestos para Gente con Impedimentos)*. New York, NY: Demos Publications, l993.
Este libro provee una guía directa y práctica para disposiciones actuales de impuesto que ayudará a la gente con impedimentos y sus familias a tomar las máximas ventajas que ofrece la ley de impuesto actual.

Ordover, Eileen L. & Kathleen B. Boundy. *Educational Rights of Children with Disabilities: A Primer for Advocates (Derechos Educacionales de Niños con Impedimentos: Una Primicia para sus Defensores)*. Cambridge, MA: Center for Law and Education, 1991.
Esta es una referencia legal básica diseñada para ayudar a padres, estudiantes y sus defensores a asegurar sus derechos a educación preescolar, elemental y de secundaria, garantizados por la ley del Acta de Educación de Individuos con Impedimentos y la Sección 504 del Acta de Rehabilitación de 1973. Discute derechos substanciales y de procedimiento, junto con recursos administrativos y judiciales en caso de su violación.

Orlove, Fred P. & Dick Sobsey, Ed. *Educating Children with Multiple Disabilities: A Transdisciplinary Approach, Third Edition (Educando a Niños con Impedimentos Múltiples: Un Acercamiento a Través de las Disciplinas, Tercera Edición)*. Baltimore MD: Brookes Publishing Company 1996.
Este texto provee estrategias actualizadas para trabajar con niños(as) con retardación mental e impedimentos sensoriales o motores. Se incluye información acerca de cómo utilizar la asistencia tecnológica, la planificación de transiciones y el responder a las necesidades y preocupaciones de las familias.

Putnam, JoAnne W. *Cooperative Learning and Strategies for Inclusion: Celebrating Diversity in the Classroom (Aprendizaje Cooperativo y Estrategias para la Inclusión: Celebrando la Diversidad en la Sala de Clases)*. Baltimore, MD: Brookes Publishing Company, 1993.
Este libro provee estrategias para adaptación del horario y formas de instrucción para mejorar el logro académico, destrezas sociales y la estima de sí mismo(a) en un grupo diverso de estudiantes, por sobre sus destrezas individuales, sus antecedentes y maneras de aprender. Es un excelente recurso para todos los educadores, personal de apoyo en el aula, administradores, trabajadores sociales, proveedores de servicios y los padres.

Stainback, Susan & William Stainback, Ed. *Inclusion: A Guide for Educators (Inclusión: Una Guía para los Educadores)*. Baltimore, MD: Brookes Publishing Company, 1996.
Este recurso práctico explica qué debe hacerse para que la inclusión funcione, ofrece a los educadores las técnicas necesarias para transformar sus aulas en lugares donde todos los estudiantes se sientan a gusto.

Strickland, B. & A.P. Turnbull. *Developing and Implementing Individualized Education Programs (Desarrollando e Implementando los Programas Individualizados de Educación)*. Columbus, OH: Merrill Publishing Company, 1990.
Este libro describe requisitos legales para desarrollar los IEP y sugiere las mejores prácticas para su implementación. También incluye muestras de formas, listado de control y sistemas para mantener los libros de control.

Turnbull, Ann P., H. Rutherford Turnbull III, Marilyn Shank & Dorothy Leal. *Exceptional Lives: Special Education in Today's Schools (Vidas Excepcionales: La Educación Especial en las Escuelas de Hoy)*. Englewood Cliffs, NJ: Prentice-Hall, Inc., 1995.
Estos respetados autores proveen una imagen de educación especial y su visión para el futuro. Usando experiencias de gente real, examinan las excepciones, los procedimientos de evaluación, asuntos para profesionales y opciones a programas.

III Turnbull, H. Rutherford, David Bateman & Ann Turnbull. *ADA, IDEA and Families (ADA, IDEA y las Familias)*. Lawrence, KS: Beach Center on Families and Disabilities, 1991.
Esta publicación analiza el Acta de Americanos con Impedimentos y el Acta de Educación de Individuos con Impedimentos y las consecuencias para familias, especialmente respecto a la transición.

TRANSICIÓN, EMPLEO, VIDA EN LA COMUNIDAD Y PLANEANDO EL FUTURO

Bishop, Barb, Martha Blue-Banning, Frances Holt, Janie Irvin & Theresa Martel. *Planning for Life after High School: A Handbook of Information and Resources for Families and Young Adults with Disabilities (Planeando para la Vida Después de la Secundaria: Un Manual de Información y Recursos para Familias y Jóvenes con Impedimentos)*. Lawrence, KS: Full Citizenship, Inc., 1992.
Este libro describe las preguntas que deben hacerse acerca de transición y donde ir para conseguir las respuestas.

Condeluci, Al. *Interdependence: The Route to Community (Interdependencia: La Senda hacia la Comunidad)*. Orlando, FL: Paul M. Deutsch Press, Inc., 1991.
Este libro es una llamada para la acción de los servicios humanos—una receta para un sentido renovado de asociación. Explora cuáles son las metas de los servicios humanos, cómo y por qué el paradigma médico de los expertos no ha resultado y nos presenta el paradigma interdependiente como enfoque alternativo al servicio humano.

Hagner, David and Dale Dileo. *Working Together: Workplace Culture, Supported Employment, and Persons with Disabilities (Trabajando Juntos: La Cultura del Lugar de Trabajo, Empleo Respaldado y Personas con Impedimentos)*. Cambridge, MA: Brookline Books, 1993.
Dirigido a empleadores y al personal de programas, este libro presenta un nuevo enfoque acerca de cómo asistir a las personas con impedimentos a lograr carreras significativas.

Nisbet, Jan. *Natural Supports in School, at Work, and in the Community for People with Severe Disabilities (Apoyos Naturales en la Escuela, en el Trabajo y en la Comunidad para Gente con Impedimentos Graves)*. Baltimore, MD: Brookes Publishing Company, 1992.
Este libro reconoce que las ayudas que reciben las personas con impedimentos serios deben ser guiadas por las necesidades de estas personas, en vez de los requisitos de los sistemas de servicio. Los capítulos de apoyos familiares, estrategias de inclusión en la escuela y apoyos en el empleo combinan unas nuevas formas de ver las cosas, así como una guía práctica.

Racino, Julie Ann, Pamela Walker, Susan O'Connor & Steven J. Taylor. *Housing, Support, and Community: Choices and Strategies for Adults with Disabilities (Vivienda, Respaldo y Comunidad: Opciones y Estrategias para Adultos con Impedimentos)*. Baltimore, MD: Brookes Publishing Company, 1993.
Este libro ofrece nuevas direcciones y estrategias creativas que están surgiendo hoy en día para apoyar adultos con impedimentos en los hogares y en las comunidades de su opción. En este tiempo de toma de decisiones dirigidas por el consumidor, los estudiantes, los padres y los proveedores de servicios encontrarán ayuda en estas páginas para hacer a los sistemas que correspondan a las necesidades de todos los adultos.

Rusch, Frank K., Lizanne Destefano, Janis Chadsey-Rusch, L. Allen Phelps & Edna Szymanski. *Transition from School to Adult Life: Models, Linkages and Policy (Transición de la Escuela a la Vida Adulta: Modelos, Conexiones y Reglamentos)*. Sycamore, IL: Sycamore Publishing Company, 1992.
Este libro da una mirada panorámica a la transición, a través de los ojos de educadores e investigadores de varias áreas profesionales. También incluye una variedad de modelos, por medio de los cuales la transición puede ofrecerse a los estudiantes en diferentes ambientes de instrucción.

Russell, L. Mark & Arnold E. Grant. *The Life Planning Workbook (Libro de Trabajo para Planear la Vida)*. Evanston, IL: American Publishing Company, 1995.
Este manual quiere ayudar a los padres a asegurar la continuidad en el cuidado de su niño(a) con impedimentos después de la muerte de los padres, planeando esto en cuatro áreas: Las necesidades personales, necesidades financieras, planes de herencia y registros y archivos importantes.

Russell, L. Mark, Arnold E. Grant, Suzanne M. Joseph & Richard W. Fee. *Planning for the Future: Providing a Meaningful Life for a Child with a Disability after Your Death (Planeando para el Futuro: Proveer una Vida Significativa para su Niño(a) Después de su Muerte)*. Evanston, IL: American Publishing Company, 1993.
Este recurso autoritativo de planificación de la herencia está lleno de ideas prácticas e información de cómo una familia puede proteger el futuro de su querido familiar. Explica cómo preparar un plan de vida, una carta de intención, un testamento y herencia (trust) para necesidades especiales. Discute cómo aprovechar mejor los beneficios del gobierno, evitar juicio de herencia (probate) y reducir los impuestos a la herencia.

Stengle, Linda. *Laying Community Foundations for Your Child with a Disability: How to Establish Relationships That Will Support Your Child After You're Gone (Formando las Bases Comunitarias para Su Niño(a) con un Impedimento: Cómo Establecer Buenas Relaciones que Apoyarán a Su Niño(a) Después que Usted ya no Esté)*. Bethesda, MD: Woodbine House, 1996.
Este libro mira el lado humano de proveer un futuro para su niño(a). Estimula a los padres para formar una red de personas dentro de su comunidad que proveerán el apoyo y continuidad para su hijo o su hija después de la muerte de los padres.

Wehman, Paul. *The ADA Mandate for Social Change (El Mandato de ADA para un Cambio Social)*, Baltimore, MD: Brookes Publishing Company, 1993.
Este libro se centra en los cambios que el Acta de Americanos con Impedimentos está generando para las personas con impedimentos en las áreas de empleo, transportación, vida independiente, y otros.

Wehman, Paul. *Life Beyond the Classroom: Transition Strategies for Young People with Disabilities, Second Edition (Vida Más Allá de la Sala de Clases: Estrategias de Transición para Jóvenes con Impedimentos, Segunda Edición)*. Baltimore, MD: Brookes Publishing Company, 1996.
Este libro de texto es una guía esencial para la planificación, diseño y la buena implementación de programas de transición para estudiantes con impedimentos. Debe leerse especialmente por los practicantes, instructores de educación especial, proveedores de servicios de la comunidad, estudiantes, consejeros de rehabilitación vocacional y defensores de impedimentos.

Witt, Melanie Astaire. *Job Strategies for People with Disabilities: Enable Yourself for Today's Job Market (Estrategias de Trabajo para Gente con Impedimentos: Capacítese para el Mercado del Trabajo de Hoy)*. Princeton, NT: Peterson's Guides, 1992.
El Acta de Americanos con Impedimentos abre la puerta a oportunidades de empleo nunca antes disponibles para millones de gente con impedimentos. Este libro aconseja de una manera sensible y práctica cómo obtener ese primer trabajo, ser promovido y hacer cambios en la carrera. Responde a preguntas acerca de la ley, decisiones acerca de la carrera y la búsqueda de empleo a través de las historias y experiencias de personas reales.

Revisiones de 1997 al Acta de Educación para Individuos con Impedimentos

pp. xiv, 32. La ley IDEA 97 cambió la "Parte H" como "Parte C."

pp. 33. 34. La ley IDEA 97 ahora requiere notificación y consentimiento de los padres para <u>todas las evaluaciones</u>, no solamente la inicial.

p. 38. Una variedad de maneras y estrategias deben usarse para recopilar la información funcional, pertinente y del desarrollo acerca de su niño(a). Esto incluye la información suministrada por ustedes, los padres, y la información acerca de cómo su niño(a) estará involucrado en el curriculum de la educación general y la de su progreso. Para los niño(a)s preescolares, la información debe incluir cómo el preescolar participará en las actividades que sean apropiadas.

p. 38. Su consentimiento por escrito es requerido para todas las evaluaciones. La información proporcionada por los padres debe ser incluida en éstas y se debe usar una variedad de estrategias y técnicas.

p. 46. La ley IDEA 97 ha cambiado el proceso para las re-evaluaciones, ahora los padres tienen que dar su consentimiento. Si los padres se rehusan a dar su consentimiento para la reevaluación, las escuelas deberán usar los procedimientos de debido proceso para objetar la decisión de los padres. No se requiere un examen completo. El equipo del IEP, que incluye a los padres, determinará la nueva información que se necesita y qué pruebas y otros medios se usarán para recopilar esa información. Si el equipo determina que no se necesitan otras pruebas, los padres deberán ser notificados del derecho a solicitar más pruebas. Si los padres solicitan más pruebas, la escuela tiene que proveerlas.

p. 60. Durante las re-evaluciones, IDEA 97 da a los padres el derecho de solicitar y recibir otras evaluaciones conducidas por el personal escolar.

pp. 67, 70, 72, 73. La ley IDEA 97 <u>requiere</u> que los padres sean incluidos como miembros del equipo en el proceso de calificación y en la adopción de decisiones.

p. 76. El nivel actual de funcionamiento o desempeño debe tomar en cuenta también cómo el impedimento del niño(a) afecta su participación y progreso en las clases de educación general.

p. 78. La ley IDEA 97 requiere que los programas IEP establezcan metas anuales, incluyendo fechas de verificación para medir el progreso y objetivos a corto plazo. Estas metas y objetivos están diseñados tanto para permitir a su niño(a) a participar en las clases de educación general así como para atender cada una de sus necesidades educacionales resultantes de su impedimento.

p. 81. Por lo menos a un maestro de educación regular se le requiere ahora ser miembro del equipo del IEP, si su niño(a) estuviera participando o se le considera para participar en el aula de educación general. Este maestro participa en el desarrollo del IEP, incluyendo la determinación de estrategias y controles adecuados y positivos de comportamiento, ayudas y servicios suplementarios, modificaciones al programa y apoyo para el personal escolar.

p. 82. Los servicios relacionados y las ayudas y servicios suplementarios deben ser provistos para: ayudar al niño(a) a avanzar hacia sus metas anuales, hacerlo(a) participar y progresar en las clases generales y permitirle participar en las actividades fuera del horario escolar, con niño(a)s sin impedimentos.

p. 84. Los servicios de orientación y movilidad han sido agregados a la lista de servicios relacionados específicamente. Estos servicios dan asistencia no solamente a niño(a)s visualmente afectados pero a cualquier niño(a) que necesite que se le enseñe a viajar para ir y volver de la escuela y para desenvolverse alrededor de ella.

p. 89. La ley IDEA 97 cambia la definición del ambiente menos restrictivo, esta vez requiere una explicación de hasta qué punto y por qué el niño(a) no participará en el aula regular con otros niño(a)s sin impedimentos. Esto recalca el principio básico de IDEA, que la ubicación en el ambiente de la educación general será la primera consideración.

p. 93. Si los padres quieren que el sistema escolar pague por la ubicación de su niño(a) en una escuela privada, tendrán que notificar a la escuela ya sea en la próxima reunión del IEP o proveer una carta de notificación por lo menos 10 días hábiles por adelantado. El aviso debe establecer por qué está rechazando la ubicación propuesta por la escuela, sus inquietudes y razones por las que cree que su niño(a) no puede recibir una educación apropiada en el programa ofrecido por la escuela, su intención de matricularlo(a) en una escuela privada y su expectativa de que la escuela pública pagará por la ubicación privada. El sistema escolar puede negar el pago si considera que puede proporcionar una educación apropiada gratis para su niño(a).

p. 94. IEP—Parte 5: Tiempo, duración y ubicación de los servicios. La ley IDEA 97 requiere que se especifique en el IEP la ubicación donde el niño(a) recibirá estos servicios.

p. 95. A medida que usted examina el IEP de su niño(a), verifique que los nuevos requisitos cambiados por la ley IDEA 97 se han considerado:

1. Evaluaciones hechas a través de todo el estado y el distrito
    a) Verifique cómo su niño(a) participará en pruebas estándares que se den a todos los niño(a)s y las
    b) Modificaciones que sean necesarias.

    Si el equipo del IEP determina que su niño(a) no participará en pruebas estándares, el equipo tiene que documentar las razones por qué y plantear cómo se medirá el progreso del niño(a).

2. Se debe informar al estudiante de los derechos que se le transferirán al cumplir su mayoría de edad, por lo menos con un año de anticipación.

3. El equipo del IEP tiene que considerar factores especiales al desarrollar el IEP de cada niño(a):
    a) Que se respalda el buen comportamiento y que se pondrán controles al estudiante si su comportamiento interrumpe su aprendizaje o el de otros;
    b) Que se consideran las necesidades de idioma del estudiante, para aquéllos no versados en inglés.
    c) Que se provea la instrucción en Brille y se use Brille para estudiantes visualmente afectados, a menos que el equipo del IEP determine que no es necesario;
    d) Las necesidades de comunicación del niño(a) y
    e) La necesidad del niño(a) de servicios y dispositivos de asistencia tecnológica.

p. 95. La ley IDEA 97 requiere que el IEP establezca la manera cómo se va a medir su progreso y como ustedes, como padres, serán informados regularmente de dicho progreso. Ustedes deberían recibir informes con la misma frecuencia que los padres de los otros niño(a)s sin impedimentos.

p. 106. Vea la nota para la página 81. Por lo menos a un maestro de educación especial o, cuando sea apropiado, al menos un proveedor de educación especial tiene que ser parte del equipo.

p. 107. Vea la nota para la página 89.

p. 108. La ley IDEA 97 requiere que lo siguiente sea incluido en el IEP de cada estudiante:

a) Nivel actual de Desempeño (vea la nota para la pág. 76)

b) Metas anuales y Objetivos/indicadores a corto plazo (vea nota para pág. 78)

c) Determinación de lo que será su Educación Especial y los Servicios Relacionados (vea las notas para las págs. 82, 84)

d) Determinación del período que su niño(a) no participará en el ambiente de educación general.

e) Determinación de los servicios de transición que sean necesarios (vea nota para pág. 146)

f) Determinación del horario, ubicación y duración (vea la nota para pág. 94)

g) Informes acerca del progreso.

h) Participación en evaluaciones a través del estado/distrito (vea la nota para pág. 95)

i) Consideración de factores especiales (vea la nota para pág. 95)

j) Informar al estudiante de sus derechos cuando tenga la mayoría de edad (vea la nota para pág. 95)

p. 115. La ley IDEA cambia la Parte H como la Parte C.

p. 141. La ley IDEA 97 ordena a todos los estados que deban ofrecer la mediación como un método para resolver desacuerdos.

p. 146. La ley IDEA 97 incluye nuevas provisiones para los estudiantes cuando cumplen los 14. El IEP debe determinar los servicios de transición que se orienten a la carrera/estudios, tales como participación en cursos de ubicación avanzados o un programa de educación vocacional. A los niños de 16 años o menores, hay que incluir una determinación de los servicios necesarios de transición, incluyendo una parte que mencione las conexiones y servicios entre agencias.

p. 154. Vea la nota para la página 146.

p. 166. La ley IDEA 97 requiere que cada estado establezca la mediación como un medio de resolver desacuerdos, pero los padres no están obligados a asistir a ésta; pueden pasar por alto la mediación y recurrir directamente al debido proceso.

p. 166. La ley IDEA 97 requiere que los padres notifiquen a las escuelas cuando ellos quieren pedir una audiencia de debido proceso. El aviso tiene que contener el nombre y la dirección del niño(a) y donde el o la estudiante va a la escuela, una descripción del problema y la resolución propuesta. Las escuelas deben informarle de este requisito de notificación y proveerle con formularios y asistencia.

p. 167. La ley IDEA 97 ahora incluye específicamente a los niño(a)s con impedimentos que hayan sido suspendidos o expulsados de la escuela entre aquello(a)s que deben recibir una educación pública, adecuada y gratuita.

p. 167. Vea nota para página 38.

p. 178. Vea nota para página 93. Un acuerdo escrito no es requerido, en tanto que usted haya cumplido con los requisitos de aviso descritos en la nota para página 93.

pp. 193, 194. La ley IDEA 97 ha provisto más clarificación y protecciones.

El personal escolar puede ordenar un cambio en la ubicación de la educación especial a un programa educativo alterno que sea apropiado y de carácter interino cuando un niño ha violado el Código de Conducta Escolar, o puede ordenar una suspensión por no más de 10 días. También pueden ordenar un cambio en la ubicación de hasta un máximo de 45 días cuando un niño lleva un arma a la escuela o a una función escolar; si el estudiante sabiendo lo que hace, posee, usa o vende drogas ilegales; o si un estudiante solicita la venta de una substancia prohibida en la escuela o en una función escolar.

Un requisito más estricto se ha impuesto al personal escolar antes de poder remover a un estudiante con impedimentos si creyeran que el estudiante puede hacerse daño a sí mismo(a) o a otros estudiantes o maestros. Para poder hacer un cambio de esta naturaleza la escuela tiene que solicitar una audiencia ante un oficial de audiencia. El oficial oyente o de audiencia tiene que determinar si la escuela puede demostrar que la ubicación actual puede probablemente resultar en una lesión al niño(a) o a otros, debe considerar lo adecuado de la ubicación actual del niño(a) y debe considerar si la escuela hizo o no los esfuerzos razonables para minimizar el riesgo de daño en la ubicación actual, incluyendo el uso de ayudas y servicios suplementarios. En otras palabras, excepto en casos que envuelven armas o drogas, la escuela tiene la responsabilidad de demostrar que hay razones suficientes para suspender o expulsar a un estudiante. Si no existieran evaluaciones de su comportamiento, deberán hacerse y también hacer un plan para modificar y controlar su comportamiento, el cual debe implantarse inmediatamente.

Una revisión especial debe conducirse para determinar si hay una relación entre el impedimento del niño(a) y el comportamiento sujeto a la acción disciplinaria. Esta clase de revisión, conducida por el equipo del IEP, se llama "Revisión de Manifestación de la Determinación." Al decidir si el comportamiento es debido al impedimento del niño(a), el equipo del IEP, incluyendo a los padres, deben considerar toda la información pertinente. La información incluye los resultados de evaluaciones y diagnóstico, información suministrada por los padres, observaciones del niño(a), el IEP del niño(a) y su ubicación. En esencia, el equipo del IEP se está preguntando a sí mismo, "¿Hicimos el plan adecuado para este niño(a)?"

El equipo del IEP determina:

- En relación al comportamiento sujeto a la acción disciplinaria, ¿fueron apropiados el IEP del niño(a) y la ubicación, y los servicios de educación especial, ayudas y servicios suplementarios, y estrategias de control del comportamiento eran consistentes con el IEP del niño(a) y su ubicación?
- ¿Fue el impedimento del niño(a) lo que no le permitió entender el impacto y las consecuencias de este comportamiento sujeto a la acción disciplinaria?
- ¿Fue el impedimento del niño(a) lo que redujo su habilidad para controlar el comportamiento sujeto a la acción disciplinaria?

Si el equipo del IEP determina que el comportamiento sujeto a revisión **no es** debido al impedimento del niño(a), entonces él o ella será disciplinado(a) de la misma manera que se le aplicaría a un niño sin impedimentos. La ley IDEA provee, sin embargo, que una educación apropiada, pública y gratuita está disponible a todos los niño(a)s con impedimentos incluso aquellos que han sido suspendidos o expulsados de la escuela. Esto significa que el niño(a) debe continuar recibiendo los servicios de educación especial pero en un ambiente alternativo distinto. El ambiente alternativo tiene que permitir al niño:

- continuar participando en las clases de educación general, aunque en otro ambiente y recibir las "modificaciones de servicio" necesarias para cumplir con las metas del IEP actual; y
- recibir las "modificaciones de servicio" requeridas para corregir el comportamiento del niño(a) que resultó en la acción disciplinaria, de modo que no se repita.

Como en todos los programas de educación especial, si los padres del niño(a) están en desacuerdo con el resultado de la Revisión de Manifestación de la Determinación o con la decisión acerca de su ubicación, tienen el derecho de apelar.

ÍNDICE

Acerca de los Autores

Winifred G. Anderson es una profesional en el área de educación especial cuyo trabajo ha sido dedicado al desarrollo de las relaciones entre familias, niño(a)s y las escuelas. Ella, junto con Steve Chitwood, fundaron el Centro de Entrenamiento de Defensa Educacional de Padres (Parents Educational Advocacy Training Center— PEATC), un centro de entrenamiento e información para las familias y profesionales que trabajan con niños y jóvenes con impedimentos, ubicado en Alexandria, Virginia. Previamente a su trabajo en PEATC, fue fundadora y directora del Centro de Niños Resurrección, una escuela inclusiva para niños pequeños, también en Alexandria. Winifred Anderson ahora está trabajando como escritora y consultora en los campos de educación especial y educación para adultos.

Stephen R. Chitwood es un Profesor de Administración Pública en la Universidad George Washington, en Washington, D. C., y es Director del Centro de la Universidad para Estrategia y Administración de Práctica de la Ley. Durante quince años él sirvió como consultor legal de PEATC especializándose en los derechos educacionales de los niños con impedimentos. Como los padres de un niño con necesidades especiales, él y su esposa, Janet, trabajaron más de veinte años para garantizar que su hijo recibiera una educación pública, apropiada y gratuita y en un ambiente menos restrictivo.

Deidre Hayden es una defensora experimentada para familias de niños con impedimentos. Ella es la ex-directora ejecutiva de PEATC. Deidre Hayden es actualmente la Directora Ejecutiva del Centro de Recursos y de la Red Matriz de los Padres, en San Rafael, California, un centro modelo que proporciona apoyo de padre a padre, entrenamiento e información para familias de niños con impedimentos, desde el nacimiento hasta jóvenes adultos. Además, ella es la consultora de apoyos para el Proyecto de Salud para el Niño(a) y su Madre, el cual provee entrenamiento a médicos que tratan a niños con necesidades especiales.